AF544466

Sascha Huber

KRYPTOTRADING

Die besten Strategien für den Handel mit Kryptowährungen

SASCHA HUBER

KRYPTO TRADING

Die besten Strategien für den Handel mit Kryptowährungen

Für Fragen und Anregungen:
info@finanzbuchverlag.de

2., um ein Kapitel erweiterte Auflage 2022

© 2021 by FinanzBuch Verlag, ein Imprint der Münchner Verlagsgruppe GmbH,
Türkenstraße 89
80799 München
Tel.: 089 651285-0
Fax: 089 652096

Alle Rechte, insbesondere das Recht der Vervielfältigung und Verbreitung sowie der Übersetzung, vorbehalten. Kein Teil des Werkes darf in irgendeiner Form (durch Fotokopie, Mikrofilm oder ein anderes Verfahren) ohne schriftliche Genehmigung des Verlages reproduziert oder unter Verwendung elektronischer Systeme gespeichert, verarbeitet, vervielfältigt oder verbreitet werden.

Die im Buch veröffentlichten Ratschläge wurden von Verfasser und Verlag sorgfältig erarbeitet und geprüft. Eine Garantie kann dennoch nicht übernommen werden. Ebenso ist die Haftung des Verfassers beziehungsweise des Verlages und seiner Beauftragten für Personen-, Sach-, und Vermögensschäden ausgeschlossen.

Redaktion: Ulrich Wille
Korrektorat: Manuela Kahle
Umschlaggestaltung: Marc-Torben Fischer
Umschlagabbildung: Wit Olszewski/shutterstock.com
Satz: ZeroSoft, Timisoara
Druck: Florjancic Tisk d.o.o., Slowenien
Printed in the EU

ISBN Print 978-3-95972-590-3
ISBN E-Book (PDF) 978-3-98609-113-2
ISBN E-Book (EPUB, Mobi) 978-3-98609-114-9

Weitere Informationen zum Verlag finden Sie unter

www.finanzbuchverlag.de

Beachten Sie auch unsere weiteren Verlage unter www.m-vg.de

Inhalt

Vorwort 9

I. Vom Buchgeld zum Bitcoin 13

1. Was ist Geld? 13
2. Unser heutiges Geld- und Finanzsystem 15
3. Was sind Kryptowährungen? 17
4. Satoshi Nakamotos Antwort auf die Finanzkrise 2007–2009 . . 19
5. Technologische Gründe: Digitalisierung und damit Demokratisierung von Geld (und Wirtschaft) 23
6. Inflation und Deflation bei Kryptowährungen 25

II. Technische Grundlagen der Kryptowährungen 27

1. Die Technologie hinter den Kryptowährungen: Die Blockchain und die Distributed Ledger Technology (DLT) 27
2. Stärken und Schwächen der Blockchain 34
3. Mining von Kryptowährungen – Konsensalgorithmen 38
4. Alternativen zur Blockchain: Tangle, Hashgraph 44
5. Lightning Network 46

III. Kurze Vorstellung der Top-Ten-Kryptowährungen 51

10. Chainlink (LINK) 59
9. Tezos (XTZ) 61
8. EOS 64
7. Crypto.com Coin (CRO) 67
6. Cardano (ADA) 69
5. Litecoin (LTC) 71
4. Bitcoin SV (Satoshi's Vision) (BSV) 73

3. Bitcoin Cash (BCH) 76
2. Ethereum (ETH) 79
1. Bitcoin (BTC) 83

IV. Der Einstieg ins Trading: Die wichtigsten Charttypen & Indikatoren 87
1. Die wichtigsten Charttypen 87
2. Linear oder logarithmisch? – Eine Frage der Skalierung 96
3. Die wichtigsten Indikatoren. 98
Nutzen fürs Trading mit Kryptowährungen 112
Mein Arbeitschart des Bitcoin (BTC) 113

V. Investieren in beziehungsweise Trading mit Kryptowährungen 117
1. Interessante Coins/Token erkennen und Shitcoins vermeiden!. . 117
2. Charttechnik zur Analyse von Kryptowährungen 121
3. Coins/Token direkt kaufen. 152
4. Alternative Finanzprodukte (CFDs & Zertifikate). 155
5. Kryptowährungen mit Dividenden/Zinsen. 157
6. ICOs/ITOs/Token Sales analysieren 158

VI. ICOs, ITOs und Token Sales 161
1. Der große »Krypto-Hype« (2017) und seine Folgen 161
2. Initial Coin Offerings (ICOs)/Initial Token Offerings (ITOs)/ Token Sales 162
3. Bitcoin- und Blockchain-Aktien 164

VII. Chancen und Risiken freier Märkte. 177
1. Was freie Märkte leisten können – und was nicht. Die Nachteile der fehlenden Regulierung. 178
2. Warum Anleger freie Märkte bevorzugen sollten – die Vorteile freier Märkte 182
3. Warum die Dezentralität für Kryptowährungen zentral ist. 183
4. Worauf Sie unbedingt achten sollten, wenn Sie erfolgreich in Kryptowährungen investieren möchten! 188
5. Warum die Bitcoin-Futures die Ideen Satoshi Nakamotos ad absurdum führen! 193

6. Mindset: Letztlich basiert alles auf (Ihrem) Glauben! 196

VIII. Chancen und Risiken von Kryptowährungen 199
1. Chancen und Risiken für Anleger 200
2. Chancen und Risiken für die Wirtschaft 203
3. Chancen und Risiken für den Staat 204

IX. Schöpferische Zerstörung – Disruption 209
1. Abschaffung der Banken 211
2. Abschaffung der Zentralbanken statt Abschaffung des Bargelds 213

X. Das bisherige Ergebnis der Finanzkrise 217
1. Demokratisierung unseres Banken- und Geldsystems 221
2. Optimistisch in die Zukunft 222
3. Reich werden durch Trading von Kryptowährungen 223

Vorwort

Sehr geehrte Damen und Herren, liebe Leserinnen und Leser,

Anfang des Jahres 2009, also vor ziemlich genau zwölf Jahren, erblickte mit dem Bitcoin die erste Kryptowährung das Licht der Welt. Ich war damals bei einem Münchner Start-up-Unternehmen tätig, das sich auf die Auswertung von Aktienempfehlungen spezialisiert hatte, und wir hielten jede Woche eine Telefonkonferenz ab, weil viele Mitarbeiter im – inzwischen ja von der SPD geforderten – Homeoffice arbeiteten. Da bot sich das zur besseren Koordination natürlich an.

Anfang des Jahres 2009 lag der Höhepunkt der seinerzeitigen Finanzkrise, nämlich die Pleite der Investmentbank Lehman Brothers, gerade hinter uns. Wie wir heute wissen, erreichten die Aktienmärkte ihr Tief dann am 9. März 2009 und befinden sich seitdem in einer andauernden Kursrally. Dies war damals jedoch noch in keiner Weise absehbar, weshalb wir den Start des Bitcoins, damals von *Spiegel Online* in einem kleinen Artikel thematisiert, lediglich kurz diskutierten. Niemand von uns konnte sich zu dieser Zeit einen Erfolg dieses Projekts vorstellen, so dass wir Witze darüber machten.

Anschließend verlor ich den Bitcoin zunächst aus den Augen. Als ich dann jedoch 2012/2013 zufällig wieder auf ihn schaute, war ich zunächst baff. Denn hatte der Bitcoin beim Start im Jahr 2009 noch weniger als einen lausigen Cent gekostet, stand der Kurs inzwischen bei über 20 US-Dollar. Plötzlich begann ich, das Potenzial zu realisieren und wollte mir 25 Bitcoins für circa 500 Euro kaufen. Dies war jedoch damals noch nicht so einfach, so dass mir dies zuerst nicht gelang. Schließlich schaffte ich es einige Tage später doch, leider gab es zu diesem Zeitpunkt jedoch nur noch 20 Bitcoins für meine circa 500 Euro.

Seit diesem Zeitpunkt beschäftige ich mich intensiv mit dem Bitcoin, der ihm zugrunde liegenden Blockchain-Technologie sowie später dann auch den sogenannten Altcoins. So verfolgte ich die Entwicklung des Litecoins und versenkte später leider auch ein paar Euro durch den Kauf von Quarkcoins, aber das ist ein ganz anderes Thema. Jedenfalls war meine späte, aber immer noch vergleichsweise frühe Investition in den Bitcoin eine meiner besten Investitionen aller Zeiten. Denn schon wenige Monate nach meinem Einstieg notierte der Bitcoin in der Spitze bei über 1000 US-Dollar, womit er ganz kurz sogar mehr wert war als eine Feinunze Gold.

Leider konnte er die erklommenen Kurshöhen jedoch nicht verteidigen und fiel anschließend, begleitet von viel negativer Presse, immer weiter zurück. Erst zwischen circa 170 und 250 US-Dollar fand er schließlich seinen Boden, von dem er sich jedoch monatelang nicht lösen konnte. Doch als dann das berühmt-berüchtigte US-Anlegermagazin *Barron's* mit einem Cover herauskam, auf dem ein Grabstein mit dem Bitcoin-Zeichen zu sehen war, ging es ziemlich schnell. Lag der Kurs noch Ende des Jahres 2016 deutlich unter der Marke von 1000 US-Dollar, stieg er im Laufe des Jahres 2017 auf knapp 20 000 US-Dollar.

Befeuert wurde diese Kursrally zum einen durch den erfolgreichen Start von Ethereum, einem verteilten System, auf dessen Basis sogenannte »ICOs/ITOs« oder *»Token Sales«* möglich wurden. Während ich jedoch Ethereum mittel- bis langfristig großes Potenzial einräume, war ich bei diesen ganzen ICOs/ITOs immer sehr skeptisch, was sich im Nachhinein als richtig erwies. Zwar mag es den ein oder anderen interessanten Altcoin geben, von den inzwischen mehr als 10 000 Kryptowährungen werden am Ende jedoch zwischen 95 und 98 Prozent wieder in der Versenkung verschwinden.

Warum aber erzähle ich Ihnen diese ganze Geschichte? Nun, weil Sie wissen sollen, dass der Kryptowährungsmarkt noch ein sehr junger Markt ist, so dass uns beim Krypto-Trading Erfahrungswerte fehlen. Dementsprechend riskant ist es auch, mit Kryptowährungen zu traden oder in diese zu investieren. Aber wie immer versprechen solche Entwicklungen eben auch große Chancen. Wer von Ihnen hätte nicht gerne – rückblickend – die Aktie von Amazon.com im Jahr 1997, 1998, 1999 oder eben, nach Platzen der *»Dotcom Bubble«*, ab 2001 gekauft? Diese Chance bieten Ihnen Bitcoin und Co. aktuell noch immer.

Mit diesem Buch möchte ich Sie nun an die Hand nehmen und in die noch sehr junge, fantastische Welt der Kryptowährungen einführen. Dabei liegt mein Fokus mehr auf dem Handel von und mit Kryptowährungen als auf der zugrunde liegenden Technologie. Getreu dem Motto von Warren Buffett, dass Anleger nur mit dem handeln sollten, was sie auch verstehen, kam ich jedoch leider nicht umhin, auch einige grundlegende technische Dinge zu erläutern. Alles in allem sollten Sie mit diesem Buch daher nun eine klare Anleitung in Ihren Händen halten, welche Chancen, aber auch Risiken Kryptowährungen bieten und wie Sie diese gewinnbringend handeln können.

Fangen Sie dabei langsam an und steigern Sie, wenn Sie möchten, Ihre Einsätze. Wenn Sie sich an die Tipps und Tricks aus dem Buch halten, sollten Sie so zügig Geld mit Kryptowährungen machen können. Womit sich dieses Buch dann sehr schnell selbst amortisieren wird!

In diesem Sinne wünsche ich Ihnen alles Gute und viel Erfolg, und beachten Sie auch beim Krypto-Trading Kostolanys berühmte vier G, die für Ihren Erfolg essentiell sind: G wie »Geld«, aber ihr eigenes. G wie »Gedanken«, wobei Sie sich durchaus Anregungen holen können, es letzten Endes aber auch ihre eigenen sein sollten. G wie »Geduld«, denn manchmal dauert es eben, bis ein Trade aufgeht. Kostolany schrieb dazu nicht umsonst, dass an der Börse gemachtes Geld immer Schmerzensgeld sei und erst die Schmerzen und dann das Geld kämen. Und natürlich das vierte G wie »Glück«, denn ganz ohne Glück geht leider wenig im Leben.

Ihr
Sascha Huber

I. Vom Buchgeld zum Bitcoin

In diesem Buch sollte sich natürlich in allererster Linie alles um das Krypto-Trading, also den Handel von und mit Kryptowährungen, drehen. Zunächst möchte ich Ihnen aber vermitteln, was Kryptowährungen überhaupt so besonders macht und was sie von unserem herkömmlichen Geldsystem unterscheidet.

1. Was ist Geld?

Die heute, zumindest hier bei uns in Deutschland, sicherlich bekannteste Form von Geld ist das Bargeld. Viel wichtiger als Bargeld ist aber eigentlich das Buch- oder Giralgeld. Das in der Währungsverfassung eines Landes als gesetzliches Zahlungsmittel bestimmte Geld bezeichnet man als »Währung«. In Deutschland ist das aktuell bekanntlich der Euro, zuvor war es die Deutsche Mark (DM).

Das sogenannte »gute Geld« muss drei Funktionen erfüllen. Diese sind:

1. Geld muss natürlich ein Zahlungsmittel sein, also die Zahlungsmittelfunktion erfüllen. Durch diese Funktion vereinfacht Geld den Tausch von Gütern.

2. Geld muss sich jedoch darüber hinaus auch zur Wertaufbewahrung eignen, also die Funktion als Wertaufbewahrungs-

mittel erfüllen. Diese Funktion kann übrigens durchaus kritisch sein beziehungsweise werden.

3. Zu guter Letzt ist Geld jedoch auch ein Wertmaßstab sowie eine Recheneinheit. Diese Funktion ist dabei wichtiger, als man glauben mag. Denn letztlich bedeutet sie ja nichts anderes, als dass beispielsweise 1 Euro wirklich immer 1 Euro ist und man daher den Wert von Waren oder Dienstleistungen (relativ) genau beziffern kann.

Weshalb der zweite Punkt auch kritisch zu sehen ist, möchte ich etwas näher erläutern:

Wer Geld als Zahlungsmittel nutzt, macht ja nichts anderes, als sich eine Ware oder Dienstleistung zu kaufen. Waren müssen aber hergestellt und Dienstleistungen bereitgestellt werden, was nichts anderes bedeutet, als dass jemand arbeitet. Für diese Arbeit wiederum erhält er einen Lohn (Gehalt) in Form von Geld. Dieses Geld wiederum verkonsumiert er ebenfalls wieder, es gibt also einen Geldkreislauf. Dieser Geldkreislauf aber ist es, der unsere Wirtschaft am Leben hält. Wenn nun einzelne Menschen einen Teil des Geldes sparen, ist das noch unproblematisch. Wenn aber, aus welchen Gründen auch immer, weite Teile der Bevölkerung sehr viel sparen, kommt es zu einer Störung des Geldkreislaufs und somit einer Schwächung der Wirtschaft. Dies kann letzten Endes, wie man in Japan gesehen hat, sogar dazu führen, dass es zu einer regelrechten Abwärtsspirale kommt.

Denn wenn die Wirtschaft nicht läuft, braucht es weniger Arbeit und damit auch weniger Arbeitskräfte. Es werden also Leute entlassen, die dann weniger Geld zum (Ver)Konsumieren haben. Ergo werden sie sparsam, geben also weniger Geld aus. Die Wirtschaft wird also weiter geschwächt, es werden noch weniger Arbeitskräfte benötigt und so weiter und so fort. Dies nennt man dann »Deflation«. Genau aus diesem Grund übrigens definieren die Notenbanken heutzutage Geldwertstabilität nicht, wie es eigentlich richtig wäre, durch eine Inflationsrate von 0 Prozent, sondern durch eine »unter, aber nahe 2 Prozent«, was ja de facto eine Entwertung des Geldes darstellt, um eine Deflation auf jeden Fall zu vermeiden.

Genau an dieser Stelle hat Satoshi Nakamoto mit dem Bitcoin übrigens angesetzt, wie wir später noch sehen werden. (»Satoshi Nakamoto« ist ein Pseudonym für den oder die unbekannten Erfinder des Bitcoins.)

2. Unser heutiges Geld- und Finanzsystem

Geld entsteht heutzutage in einem zweistufigen Bankensystem aus Zentralbank und Geschäftsbanken. Zentralbanken sind beispielsweise die Federal Reserve (Fed) in den USA, die Bank of England in Großbritannien, die Europäische Zentralbank (EZB/ECB) in der Euro-Zone, die People's Bank of China (PBoC) in China oder auch die Bank of Japan (BoJ) in Japan. Zu den bedeutenden Geschäftsbanken gehören zum Beispiel die Bank of America, die Citigroup, JPMorgan Chase, die Commerzbank oder auch die Deutsche Bank.

Die Zentralbanken sind nun für die Ausgabe von sogenanntem Zentralbankgeld zuständig. Dazu gehört einerseits das Bargeld sowie andererseits die Guthaben der Geschäftsbanken, die den entsprechenden Zentralbanken angeschlossen sind. Verkaufen die Geschäftsbanken der entsprechenden Zentralbank Devisen, Wertpapiere oder Wechsel, erhalten sie im Gegenzug dafür Zentralbankgeld in Form von Bargeld (Münzen oder Geldscheinen) oder Zentralbankguthaben. Alternativ können die Geschäftsbanken allerdings auch Zentralbankgeld durch verzinsliche Kredite der Zentralbanken oder aber durch die Hinterlegung eines entsprechenden Pfands erhalten. Darüber hinaus entsteht Zentralbankgeld auch noch, wenn die Zentralbank Ausgaben tätigt und diese mit Zentralbankgeld bezahlt.

Buch- oder Giralgeld entsteht im Gegensatz dazu, indem die Geschäftsbanken Kredite vergeben und ihren Kunden entsprechende Beträge auf ihren Konten gutschreiben (Giralgeldschöpfung). Geschäftsbanken können diese Geldmenge allerdings nicht beliebig durch Kreditvergabe erhöhen, weil sie verpflichtet sind, eine – von der entsprechenden Zentralbank bestimmte – Mindestreserve vorzuhalten. Das bedeutet, dass sie beispielsweise für jeden Euro ihrer Kundeneinlagen einen gewissen Prozentsatz an Guthaben bei der Zentralbank vorhalten müssen. Bei der Federal Reserve (Fed) lag dieser Mindestreservesatz vor der Corona-Krise bei 10 Prozent, bei der EZB bei 1 Prozent und bei der People's Bank of China (PBoC) bei 14,5 Prozent für größere Banken und bei 12,5 Prozent für kleinere Banken, nachdem er dort erst Anfang des Jahres abgesenkt wurde. Konkret bedeutet dies, dass im europäischen Bankensystem theoretisch das 100-Fache des Zentralbankgeldes als Giralgeld erzeugt werden kann. Ein Sachverhalt, der vielfach kritisiert wird.

Doch warum gibt es überhaupt dieses zweistufige Bankensystem aus Zentral- und Geschäftsbanken? Ganz einfach deshalb, weil die Zentralbanken mithilfe der Geldpolitik die Wirtschaft steuern sollen. Konkret bedeutet dies, dass die Zentralbanken mehr Geld zur Verfügung stellen sollen, wenn es wirtschaftlich schlechter läuft. Im Gegenzug dazu sollen sie jedoch auch weniger Geld zur Verfügung stellen, wenn es wirtschaftlich sehr gut läuft. Dadurch soll ein zu starker wirtschaftlicher Boom verhindert werden, der sonst später immer in einem Crash endet. Auf der anderen Seite soll jedoch auch ein Crash – und dabei ganz besonders eine Deflation – verhindert werden.

3. Was sind Kryptowährungen?

Bevor wir zur eigentlichen Definition von Kryptowährungen kommen, lassen Sie uns ein paar Gedanken über das Wort »Kryptowährung« machen. Dieses besteht aus zwei Teilen, nämlich dem Präfix »Krypto«, das auf das griechische Wort *kryptos* zurückgeht (was so viel bedeutet wie »verborgen« oder »geheim«), sowie dem deutschen Wort »Währung«.

Doch keine Angst, bei Kryptowährungen geht es nicht um geheime Währungen, sondern vielmehr um kryptografisch abgesicherte Zahlungsmittel. Ob man sie überhaupt als Währung klassifizieren kann, ist eine Frage, über die sich die Gelehrten schon lange streiten. Unzweifelhaft ist wohl, dass es sich bei Bitcoin und Co. um ein (privates) Geld handelt, was schon mal die Grundvoraussetzung dafür ist, dass es sich überhaupt um eine Währung handeln könnte.

Um letztlich jedoch wirklich als Währung gelten zu können, müsste dieses Kryptogeld als ein gesetzliches Zahlungsmittel in der Währungsverfassung eines Landes anerkannt werden. Lange Zeit aber hat kein Land dieser Welt Bitcoin und Co. tatsächlich als ein solches gesetzliches Zahlungsmittel akzeptiert. Inzwischen hat El Salvador dies getan und den Bitcoin, neben dem US-Dollar, als offizielle Landeswährung deklariert – und einige weitere Staaten (zum Beispiel Paraguay) überlegen nun, diesem Beispiel zu folgen. Aber zurück zur allgemeinen Definition von Kryptowährungen. Man kann sie wohl wie folgt definieren:

Kryptowährungen (beziehungsweise Kryptogeld) sind digitale Zahlungsmittel auf Basis eines verteilten, (meist) dezentralen und kryptografisch abgesicherten Zahlungssystems.

Am 3. Januar 2009 wurde mit dem Bitcoin die seinerzeit erste Kryptowährung öffentlich gehandelt. Sinn und Zweck der Entwicklung des Bitcoins war (und ist!) es, einen bargeldlosen Zahlungsverkehr unabhängig von Banken, aber durchaus unter der Aufsicht von Behörden (Stichwort: Regulierung), zu ermöglichen, um so letztlich die Macht der Banken zu brechen.

Inzwischen existieren schon mehr als 10 000 verschiedene Kryptowährungen, von denen jedoch leider etliche als »tot« gelten. Da die zugrunde liegenden Blockchains jedoch prinzipiell immer weiterarbeiten können, verschwinden selbst solche »toten« Kryptowährungen nicht einfach so. Ursprünglich wurden Kryptowährungen privat geschöpft, der Geldschöpfungsprozess ist das sogenannte *»Mining«*.

Dies könnte sich jedoch in Zukunft, wenn womöglich Staaten eigene Kryptowährungen starten, durchaus ändern. Ein erstes Beispiel für eine solche Entwicklung gibt es bereits, denn der Staat Venezuela hat mit dem Petro eine erste, in diesem Fall ölgedeckte, eigene Kryptowährung ins Leben gerufen. Inzwischen läuft auch in der Volksrepublik China ein großangelegter Test einer von der PBoC entwickelten staatlichen Digitalwährung (Central Bank Digital Currency, kurz: CBDC).

Situation in Deutschland

Hier bei uns in Deutschland hat die zuständige Bundesanstalt für Finanzdienstleistungsaufsicht (BaFin) den Bitcoin bereits vor einigen Jahren als »Rechnungseinheit« definiert, die »ohne Weiteres unter die Finanzinstrumente des Kreditwesengesetzes fällt«. Das Bundesfinanzministerium wiederum ordnet den Bitcoin als eine Art »privates Geld« und mit Devisen vergleichbare Werteinheit ein. (Privates) Geld also definitiv ja, gesetzliches Zahlungsmittel und somit Währung jedoch eigentlich nicht.

Dies hat das Kammergericht Berlin jedoch in einem aufsehenerregenden Urteil (Aktenzeichen 161 Ss 28/18 (35/18)) Ende des Jahres 2018 anders gesehen. Demnach sind Bitcoins keine Finanzinstrumente, die unter das Kreditwesengesetz fallen. Dieses Urteil ist deshalb von überragender Bedeutung, weil – sollte es Bestand haben – die Bundesanstalt für Finanzdienstleistungsaufsicht (BaFin) den Handel mit Bitcoins nicht mehr regulieren müsste. Um hier rechtlich ein für alle Mal Klarheit zu bekommen, wäre es wünschenswert, wenn letztlich höchstrichterlich entschieden würde, wie der Bitcoin und damit die Kryptowährungen im Allgemeinen in Deutschland klassifiziert werden.

4. Satoshi Nakamotos Antwort auf die Finanzkrise 2007–2009

Wie wir bereits gelernt haben, erschaffen unsere Banken durch ihre Kreditvergabe frisches Geld (»Geldschöpfung«). Das Geld, das verliehen wird, ist also gar nicht beziehungsweise in der Euro-Zone nur zu einem Anteil von 1 Prozent tatsächlich vorhanden. Wenn aufgrund von Vertrauensverlust in einem *»Bankrun«* alle Kunden zugleich versuchen, ihr Geld abzuheben, wird es kritisch.

Genau dies stand in den Jahren 2007 bis 2009 zu befürchten, was schließlich zahlreiche Regierungen weltweit bewog einzugreifen. Dabei sah sich die damalige Bundesregierung unter Bundeskanzlerin Angela Merkel und ihrem Finanzminister Peer Steinbrück schließlich im Oktober 2008 sogar in letzter Konsequenz dazu genötigt, den deutschen Sparerinnen und Sparern eine Staatsgarantie ihrer Spareinlagen zu geben, um eben einen solchen *Bankrun* zu verhindern. Im Wortlaut sagte Merkel damals: »Wir sagen den Sparerinnen und Sparern, dass ihre Einlagen sicher sind. Auch dafür steht die Bundesregierung ein.«

Im Zweifel wäre diese explizite Staatsgarantie der Einlagen wohl gar nicht zu halten gewesen. Schließlich haben die Bundesbürger ein Sparvermögen von mehreren Billionen Euro angehäuft und die deutschen Staatsschulden liegen heute schon offiziell bei mehr als 2 Billionen Euro, wobei dort staatliche Verpflichtungen wie Pensionen und Renten gar nicht vollständig berücksichtigt sind. Dies war natürlich seinerzeit auch der Bundesregierung klar. Das Ziel dieser Verbalakrobatik war daher ja auch, durch diese Garantie deren Inanspruchnahme möglichst zu verhindern.

Grundsätzlich ist dies auch gelungen. Das gilt sowohl für Deutschland als auch weltweit. Die meisten Menschen vertrauten und vertrauen weiterhin auf unser Geld- und Finanzsystem. Mindestens einer jedoch tat dies (und tut es wahrscheinlich bis heute) nicht: Satoshi Nakamoto.

Allerdings muss er das Geld- und Finanzsystem bereits vorher kritisch gesehen haben, denn so einfach über Nacht lässt sich eine Kryptowährung wie der Bitcoin nicht erfinden. Letztlich war der Zeitpunkt, ihn zu starten, aber sehr günstig gewählt. Wann, wenn nicht nahezu auf dem Höhepunkt der Finanzkrise, hätte man das sonst tun sollen?

Interessant an der Erfindung war und ist jedoch zuerst einmal, dass es sich auch beim Bitcoin – nicht anders als bei Euro oder US-Dollar – um *Fiat Money* handelt, das heißt, eine wie auch immer geartete Deckung durch Gold oder andere Rohstoffe gibt es nicht. Dennoch gibt es einen entscheidenden Unterschied. Denn anders als bei Euro, US-Dollar und Co. handelt es sich beim Bitcoin nicht um ein Schuldgeld, sondern um Vollgeld. Jetzt werden Sie sich zu Recht fragen, was das denn schon wieder ist.

Ein (kleiner) Teil unseres gegenwärtigen *Fiat-Money*-Systems ist quasi auch **Vollgeld**, nämlich das Zentralbankgeld. Vereinfacht gesagt handelt es sich bei Vollgeld nämlich um Geld, dass stets vollumfänglich vorhanden sein muss. Die Mindestreserve läge in einem solchen Vollgeld-System bei 100 Prozent. Wenn eine Bank also einen Kredit von 10 000 Euro vergeben möchte, muss sie diese 10 000 Euro auch tatsächlich haben und sie vollständig verleihen. Somit ist in einem solchen Vollgeld-System auch die Geldschöpfung jeglicher Art der Zentralbank vorbehalten.

Genauso ist es auch beim Bitcoin. Man kann Bitcoins durch das *Mining* erzeugen. Damit hat es sich dann aber auch. Es gibt keinerlei Geldschöpfung, keinerlei Mindestreserve und somit keinerlei Hebel. Wer einen Bitcoin besitzt, besitzt ihn. Und wer ihn ausgibt, hat ihn ausgegeben, er gehört dann jemand anderem. Aus diesem Grund braucht es auch keine Zentralbanken und keine Banken. Es genügt schlicht und einfach die Blockchain, die im Zentrum des Bitcoins steht und somit dessen Herz darstellt. Es gibt auch keine aktive Geldpolitik, sondern alles basiert auf klaren, vorgegebenen Regeln, einem Algorithmus. Die Computer steuern also alles auf Basis des Algorithmus, völlig unabhängig von irgendwelchen Konjunkturzyklen.

Obwohl Satoshi Nakamoto das Ziel hatte und hat, die Macht der Banken zu brechen, ist er aber grundsätzlich kein Sozialist, sondern – ganz im Gegenteil – ein Libertärer (oder mehrere Libertäre, falls es sich bei »Satoshi Nakamoto« um eine Gruppe handelt). Er glaubte und glaubt also an den freien Markt, nicht jedoch an Eingriffe in diesen. Letztlich entspricht dies der Lehre der sogenannten Österreichischen Schule der Nationalökonomie nach Ludwig von Mises und Friedrich August von Hayek. Dieser entsprechend führen die Markteingriffe der Zentralbanken stets an anderer Stelle zu Verzerrungen, so dass Konjunkturzyklen beschleunigt werden und immer extremer ausfallen.

Die Finanzkrise 2007 bis 2009 war dabei das perfekte Beispiel für diese Kritik an den Notenbanken. Denn die Grundlage für diese Finanzkrise wurde schon viele Jahre zuvor gelegt. Zum einen durch die Deregulierung der Banken in den USA unter dem damaligen US-Präsidenten Bill Clinton, zum anderen aber auch durch die massiven Steuersenkungen seines Nachfolgers George W. Bush, und dies alles auch noch in Verbindung mit der sehr lockeren Geldpolitik des damaligen US-Notenbankchefs Alan Greenspan.

Satoshi Nakamoto hat mit dem Bitcoin eine demokratische Alternative erschaffen: Er hat den Menschen ein alternatives Geld- und Finanzsystem angeboten. Dabei gibt es keinerlei Zentralbank und somit natürlich auch keine Leitzinsen beziehungsweise Zinsen generell. Folglich bestimmt sich der Preis eines Bitcoin ausschließlich durch Angebot und Nachfrage. Aber kann das wirklich funktionieren?

Ich persönlich glaube durchaus daran, dass der freie Markt langfristig tatsächlich jedes Problem lösen kann. Ich schreibe aber bewusst »langfristig«, denn kurzfristig kann es durchaus zu Marktverzerrungen kommen. Beste Beispiele für solche Marktverzerrungen sind dabei die Spekulationsblase am Neuen Markt sowie, parallel dazu in den USA, die *»Dotcom Bubble«* um den damaligen Jahrtausendwechsel. Damals waren durch übertriebenen Optimismus Aktien von Technologieunternehmen in ungeahnte Höhen gestiegen. Als die Investoren wieder realistischer wurden, platzten die Blasen jedoch. Die Marktverzerrung wurde also vom Markt selbst wieder beseitigt.

Leider fehlt in Deutschland der Glaube an den freien Markt völlig, wie übrigens die Reaktion der Deutschen Börse AG auf das Platzen der Spekulationsblase am Neuen Markt bewiesen hat. Denn diese machte den Neuen Markt einfach dicht. Eine Überreaktion, wie an zahlreichen erfolgreichen Beispielen zu sehen ist, etwa ATOSS Software, Bechtle, Cancom, Carl Zeiss Meditec, Nemetschek, Sartorius oder United Internet.

5. Technologische Gründe: Digitalisierung und damit Demokratisierung von Geld (und Wirtschaft)

Erste Bestrebungen, unser Geld zu digitalisieren, gab es bereits einige Jahre vor dem Bitcoin. So gründete beispielsweise David Chaum bereits im Jahr 1990 die Firma DigiCash und entwickelte ein elektronisches Geld namens »eCash«. (Mehr zu diesem Thema können Sie übrigens in einem *Focus*-Artikel aus dem Jahr 1995 erfahren: Kohlen, Manfred (1995): »Das Ende des Geldes«, *Focus Magazin* 23, 1995, https://www.focus.de/wissen/natur/computer-waehrung-das-ende-des-geldes_aid_151791.html.) Später gab es dann das Onlinespiel *Second Life*, in dessen Rahmen eine virtuelle Währung namens »Linden-Dollar« vom Betreiber Linden Lab eingeführt wurde. Allerdings konnte sich eCash nicht durchsetzen und der Linden-Dollar blieb auf *Second Life* beschränkt.

Die Idee, unser Geld zu digitalisieren, bestand also schon seit sehr langer Zeit und das ist ja prinzipiell auch logisch, denn wenn man heutzutage so gut wie alles digitalisieren möchte, warum dann ausgerechnet unser Geld nicht? Allerdings ist die Digitalisierung des Geldes schon deshalb extrem schwierig, weil es kaum eine sicherheitskritischere Anwendung als Geld und seine Transaktionen gibt. Genau diese Sicherheit jedoch war lange das Problem, insbesondere im Hinblick auf mögliches *»Double Spending«* (doppeltes Ausgeben ein und derselben Münze). Dabei ist eine Digitalisierung unseres Geldes auch deshalb so interessant, weil digitales Geld optimal für den elektronischen Handel *(E-Commerce)* geeignet ist – und bekanntlich wandert der Handel immer mehr ins Internet ab.

Wobei man noch über den klassischen E-Commerce hinausdenken muss. Mithilfe von intelligenten Verträgen *(Smart Contracts)* werden zukünftig vollautomatisch betriebene Unternehmen möglich. *Smart Contracts* werden so formuliert, dass ein Computer anhand der Kriterien völlig emotionslos entscheiden kann, ob die Vertragsbedingungen erfüllt sind oder eben nicht. So könnte beispielsweise ein Computer einem Kunden eines Energieversorgers automatisch den Strom sperren, wenn dieser seine Stromrechnung nicht bezahlt. Aber auch Geschäfte zwischen Maschinen (Computern) im sogenannten *Internet of Things* (IoT) dürften in Zukunft sehr wichtig werden.

Die Blockchain, in der alle Transaktionen für alle Zeiten aufgezeichnet werden, müsste auch für viele Politiker interessant erscheinen, etwa wenn es um das Thema Steuerhinterziehung geht.

Ein weiterer Vorteil digitaler Währungen könnten deutlich geringere Kosten für Auslandstransaktionen sein. Vergleichbar mit den geringeren Kosten für Auslandsgespräche, beispielsweise dank Skype und *Voice-over-I*P (VoIP), da keine Gebühren mehr beim Finanzdienstleister anfallen. Insbesondere für Schwellen- und Entwicklungsländer eröffnen sich hier Möglichkeiten durch günstige Mikrotransaktionen. Auch Selbstständige und Freiberufler, etwa Musiker, könnten durch die einfache Abwicklung profitieren.

Alles in allem aber muss man konstatieren, dass mit der Digitalisierung des Geldes auch eine Demokratisierung des Geldes, des Geld- und Finanzsystems sowie der Wirtschaft einhergehen wird. Zumindest, wenn es sich bei diesem digitalen Geld um eine dezentral organisierte Kryptowährung handelt, etwa den Bitcoin oder eine Alternative, die sich bei den Anlegern gegen diesen durchsetzt.

Man kann natürlich kritisieren, dass von den mehr als 10 000 Kryptowährungen viele, um nicht zu schreiben die allermeisten, am Ende nicht überleben werden. Aber das ist nun mal so, wenn jeder seine eigene Kryptowährung vorstellen kann. Dann werden sich am Ende eben nur einige wenige am Markt behaupten und somit durchsetzen können. Aber ist eine möglicherweise neue, demokratischere, weltweite Wirtschaftsordnung nicht dieses vergleichsweise kleine Opfer wert?

6. Inflation und Deflation bei Kryptowährungen

Wie wir im ersten Kapitel erfahren haben, haben die Zentralbanken, um der Gefahr einer Deflation zu entgehen, die Geldwertstabilität mit »unter, aber nahe bei 2 Prozent« definiert. Bei diesem Wert lohnt es sich noch, zu sparen (zumindest, wenn man mehr als 2 Prozent Zinsen bekommt), aber zugleich wird ein Anreiz zum Konsum geschaffen.

Aus Sicht der Nachhaltigkeit (und des Umweltschutzes) ist diese ständige Anregung zum Konsum aber nicht sinnvoll. Deshalb setzte Satoshi Nakamoto, der unbekannte Erfinder des Bitcoins, auch genau hier an. So wollte er eine Währung schaffen, die auf klaren, nachvollziehbaren Regeln beruht. Dabei sah er Deflation nicht als ein Problem an. Vielmehr verwies er darauf, dass es im Bereich der Technik doch auch eine Deflation gibt. Nehmen Sie beispielsweise mal den berühmten Aldi-PC. Dieser wird immer günstiger – zumindest wird er nicht teurer – und das, obwohl er immer besser und leistungsfähiger wird. Trotzdem aber wird er von Verbrauchern gekauft!

Was im Bereich der Technik funktioniert, muss doch auch allgemein funktionieren, dachte sich Satoshi Nakamoto. Daher legte er den Bitcoin ganz bewusst als letztlich deflationäre Währung an. Die Menschen sollen ihn zwar ausgeben, aber nur, wenn es auch wirklich sinnvoll erscheint. Wenn man so will, hat er einen steigenden Geldwert schon eingeplant. Wobei es eigentlich erst viel später dazu kommen sollte. Denn zu Beginn war (und ist) die Inflationsrate beim Bitcoin durchaus hoch (zwischen 30 und 50 Prozent), sie fiel jedoch sehr schnell. So betrug sie 2011, gerade mal zwei Jahre nach dem Start, nur noch circa 4 Prozent pro Jahr. Heute beträgt sie immer noch rund 1,75 Prozent pro Jahr. Denn die Blockzeit beträgt zehn Minuten, so dass sechs Blocks pro Stunde, also 144 Blocks pro Tag gefunden werden.

Der *Reward* liegt aktuell bei 6,25 Bitcoins pro Block, so dass jeden Tag 144 mal 6,25 Bitcoins, also 900 Bitcoins neu hinzukommen. Dies sind, bei 365 Tagen im Jahr, schließlich 328500 Bitcoins pro Jahr, zumindest bis zum nächsten *Halving* (Stand heute wohl im April 2024). Zurzeit existieren bereits circa 18,76 Millionen Bitcoins. 328500 von 18,76 Millionen sind circa 1,75 Prozent, Tendenz allerdings natürlich weiter fallend. Denn bis zum kommenden *Halving* bleibt die Menge an neu hinzukommenden Bitcoins zwar gleich, allerdings erhöht sich die Zahl der bereits existierenden Bitcoins. Nach dem kommenden *Halving* wird die Inflationsrate sogar noch deutlicher fallen, denn schließlich kommen dann zu einer deutlich höheren bereits existierenden Menge an Bitcoins nur noch 450 Bitcoins pro Tag neu hinzu. Letztlich konvergiert die Inflationsrate gegen null. Soweit zumindest die Theorie. Denn in der Praxis sieht es ein wenig anders aus.

So haben nämlich Forscher herausgefunden, dass bis zum heutigen Tag schon zwischen 3 und 4 Millionen Bitcoins »verschwunden« sind. Ich schreibe »verschwunden« dabei ganz bewusst in Anführungszeichen. Denn prinzipiell sind diese Bitcoins natürlich noch da und befinden sich in der Blockchain. Nur haben diejenigen, denen sie »gehören«, aus irgendwelchen Gründen keinen Zugriff mehr darauf. Dies kann zum Beispiel passieren, wenn die Festplatte beschädigt wird oder man sein Passwort vergisst. Leider kann man allerdings nicht genau wissen, wie viele Bitcoins quasi unbrauchbar geworden sind und zu welchem Zeitpunkt. Im Prinzip kann die reale Inflationsrate beim Bitcoin zeitweise sogar schon mal bei null gelegen haben.

II. Technische Grundlagen der Kryptowährungen

1. Die Technologie hinter den Kryptowährungen: Die Blockchain und die Distributed Ledger Technology (DLT)

Obwohl die erste und bis heute bekannteste sowie wichtigste Kryptowährung, der Bitcoin, bereits vor über zehn Jahren, nämlich am 3. Januar 2009, das Licht der Welt erblickte, war wohl erst das Jahr 2017 das Jahr, in dem die Kryptowährungen ihren endgültigen Durchbruch feiern konnten. Allerdings standen und stehen dem Bitcoin bis zum heutigen Tag die meisten renommierten Wirtschaftswissenschaftler noch immer sehr skeptisch gegenüber, egal ob Sie jetzt Paul Krugman (Professor Emeritus für Volkswirtschaftslehre an der Princeton University), Kenneth S. Rogoff (Thomas-D.-Cabot-Professor für Öffentliche Ordnung und Volkswirtschaftslehre an der Harvard University sowie von 2001 bis 2003 Chefökonom des Internationalen Währungsfonds IWF), Nouriel Roubini (Professor für Internationale Geschäfte und Volkswirtschaftslehre an der Stern School of Business der New York University sowie früherer Berater von US-Finanzminister Lawrence Summers) oder Joseph E. Stiglitz (Professor für Volkswirtschaftslehre an der Columbia Business School und von 1997 bis 2000 Chefökonom der Weltbank) fragen.

So würde der Bitcoin unser bestehendes Geldsystem nach Ansicht von Paul Krugman ungefähr 300 Jahre zurückwerfen, wenngleich er ihm immerhin attestiert, »nützlicher als Gold« zu sein. Noch drastischer formuliert es hingegen »Dr. Doom« Nouriel Roubini, für den der Bitcoin schlicht und einfach ein großer Betrug mit Kursziel null ist. All dieser Kritik zum Trotz bewerten jedoch viele Experten, sowohl aus dem Bereich der Wirtschaftswissenschaften als auch aus dem Technologiesektor, die Technologie hinter dem Bitcoin, die sogenannte Blockchain, als zukunftsweisend.

Sie werden im späteren Verlauf dieses Buches noch verstehen, warum ich diese immer wieder vorgenommene Differenzierung für Quatsch halte. Denn zwar gäbe es den Bitcoin nicht ohne die Blockchain. Aber umgekehrt hätte auch niemand so schnell von der Blockchain erfahren, wenn es den Bitcoin nicht geben würde. Es handelt sich hier also um eine Symbiose, durchaus vergleichbar mit dem Internet sowie der E-Mail oder dem World Wide Web (WWW).

Ehe wir zum Kern des Buches kommen, dem Trading mit Kryptowährungen, muss ich Ihnen aber erst einmal erläutern, was die Blockchain überhaupt ist. Anschließend gehe ich dann auf die Stärken und Schwächen der Blockchain ein sowie darauf, welche, womöglich besseren, Alternativen es heute schon gibt. Wenn wir die Blockchain verstanden haben, verstehen wir zugleich, was überhaupt das sogenannte »Mining« von Kryptowährungen ist. Damit sind dann die Voraussetzungen dafür geschaffen, die Welt der Kryptowährungen grundlegend zu verstehen. Im zweiten Kapitel stelle ich Ihnen dann die zurzeit wichtigsten Kryptowährungen vor, ehe wir im dritten Kapitel endlich in das Krypto-Trading an sich einsteigen können.

Blockchain

Eine Blockchain ist zunächst einmal schlicht und einfach eine Datenbank. Punkt. Allerdings handelt es sich insofern um eine besondere Form von Datenbank, als sie dezentral organisiert ist. Dies ist ein Unterschied zu einer herkömmlichen Datenbank, wie Sie sie beispielsweise von Microsoft Access kennen. Denn hier wird die Datenbank ja in einer Datei, die in der Regel lokal auf der Festplatte Ihres Rechners liegt, gespeichert.

Was aber bedeutet »dezentral organisierte Datenbank« genau? Letztlich nichts anderes, als dass jeder, der es möchte, diese Datenbank einsehen, neue Datensätze zu ihr hinzufügen und prinzipiell sogar bereits bestehende Datensätze verändern und in letzter Konsequenz damit natürlich auch löschen kann. Sie können sich das also – vereinfacht – in etwa so vorstellen, als ob Sie mit mehreren anderen Personen an einem Dokument bei Google Docs arbeiten. Dabei handelt es sich dann eben nur um ein dezentral organisiertes Dokument. Auf den ersten Blick also gar nichts so Besonderes, oder?

Wenn Sie allerdings schon mal gemeinsam mit anderen an einem Dokument bei Google Docs gearbeitet haben, kennen Sie sicherlich auch die Probleme, die das unter Umständen mit sich bringen kann. So kann es Ihnen dort nämlich passieren, dass Sie einen Satz einfügen und eine andere Person diesen Satz später, ohne Ihre Einwilligung, verändert oder sogar wieder streicht. Dies kann dazu führen, dass die Arbeit letztlich sehr ineffizient wird. Darum gibt es bei Google Docs auch entsprechende Funktionen, die Ihnen bei der Koordination der Zusammenarbeit mit anderen Personen helfen sollen.

In einer Datenbank wäre es natürlich möglicherweise fatal, wenn dort jemand nach Belieben wüten und Daten verändern könnte. Dies gilt natürlich umso mehr, wenn diese Datenbank auch noch das Herzstück eines (virtuellen) Geldsystems sein soll. Darum gibt es eben auch hier entsprechende Funktionen, die bei der Koordination helfen sollen. So werden in einer Blockchain beispielsweise die einzelnen Datensätze, Blöcke genannt, miteinander verknüpft. Warum die Datensätze »Blöcke« heißen und wie diese Verknüpfung genau vonstattengeht, werden wir uns gleich noch näher ansehen.

Wichtig für uns ist zunächst einmal nur zu wissen, dass eine Blockchain letztlich nichts anderes als eine dezentral organisierte Datenbank ist, deren Datensätze »Blöcke« (englisch: *blocks*) genannt werden, und dass diese Blöcke miteinander verknüpft werden. Dadurch entsteht am Ende eine Kette (englisch: *chain*) von Blöcken, so dass auch klar ist, wie die Blockchain (zu Deutsch: »Blockkette« oder »Kette von Blöcken«) zu ihrem Namen gekommen ist.

Lassen Sie uns nun zur Beantwortung der Frage kommen, warum ein einzelner Datensatz »Block« heißt und wie die Verknüpfung der einzelnen Datensätze/Blöcke genau funktioniert. Dazu müssen wir jetzt noch mal darauf zurückkommen, dass die Blockchain ja das Herzstück eines (virtuellen) Geldsystems sein soll. Dementsprechend werden in dieser Datenbank natürlich alle Transaktionen innerhalb dieses (virtuellen) Geldsystems (»Zahlungsnetzwerks«) festgehalten.

Die dazu notwendigen Daten sind im Prinzip genau die gleichen Daten, die Sie auch von herkömmlichen Überweisungen her kennen. Es braucht einen Absender (in Form einer »Kontonummer«), einen Empfänger (ebenfalls in Form einer »Kontonummer«), den zu überweisenden Betrag (in Kryptowährung, also beispielsweise in Bitcoin) sowie einen Verwendungszweck. Nicht mehr, aber auch nicht weniger. Jetzt wäre es natürlich sehr ineffizient, jede einzelne Transaktion in die Datenbank zu schreiben, denn es müssten dann ja ständig Veränderungen an ihr vorgenommen werden. Darum werden diese Transaktionsdaten über einen gewissen Zeitraum gesammelt. Beim Bitcoin wurde dieser Zeitraum vom Initiator (namens »Satoshi Nakamoto«) willkürlich auf zehn Minuten festgelegt.

Es gibt auch andere Kryptowährungen, bei denen dieser auch »Blockzeit« genannte Zeitraum (ebenfalls willkürlich festgelegt) kleiner ist. Beim Litecoin (LTC) beispielsweise hat der Initiator Charlie Lee die Blockzeit willkürlich auf zweieinhalb Minuten (150 Sekunden) festgelegt. Aber bleiben wir jetzt mal beim Bitcoin. Hier werden also sämtliche Transaktionsdaten der letzten zehn Minuten in einem Datensatz gesammelt. Es handelt sich also um einen ganzen Block von Transaktionen, was schon wieder die Namensgebung erklärt.

Wichtig zu wissen ist dann noch, dass jeder Block am Ende mithilfe einer Hashfunktion verschlüsselt wird, wobei der Hashwert auf Basis der in dem Block gespeicherten Transaktionsdaten zuzüglich des Hashs des Vorgängerblocks errechnet wird. Damit haben wir dann auch schon die angesprochene Verknüpfung, die letztlich auch ausschlaggebend für die hohe Sicherheit der Blockchain ist. Denn wer die Blockchain »hacken« und Daten nachträglich verändern möchte, muss im Prinzip den aktuellen Block knacken und ausgehend von diesem alles zurückrechnen.

Die dafür erforderliche Rechenleistung ist – beim Bitcoin – inzwischen so unvorstellbar hoch, dass dies zurzeit aussichtslos erscheint. Ich schreibe bewusst »zurzeit«, weil die Entwicklung von Supercomputern, den sogenannten Quantencomputern, dies zukünftig ändern könnte. Bei anderen, kleineren und noch nicht so lange bestehenden Kryptowährungen ist das allerdings durchaus auch heute schon anders. Wenn ich daher an dieser Stelle – guten Gewissens – behaupte, dass ich den Bitcoin zurzeit für absolut sicher halte, dürfen Sie daraus keineswegs ableiten, dass das für jede Kryptowährung gilt.

Die Quantencomputer machen mir persönlich dagegen noch wenig Sorgen, weil es sie bis zum heutigen Tag – trotz jahrelanger intensiver Forschung von Großkonzernen wie Alphabet (Google), IBM oder Microsoft – noch nicht gibt und es durchaus die Möglichkeit gibt, den Bitcoin Quantencomputer-sicher zu machen (es gibt übrigens bereits Quantencomputer-sichere Kryptowährungen!). Ich erwähne aber die unter Umständen deutlich geringere Sicherheit anderer, kleinerer Kryptowährungen an dieser Stelle durchaus bewusst, weil dies noch wichtig bei der Auswahl unserer Coins/Token für das Krypto-Trading werden wird.

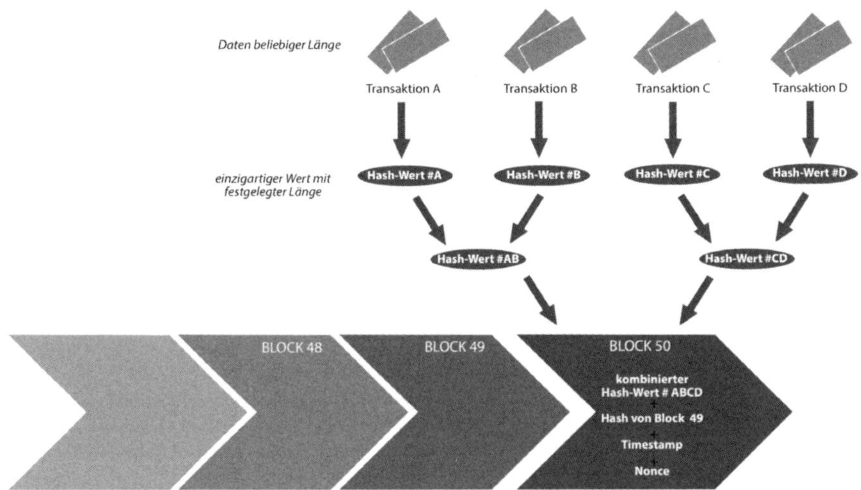

Grafik 1: Wie die Blockchain funktioniert. [1]

Distributed-Ledger-Technologie (DLT)

Die Blockchain-Technologie ist eine *Distributed-Ledger*-Technologie (DLT). Aber es gibt eben auch noch andere *Distributed-Ledger*-Technologien, wie wir nachher noch sehen werden. Was also ist der genaue Unterschied?

Nun, jedes dezentral geführte Buchführungssystem, bei dem der jeweils richtige Zustand aufgrund mehrerer Teilnehmer dokumentiert

[1] Grafik inspiriert von: https://commons.wikimedia.org/wiki/File:Blockchain_workflow.png, Lizenz: CC BY-SA 4.0

werden muss, wird als *»Distributed Ledger«*, zu Deutsch: »dezentral geführtes Kontobuch«, bezeichnet. Was dabei genau dokumentiert werden soll, ist für die Bezeichnung unerheblich. Entscheidend ist einzig und allein, dass es eine – wie auch immer geartete – Verknüpfung der gespeicherten Transaktionen geben muss. Denn nur so wird es unmöglich, einzelne Datensätze und damit Transaktionen zu verfälschen.

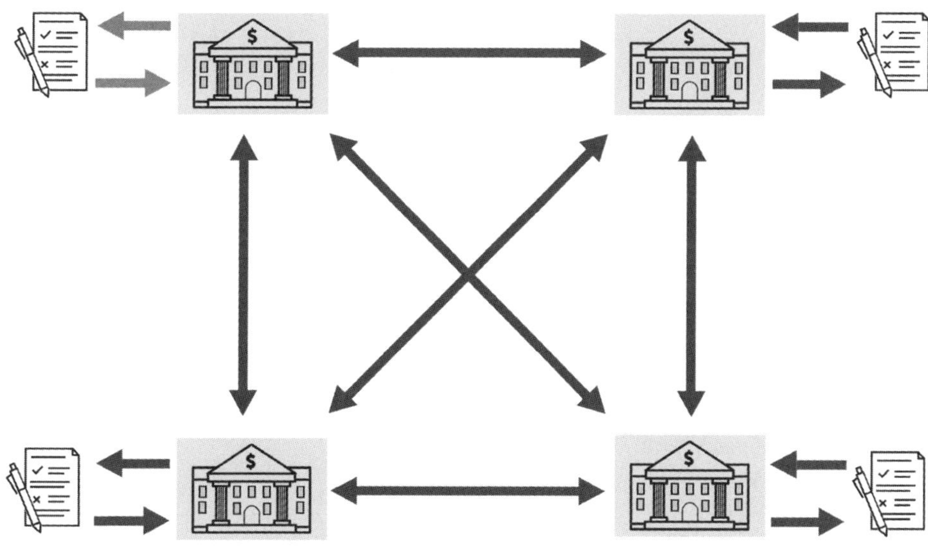

Grafik 2: Distributed Ledger (»dezentral geführtes Kontobuch«)[2]

Womit zugleich die Frage beantwortet wäre, warum man den Bitcoin und die Blockchain meines Erachtens eigentlich nicht so voneinander trennen kann, wie es viele Finanzexperten in der Vergangenheit getan haben und bis heute tun. Denn letztlich ist der Bitcoin ja nur *eine*, wenngleich sehr spezielle, Anwendung der *Distributed-Ledger*-Technologie Blockchain.

2 Grafik inspiriert von: https://cdn-images-1.medium.com/max/1600/1*gbTYMdWlpqzru6NWAfgMFA.png

Zwar ist diese Technologie auch anderweitig einsetzbar, aber erst der Bitcoin hat ihre reibungslose Funktion bewiesen, er ist sozusagen der *Proof of Concept*. Mit anderen Worten: Ohne die Blockchain gäbe es zwar wohl keinen Bitcoin, aber ohne (den Erfolg des) Bitcoin wäre wohl auch niemand so schnell auf die Blockchain respektive die *Distributed-Ledger*-Technologien allgemein aufmerksam geworden.

2. Stärken und Schwächen der Blockchain

Nachdem wir uns nun angesehen haben, was die Blockchain eigentlich ist, befassen wir uns jetzt kurz mit den Vor- und Nachteilen dieser Technologie. Es ist sehr wichtig, diese zu kennen, denn nur wenn die Nachteile im Zuge der Weiterentwicklung ausgemerzt werden können, wovon ich jedoch ausgehe, haben auf der Blockchain basierende Kryptowährungen eine Chance, sich langfristig am Markt zu behaupten. Interessant dabei ist, dass insbesondere die Nachteile zum Teil erst durch den Einsatz der Blockchain-Technologie beim Bitcoin entdeckt wurden. Insofern kann man den Bitcoin mit Fug und Recht als *Proof of Concept* der Blockchain-Technologie ansehen. Aber dazu gleich mehr. Denn lassen Sie uns mit den Vorteilen beginnen. Diese sind:

- der Schutz großer Datenmengen (Verschlüsselung und Zugriffsverwaltung) mithilfe der Kryptografie;
- dadurch bedingt die Möglichkeit, auch größere Datenmengen selbst unternehmensübergreifend zu sammeln sowie zu analysieren;
- einfache Verifizierung (Bestätigung) bestimmter Daten;

- Entdeckung von Schwachstellen in Geschäftsprozessen, wie beispielsweise in der *Supply Chain* (Lieferkette) oder im Zahlungsverkehr;

- Reduzierung von Kosten für die eigene IT-Infrastruktur;

- Reduzierung von Kosten von finanziellen Transaktionen sowie in der Verwaltung (Reporting, wie etwa (regulatorisches) Finanzreporting, Vorstandsreporting) und dadurch bedingt die Beschleunigung des Jahresabschlusses.

Die Nachteile dagegen sind:

- mitunter schwierige Integration mit bestehenden Systemen eines Unternehmens;

- schwer zu verwaltende Zugriffsberechtigungen;

- Einschränkungen beim Speicherplatz;

- geringer Datendurchsatz;

- eine geringe individuelle Skalierbarkeit.

Ich möchte gar nicht auf alle genannten Punkte, sondern nur auf die für Kryptowährungen wichtigsten Vor- und Nachteile eingehen. So heißt es ja oft, dass die Staaten ein Verbot von Bitcoin und anderen Kryptowährungen anstreben würden. Dies halte ich für wenig wahrscheinlich und ein Grund hierfür sind die aufgeführten Vorteile. So gibt es beispielsweise eine Kryptowährung – Request Network, kurz: REQ –, mit deren Hilfe Unternehmen im Prinzip ihre komplette Buchführung automatisieren könnten. Jetzt stellen Sie sich natürlich die Frage, warum ein Unternehmen dies tun sollte und warum dies aus staatlicher Sicht eine tolle Sache wäre.

Nun, eigentlich ganz einfach. Wenn die Buchführung komplett automatisiert abläuft, können Unternehmen eine ganze Menge Geld einsparen. Denn schon immer war und ist die Verwaltung eines Unternehmens – zu der ja die Buchführung gehört – einer der Kostenfaktoren, an denen man gerne Einsparungen vornimmt. Schließlich handelt es sich hierbei um ein mehr oder weniger notwendiges Übel. Notwendig, weil das Unternehmen natürlich Rechnungen stellen und sein Geld eintreiben muss. Übel, weil man die ganzen Vorgänge dann auch noch lückenlos dokumentieren und den Finanzbehörden vorlegen muss, so dass man ordnungsgemäß seine Steuern abführen kann.

Wenn man nun diese Verwaltung nahezu vollständig automatisieren kann, spart das Unternehmen natürlich eine Menge Zeit und Geld. Zugleich aber steigt damit die Steuerehrlichkeit. Denn es wird keine Buchung mehr, ob nun absichtlich oder vielleicht ja sogar unabsichtlich, vergessen. Somit kann sich der Staat ja eigentlich nichts Besseres wünschen als eine via Blockchain automatisierte Buchführung. Ja, man könnte sogar noch einen Schritt weiter gehen und sich vorstellen, dass auch der Staat seine Verwaltung nahezu vollständig automatisieren könnte, so dass er sich viele der Finanzbeamten sparen könnte. Letztlich wäre das also, konsequent zu Ende gedacht, eine Win-win-Situation für Unternehmen und Staat.

Glauben Sie vor diesem Hintergrund wirklich daran, dass Staaten Kryptowährungen verbieten werden? Gerade angesichts des aktuellen Bilanzskandals beim DAX-Konzern Wirecard? Schlaue Politiker jedenfalls wohl eher nicht.

Womit ich bei den wirklichen Nachteilen angekommen bin. Schwierig, wenngleich nicht unlösbar, ist die Integration der Blockchain in bereits bestehende Systeme. Denn diese sind ja nicht auf eine Implementation der Blockchain ausgelegt, da diese eine neuere Technologie darstellt. Das gilt sowohl für Unternehmen als auch für den Staat. Wobei es auf staatlicher Seite wohl, angesichts oftmals veralteter IT-Infrastruktur, noch schlechter ausschaut als auf Unternehmensseite. Wobei der Staat dies, im Zuge eines massiven Investitionsprogramms, durchaus zügig ändern könnte. Hier bremsen eher strenge gesetzliche Vorgaben sowie ein fehlender Wille zu Veränderungen. Für Unternehmen ist es hingegen schlicht und einfach eine Kosten-Nutzen-Abwägung, die in der Regel pro Blockchain ausfällt. Problematischer sind dann schon andere Dinge. Da es durchaus schwierig ist, eine Datenbank wie die Blockchain nachträglich zu verändern, zumindest wenn sie abwärtskompatibel bleiben soll, muss man sich also vorher sehr gut überlegen, was man denn alles speichern möchte.

Dies wiederum hat dann Auswirkungen auf die Größe. Die Bitcoin-Blockchain beispielsweise, die ja inzwischen seit mehr als zehn Jahren am Start ist, weist inzwischen eine Größe von über 400 Gigabyte auf. Ein weiteres Problem ist dann der sogenannte Datendurchsatz. Dabei handelt es sich um die Netto-Datenmenge pro Zeiteinheit, die über ein Netzwerk übertragen werden kann. Diese ist gerade bei der Bitcoin-Blockchain ein Problem. Denn es genügt ja nicht, dass man selbst eine schnelle Internetverbindung hat. Vielmehr braucht es auch auf der Gegenseite schnelle Server. Genau das ist aktuell beispielsweise ein großes Problem beim Bitcoin.

Der größte und gravierendste Nachteil ist jedoch die mangelnde Skalierbarkeit der Blockchain. Dies hat man übrigens sehr schön zur Hochzeit des Kryptowährungs-Hypes gesehen – besonders, aber nicht nur beim Bitcoin. Denn da plötzlich jeder Bitcoin, Ether(eum) und andere Kryptowährungen kaufen wollte, waren die diesen Kryptowährungen zugrunde liegenden Datenbanken (alias Blockchains) schlicht und einfach überfordert. Zum Teil lag das natürlich durchaus an der starren Konfiguration. So war eine Blockgröße (Blocksize) von nur 1 Megabyte genauso wenig ausreichend wie eine Blockzeit von zehn Minuten.

Darum gab es schließlich einen Streit in der Bitcoin-Community. So wollte man zunächst den wenigen zur Verfügung stehenden Speicherplatz besser nutzen, indem man nicht so dringend benötigte Daten wie den Verwendungszweck einfach auslagerte. Dazu wäre ein kleines Software-Update – Segregated Witness, kurz: SegWit – nötig gewesen. In einem zweiten Schritt sollte dann die Blockgröße von 1 auf 2 Megabytes verdoppelt werden. Nachdem es zunächst so aussah, als ob man sich auf diesen Kompromiss einigen könnte, gelang dies am Ende leider doch nicht. So entstand schließlich Bitcoin Cash und in der weiteren Folge Bitcoin SV, wie wir später noch sehen werden.

3. Mining von Kryptowährungen – Konsensalgorithmen

Denn zunächst müssen wir uns noch die sogenannten Konsensalgorithmen anschauen, um das Mining von Kryptowährungen – und somit die Entstehung neuer Coins – zu verstehen. Prinzipiell stehen sich dabei derzeit in erster Linie zwei Konsensalgorithmen diametral gegenüber, nämlich der (beim Bitcoin verwendete) *Proof-of-Work* (PoW) sowie der bei einigen anderen Kryptowährungen verwendete *Proof-of-Stake* (PoS). Es ist sehr wichtig, diese beiden unterschiedlichen Ansätze zu verinnerlichen, weil dies massive Auswirkungen auf das Gewinnpotenzial hat. So lassen sich mit einigen Staking-Coins, über das Trading hinaus, sehr schöne Renditen (in Form von Dividenden/Zinsen, je nachdem, wie man es bezeichnen möchte) – und damit ein passives Einkommen – erzielen.

Wie eben bereits ausgeführt, handelt es sich bei der Blockchain ja um eine spezielle dezentral organisierte Datenbank, bei der jeder Datensatz – Block – mit dem vorherigen verknüpft (»verkettet«) ist. Schließlich wird jeder Block am Ende verschlüsselt, wobei die in dem Block enthaltenen Daten sowie der Schlüssel – Hash – des Vorgängerblocks in die Berechnung eingehen. Die Hinzufügung eines neuen Blocks, genauer: die Berechnung des zugehörigen Schlüssels (»Hash«), ist nun genau die Arbeit, die die sogenannten Miner leisten. Und weil hier eben eine gewisse Arbeit geleistet werden muss, nennt man den zugrunde liegenden (Konsens-)Algorithmus *»Proof-of-Work* (PoW)«.

Schließlich darf derjenige (Computer), der dies als Erster schafft, den entsprechenden Block an die Blockchain anhängen und bekommt dafür eine Belohnung *(»Reward«)* in Form neuer Coins. Weil diese Belohnung kontinuierlich (alle 210 000 Blöcke) halbiert wird *(»Halving«)*, ist die maximale Menge an Coins am Ende auch begrenzt. Mathematisch handelt es sich hier um eine Funktion, die gegen einen Grenzwert konvergiert. Beim Bitcoin liegt dieser Grenzwert (Obergrenze), dank der entsprechenden Konfiguration durch Satoshi Nakamoto, bei 21 Millionen Coins. Denn zunächst gab es jeweils 50 Coins zur Belohnung, inzwischen wurde diese Anzahl jedoch bereits dreimal auf gegenwärtig 6,25 Coins halbiert. Die nächste Halbierung auf dann nur noch 3,125 Coins steht voraussichtlich im April 2024 auf dem Programm, wie Sie unter https://www.bitcoinblockhalf.com einsehen können.

Denjenigen von Ihnen, liebe Leserinnen und Leser, die sich für Mathematik interessieren, sei die entsprechende mathematische Formel an dieser Stelle genannt:

Für alle $\mathbf{x} \in \mathbb{N}$**:** $\mathbf{f(x)} = \sum_{k=0}^{x} 1/2^{k} \times 10\,500\,000$

(wobei N die Menge der natürlichen Zahlen inklusive der Zahl Null ist). Dabei bezeichnet f(x) die Anzahl der Bitcoins nach dem x-ten Halving.

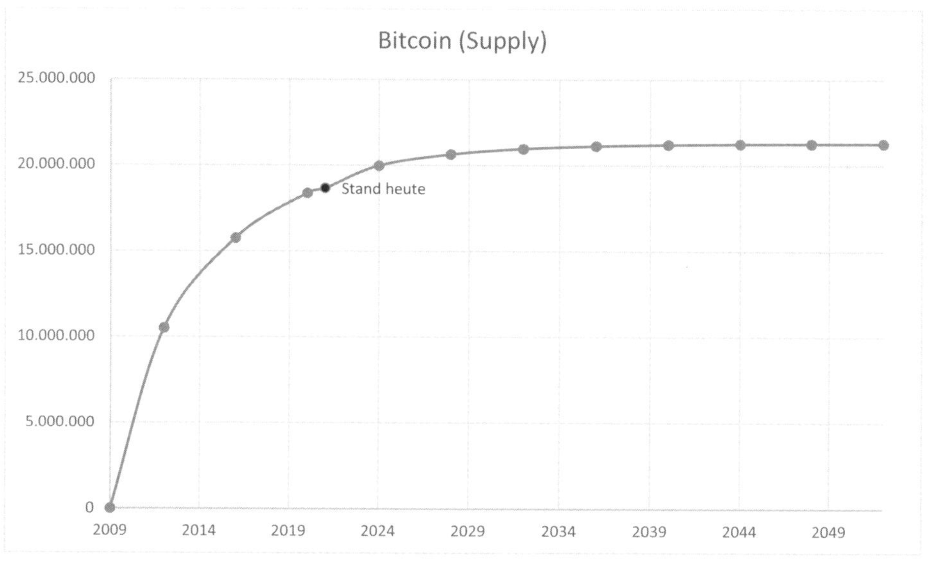

Grafik 3: Zeitliche Entwicklung der Menge an Bitcoins.

Die erste Halbierung gab es also bei Erreichung von 10,5 Millionen Coins, die zweite Halbierung bei Erreichung von 10,5 Millionen + 5,25 Millionen = 15,75 Millionen Coins und die dritte Halbierung gab es kürzlich mit Erreichung von 10,5 Millionen + 5,25 Millionen + 2,625 Millionen = 18,375 Millionen Coins (aktueller Stand: circa 18,76 Millionen Coins).

Zum Schluss ist noch wichtig zu wissen, dass die Schwierigkeit *(»Difficulty«)* des Konsensalgorithmus ebenfalls regelmäßig, nämlich alle 2016 Blöcke, automatisch angepasst wird – und zwar immer so, dass die Blockzeit wieder möglichst bei zehn Minuten liegt (auch das ist eine willkürliche Festlegung von Satoshi Nakamoto; Hintergrund ist, dass die *Difficulty* möglichst alle 14 Tage angepasst werden soll, denn 2016 Blöcke bei einer Blockzeit von zehn

Minuten bedeutet eine entsprechende Anpassung alle 20160 Minuten, was genau 14 Tagen entspricht). Somit steuert die Schwierigkeit des Konsensalgorithmus das Netzwerk, was durchaus Gefahren bergen kann.

Wenn sich nämlich kurzfristig die *Mining Power* deutlich erhöht (beispielsweise durch starke Kursgewinne, die das Mining entsprechend attraktiver werden lassen), wird der Algorithmus dies logischerweise mit einer starken Erhöhung der *Difficulty* beantworten. Reduziert sich daraufhin die *Mining Power* deutlich, weil sich das Mining für viele dadurch nicht mehr lohnt, erhöht sich wiederum die Blockzeit deutlich. So könnte diese beispielsweise von zehn Minuten auf 100 Minuten ansteigen. Die nächste Anpassung der *Difficulty* würde dann jedoch nicht nach 14 Tagen, sondern erst nach 140 Tagen erfolgen. In der Zwischenzeit, die im Beispiel immerhin fast fünf Monate andauern würde, würde das Netzwerk durch die zu hohe *Difficulty* stark ausgebremst.

Bisher kam es zu diesem Problem jedoch noch nicht, zumindest nicht in einem größeren Ausmaß. Vielmehr bestätigte sich in der Praxis die Theorie Satoshi Nakamotos, dass eine kurzfristig stark sinkende *Mining Power* ja die Aussicht auf *Rewards* erhöht, so dass das Mining wieder attraktiver wird. Somit kam es noch nie zu einem solchen nachhaltigeren Einbruch der *Mining Power*. Dennoch sollte man eine solche Gefahr immer im Hinterkopf haben, denn theoretisch könnte ja ein Angreifer solche Schwächen nutzen, um absichtlich entsprechende, wenngleich vorübergehende, Störungen bewusst zu provozieren. Was wiederum, zumindest kurz- bis mittelfristig, massive Auswirkungen auf die Kursentwicklung haben dürfte.

Kommen wir damit nun zum konkurrierenden Konsensalgorithmus, dem *Proof-of-Stake*, was auf Deutsch so viel bedeutet wie »Anteilsnachweis«.

Bei diesem Konsensalgorithmus wird quasi vom Netzwerk ausgelost, welcher »Miner« den nächsten Block hinzufügen darf. Allerdings hat derjenige (Computer) die meisten Lose im Topf, der die meisten Coins/Token besitzt. Die Idee dahinter ist, dass eben derjenige, der viele Coins/Token hält, auch das größte Interesse an einer einwandfrei funktionierenden Blockchain haben sollte. Denn mit einer Manipulation der Blockchain würde er sich ja selbst am meisten schaden. Dieses Verfahren nennt man auch »gewichtete Zufallsauswahl«, wobei die Gewichte der einzelnen Teilnehmer aus ihrem »Vermögen« (sowie manchmal zusätzlich noch aus der Haltedauer) ermittelt werden. »Miner« habe ich dabei bewusst in Anführungszeichen geschrieben, weil es sich ja somit eigentlich gar nicht um Mining im klassischen Sinne handelt.

Wie immer, wenn es zwei konkurrierende Modelle gibt, bergen natürlich beide gewisse Vor- und Nachteile. Der Nachteil von *Proof-of-Work* ist, dass hier viele Miner miteinander konkurrieren und dabei entsprechende Arbeit leisten. Hierfür wird natürlich viel Energie benötigt und somit leider auch vergeudet. Denn schließlich kann es am Ende ja nur einen Gewinner geben, alle anderen haben zwar nicht kostenlos, aber umsonst gearbeitet. Ferner kann jemand, gerade bei weniger bekannten Coins/Token, 51 Prozent oder mehr der Rechenleistung des Netzwerks stellen und dieses somit de facto übernehmen. Beim Bitcoin besteht aber zumindest diese Gefahr aktuell so gut wie nicht mehr. Dafür stellen die Kritiker, durchaus nicht zu Unrecht, jedoch stets den im Prinzip unsinnig hohen Energieverbrauch ins Zentrum ihrer Kritik.

Allerdings birgt auch *Proof-of-Stake* durchaus Gefahren. Zunächst einmal widerspricht dieser Ansatz natürlich der Philosophie von Satoshi Nakamoto (weshalb er beim Bitcoin ja auch nicht zur Anwendung kommt). Denn dieser wollte ja gerade verhindern, dass besonders reiche Menschen über besonders viel Macht verfügen (wobei man durchaus die Frage stellen kann, inwieweit ihm dies beim Bitcoin gelungen ist). Bei *Proof-of-Stake* jedoch ist genau dies der Fall. Denn wer mehr Coins/Token hält, hat eine größere Chance, noch mehr dazuzubekommen.

Ferner gibt es noch das sogenannte *Nothing-at-Stake*-Problem. Dieses bedeutet, dass die Erzeuger von Blöcken im Fall von mehreren konkurrierenden Zweigen einer Blockchain den Anreiz haben, auf all diesen Zweigen weitere Blöcke zu erzeugen. Dies gilt umso mehr, da diese parallele Erzeugung anders als beim *Proof-of-Work* keinen besonderen Mehraufwand darstellt. Wenn nun eine große Zahl von Stakeholdern (»Anteilseignern«) dies tut, gibt es keinen Konsens mehr über den korrekten (Haupt)Zweig der Blockchain. Um diesem Problem zu begegnen, ist es notwendig, die Erzeugung solcher Parallelstrukturen mithilfe von entsprechenden Sanktionen möglichst zu unterbinden.

Der proof of work ist Voraussetzung für die Erstellung einer aufwendigen Computerberechnung, auch Mining genannt.

Beim *proof of stake* wird der Ersteller eines neuen Blocks mit einer festgelegten Methode und einer bestimmten Wahrscheinlichkeit ausgewählt, abhängig von seiner Teilnahmedauer und seinem Vermögen (auch *Stake* genannt).

Grafik 4: Proof-of-Work (PoW) vs. Proof-of-Stake (PoS)[3]

[3] Grafik inspiriert von: https://blockgeeks.com/wp-content/uploads/2017/03/Proof-of-Work-vs-Proof-of-Stake-Basic-Mining-Guide.png

4. Alternativen zur Blockchain: Tangle, Hashgraph

Wie wir bereits gesehen haben, ist die Blockchain grundsätzlich eine sehr interessante, neue Technologie, die durchaus das Potenzial mitbringt, unsere Welt grundlegend zu verändern. Allerdings birgt eben auch diese Technologie gewisse Schwächen. Die größte Schwäche ist dabei, das steht inzwischen wohl außer Frage, die mangelnde Skalierbarkeit. So konnte das Bitcoin-Netzwerk in der Urform von Satoshi Nakamoto nicht einmal sieben Transaktionen pro Sekunde verarbeiten. Das mag sich viel anhören, ist es aber nicht. So wickeln beispielsweise Kreditkartenunternehmen wie Mastercard oder VISA mehrere Tausend Transaktionen pro Sekunde ab.

Besonders auffällig wurde die fehlende Skalierbarkeit natürlich während des großen Hypes um Bitcoin und Co. Mitte/Ende des Jahres 2017. Natürlich gibt es wie für jedes Problem auch für dieses Lösungsmöglichkeiten. So hätte man beim Bitcoin beispielsweise die Blockzeit reduzieren – was komischerweise nie diskutiert wurde – oder eben die Blockgröße erhöhen können. Wie wir noch sehen werden, wurde das ja durchaus gemacht. Prinzipiell ist das aber immer nur eine vorübergehende Lösung. Denn wer zum Beispiel die Blockgröße verachtfacht, kann dann zwar 56 Transaktionen je Sekunde verarbeiten. Von den mehreren Tausend Transaktionen von Mastercard oder VISA ist man damit jedoch immer noch sehr weit entfernt. Bei intensiver Nutzung würde das Netzwerk also schnell wieder an entsprechende Grenzen stoßen.

Darum ist es kaum verwunderlich, dass sich schlaue Menschen Gedanken über bessere Lösungen gemacht haben. So gibt es inzwischen Alternativen wie Hashgraph und Tangle. Da Hashgraph bisher – meines Wissens – jedoch noch bei kaum einer Kryptowährung zum Einsatz kommt, erspare ich mir an dieser Stelle eine Erläuterung. Zumal diese sehr technisch würde. Anders sieht das jedoch beim Tangle aus, auf dem die sehr beliebte Kryptowährung IOTA basiert. Was also ist der Tangle?

Nun, beginnen wir auch hier technisch. Letztlich ist der Tangle nichts anderes als ein gerichteter, azyklischer Graph (*Directed Acyclic Graph*, kurz: DAG). Einer der Gründer von IOTA beschrieb diese Technik mal, wie ich finde sehr treffend, als »eine Blockchain ohne Blocks und ohne Chain«. Konkret bedeutet das, dass jeder IOTA-Benutzer zum Start einer Transaktion mindestens zwei andere Transaktionen überprüfen muss. Nachdem eine Transaktion gestartet wurde, muss sie ein ausreichendes Verifizierungsniveau erreichen. Erst wenn sie durch genügend andere Benutzer validiert wurde, wird sie dann auch vom Empfänger bestätigt. Um eine Transaktion durchzuführen, muss der Sender darüber hinaus auch noch eine kryptografische Aufgabe *(Proof-of-Work)* lösen.

Der große Vorteil des Tangle ist, dass er stabiler wird, je mehr er genutzt wird. Das ist also das genaue Gegenteil von der Blockchain beim Bitcoin. Dafür ist er jedoch instabil, solange noch keine ausreichende Nutzung gegeben ist. Um diesem Problem zu begegnen, haben die Initiatoren von IOTA daher eine Zwischenlösung implementiert. Bis das Netzwerk in einem ausreichenden Maße genutzt wird, gibt es mit dem sogenannten *»Coordinator«* noch eine zentrale Instanz, um eine entsprechende Vertrauensbasis zu schaffen. Dieser *Coordinator* veröffentlicht in regelmäßigen Abständen sogenannte »Meilensteine«, wobei alle Transaktionen bis zu diesem Meilenstein als verifiziert betrachtet werden. Dadurch sollten Angriffe auf das Netzwerk in seiner frühen Phase verhindert werden. Zwischenzeitlich hat man den *Coordinator* bereits abgeschaltet, ihn dann aber nach einem Hack schnell wieder reaktiviert. Das Ziel bleibt jedoch, ihn endgültig deaktivieren zu können. Skalierungsprobleme sollte es mit dieser Lösung nicht geben. Allerdings bestehen so lange noch Gefahren für den Tangle, wie es den *Coordinator* noch gibt. Schließlich könnten Hacker diesen ja beispielsweise derartig manipulieren, dass bestimmte Transaktionen nicht beziehungsweise nie als Meilenstein ausgewiesen werden.

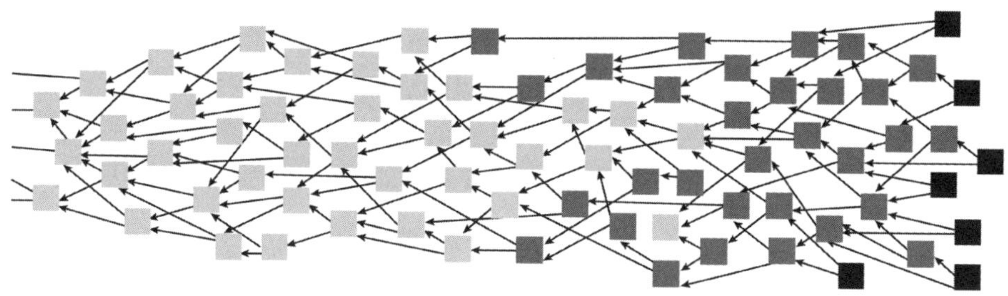

Grafik 5: Tangle (von IOTA)[4]

Die Jungs hinter der börsennotierten Advanced Blockchain AG, unter anderem der in Deutschland sehr bekannte Robert Küfner, sehen genau in diesem Tangle daher noch größere und bessere Zukunftsperspektiven als in der Blockchain und setzen daher stark darauf.

5. Lightning Network

Bleibt uns zum krönenden Abschluss dieses Kapitels noch die Lösung, die man gefunden hat, um zukünftig eine nachhaltige Skalierung des Bitcoins-Netzwerks zu erreichen, nämlich das sogenannte Lightning Network.

Beim Lightning Network handelt es sich um eine *Second-Layer*-Lösung. Dies bedeutet konkret, dass man das Lightning Network über der Blockchain angesiedelt hat, um diese zu entlasten. Konkret werden also alle Transaktionen innerhalb des Lightning Networks abgewickelt und erst ganz am Ende in die Blockchain eingetragen. Da das Lightning Network schon lange im Testbetrieb läuft und zuletzt

[4] Grafik inspiriert von: http://iotasupport.com/cm/images/image02.png

stark gewachsen ist, muss man mit einer baldigen Aktivierung rechnen.

Wann genau dies jedoch der Fall sein wird, kann derzeit noch niemand genau sagen. So gab es schon Ende 2017 erste Gerüchte, dass der Start des Lightning Network unmittelbar bevorstehe. Bis heute, also Mitte 2021, ist das jedoch noch immer nicht der Fall. Ich vermute, dass es innerhalb der nächsten 6 bis 18 Monate passieren wird, ohne mich jedoch darauf festnageln lassen zu können. Lassen Sie mich aber an dieser Stelle kurz und durchaus ein wenig vereinfacht erklären, wie das Lightning Network genau funktioniert.

Jeder Teilnehmer des Lightning Network kann einen sogenannten »Zahlungskanal« *(»Payment Channel«)* eröffnen. Innerhalb dieses Zahlungskanals werden dann Transaktionen abgewickelt und zwar so lange, bis er wieder geschlossen wird. Erst wenn dies der Fall ist, werden alle Transaktionen eines solchen Zahlungskanals in einer einzigen Transaktion zusammengefasst und in die Blockchain geschrieben. Man kann sich das durchaus so vorstellen, wie wenn jemand im Tante-Emma-Laden anschreiben lässt, um dann Ende des Monats die Gesamtrechnung zu begleichen. Mit dem Unterschied, dass innerhalb des Lightning Networks natürlich durchaus Geld fließt.

Grundsätzlich ist diese Lösung mithilfe des Lightning Networks sehr positiv zu beurteilen, weil sie in der Lage ist, das Skalierungsproblem der Blockchain nachhaltig zu lösen. Außerdem hat sie gegenüber dem Tangle den Vorteil, dass zur Nutzung des Lightning Networks prinzipiell keine kritische Größe notwendig ist. Allerdings darf man sich dabei auch nicht in die eigene Tasche lügen und muss schon klar feststellen: Wenn man das Skalierungsproblem der Blockchain mithilfe einer solchen *Second-Layer*-Lösung behebt, dürfte das nicht ganz im Sinne von Satoshi Nakamoto sein. Denn dieser hatte bewusst die Blockchain als Herzstück des Bitcoins gewählt, wohingegen das Lightning Network diese ja letztlich degradiert. Prinzipiell nämlich könnte man bei Einsatz des Lightning Networks in letzter Konsequenz sogar auf die Blockchain verzichten.

Hinzu kommt dann auch noch ein Problem mit den Minern. Denn diese leben bisher natürlich in erster Linie von den *Rewards*, die sie fürs Mining erhalten. Da diese Belohnung jedoch stetig halbiert wird, geraten sie natürlich über kurz oder lang unter Druck. Zwar mögen steigende Bitcoin-Kurse dies zum Teil kompensieren, in den letzten Monaten hatten wir jedoch keine steigenden Bitcoin-Kurse mehr. Zudem kann der Bitcoin ja fast nicht so hoch klettern, dass sich das Mining langfristig noch lohnt. Denn wenn ich die Belohnung stetig halbiere, konvergiert sie gegen null, wodurch sich ja auch die Obergrenze erklärt.

Darum hatte Satoshi Nakamoto vorgesehen, dass die Miner im Laufe der Zeit weniger Einnahmen für das Mining erhalten und dafür im Gegenzug eben Einnahmen durch Transaktionsgebühren bekommen. Dies hätte natürlich zur Folge, dass die Transaktionskosten, die zurzeit nahe null (aber nicht genau bei null!) liegen, im Laufe der Zeit steigen. Das Lightning Network sorgt nun aber dafür, dass die Transaktionskosten sehr niedrig bleiben. Denn dadurch werden ja viele Transaktionen zu einer einzigen Transaktion zusammengefasst. Das ist ja gerade der Grund, warum das Lightning Network die Blockchain entlastet und somit bei der Skalierung hilft. Zusammenfassend muss man daher konstatieren: Das Lightning Network mag prinzipiell die Lösung aller Skalierungsprobleme des Bitcoins sein, allerdings hat der Bitcoin dann eben nur noch sehr wenig mit der ursprünglichen Idee von Satoshi Nakamoto zu tun.

Wer konsequent ist, müsste sich beim Einsatz des Lightning Networks beim Bitcoin daher quasi von diesem distanzieren. Das heißt jedoch keineswegs, dass die Etablierung des Lightning Networks schlecht für die Kursentwicklung sein muss. Denn generell werden mithilfe dieser *Second-Layer*-Lösung schon grundlegende Probleme, die der Einsatz der Blockchain-Technologie mit sich bringt, gelöst. Die Frage ist nur, zu welchem Preis?

Nichtsdestotrotz glaube ich, dass der Bitcoin noch einige Zeit die größte und wichtigste Kryptowährung bleiben wird. Denn erstens haben auch die meisten Altcoins (kurz für »Alternative Coins«, also Kryptowährungen, die eine Alternative zum Bitcoin darstellen) mit gewissen Problemen zu kämpfen. Zweitens werden die meisten Altcoins nur gegen Bitcoin und maximal noch Ether(eum) (ETH) gehandelt, so dass man ohne Bitcoin kaum in den Krypto-Markt einsteigen kann. Und der dritte und letzte Punkt ist, dass der Bitcoin eben einfach die älteste Kryptowährung ist. Dies hat nicht nur zur Folge, dass man ihn völlig zu Recht als »Mutter aller Kryptowährungen« bezeichnet, sondern auch, dass er sich in gewisser Weise schon in der alten Finanzwelt (Stichwort: Bitcoin Futures) etablieren konnte.

Mögliche Gefahren: Wie bereits erwähnt, ist die von Kritikern gerne heraufbeschworene Gefahr eines Hacks der (Bitcoin)Blockchain ein eher kleines Problem. Nur die Einführung von Quantencomputern könnte dies ändern, aber davon sind wir – Stand heute – wohl noch meilenweit entfernt. Zwar gibt es erste Prototypen solcher Quantencomputer, aber deren Leistungsfähigkeit ist noch Lichtjahre von der entfernt, die es für einen Hack der Bitcoin-Blockchain bräuchte. Letztlich ist die Blockchain jedoch auch nur eine Technologie, nämlich eine bestimmte Form einer Datenbank. Insofern gibt es natürlich Gefahren, auf die ich an dieser Stelle kurz eingehen möchte.

Eine Gefahr ist beispielsweise die bereits von Satoshi Nakamoto in seinem *White Paper* (das Sie übrigens im englischen Original unter https://bitcoin.org/bitcoin.pdf oder in verschiedenen Übersetzungen, darunter Deutsch, unter https://bitcoin.org/de/bitcoin-paper finden!) thematisierte 51-Prozent-Attacke. Dabei übernimmt ein

Einzelner oder eine Gruppe mehr als die Hälfte des Netzwerks und hat somit eine so große Macht, dass er zumindest aktuelle Transaktionen manipulieren könnte.

Eine weitere, zuletzt oftmals thematisierte, Gefahr wurde bereits angesprochen: Wenn es kurz nach Anpassung der Schwierigkeit nach oben einen massiven Abzug von Minern geben würde, könnte sich die Blockzeit bis zur nächsten Anpassung deutlich vergrößern. Wie bereits gesagt, würde aber mit sinkender Schwierigkeit der Anreiz für das Mining steigen, so dass eine solch drastische Schwankung sehr unwahrscheinlich erscheint. Ferner könnte man das Problem auch zügig mithilfe eines Updates in den Griff bekommen.

Der umgekehrte Fall, also dass die *Hashpower* (der Miner) kurzfristig stark ansteigt, ist dabei weniger ein Problem. Dies würde nämlich lediglich zu schnelleren Transaktionen sowie einer schnelleren Anpassung (weil die notwendigen 2016 Blöcke schneller erreicht würden) der *Difficulty* führen. Aufgrund der Tatsache, dass der Bitcoin inzwischen so stark etabliert ist und das Netzwerk daher über eine so hohe *Hashpower* verfügt, ist die Gefahr hier auch eher als gering einzustufen. Aber auch hier gilt, dass solche Gefahren bei weniger etablierten Coins/Token durchaus gegeben sein können, weshalb man stets Augen und Ohren offenhalten muss. Zumal bei weniger bekannten (Alt)Coins wie zum Beispiel Verge (XVG) solche Attacken schon, zum Teil mehrfach, vorkamen und letztlich durch Programmierer abgewehrt werden konnten.

III. Kurze Vorstellung der Top-Ten-Kryptowährungen

An dieser Stelle möchte ich Ihnen nun einige der interessantesten Kryptowährungen mit relativ hoher Marktkapitalisierung vorstellen. Warum dies wichtig ist, werden Sie in Kapitel V, mit dem wir ins Krypto-Trading einsteigen, verstehen. Ein Verzeichnis dieser sowie aller anderen Kryptowährungen mit den Angaben zur aktuellen Kursbewegung und der Marktkapitalisierung finden Sie übrigens auf *CoinMarketCap*: https://coinmarketcap.com.

Vielleicht werden Sie drei bekannte Kryptowährungen in meiner Liste vermissen. Dies liegt daran, dass man diesen Kryptowährungen einen Sonderstatus zuordnen muss. Es handelt sich um Binance Coin (BNB), Ripple (XRP) sowie Tether (USDT).

Der Binance Coin (BNB) ist der Token der aktuell größten und wichtigsten Krypto-Börse Binance. Mit ihm kann man dort beispielsweise Ordergebühren begleichen, wobei man bei einer Bezahlung mithilfe dieses Tokens bessere Konditionen erhält. Wer jetzt genau aufgepasst hat, hat bemerkt, dass ich den Binance Coin als Token bezeichnet habe. Tatsächlich handelt es sich – trotz des Namens – auch um keinen Coin, sondern eben einen Token, genauer einen sogenannten ERC20-Token.

Coin	**Token**
basiert auf einer eigenen Blockchain	basiert auf einer fremden Blockchain (Stichwort: Smart Contract),
	eine Art Gutschein, der später (zum Start der Blockchain) in einen Coin eingetauscht werden muss

Der Unterschied zwischen einem Coin und einem Token ist, dass es bei einem Coin eine eigene Blockchain geben muss. Token basieren dagegen auf Blockchains von Coins (Stichwort: *Smart Contract*), zumeist – wie auch hier im Falle des BNB – auf der Ethereum-Blockchain. Aber das an sich ist noch nicht der Grund, warum ich den Binance Coin herausgenommen habe.

Der Grund ist vielmehr, dass der Aufstieg dieses Tokens sehr eng mit dem Aufstieg von Binance zur führenden Krypto-Börse verknüpft ist. Allerdings gab es in der Vergangenheit schon mal den Fall, dass die seinerzeit führende Krypto-Börse – die allerdings zum Glück keinen eigenen Coin oder Token ausgegeben hatte – vom Markt verschwand: Mt.Gox.

Mt.Gox (gesprochen zumeist: »Mount Gox«, in Anlehnung an das US-amerikanische Fort Knox) wurde ursprünglich von Jed McCaleb als Tauschbörse für Sammelkarten des Spiels *Magic: The Gathering* gegründet. Der Name »Mt.Gox« war die Abkürzung für »Magic: The Gathering Online Exchange«. Mitte 2010 las dann McCaleb erstmals vom Bitcoin und entschied, dass der Handel von Bitcoin über Mt.Gox ermöglicht werden sollte. Dies setzte er um und verkaufte 2011 sein Projekt an die Firma Tibanne unter Führung von Mark Karpelès. Karpelès, der einen nachgewiesenen IQ von 190 besitzt, machte Mt.Gox dann innerhalb kurzer Zeit zur weltweit führenden Bitcoin-Börse.

Im Februar 2014 kam es dann jedoch zur Insolvenz von Mt.Gox sowie der Mutterfirma Tibanne, nachdem man festgestellt hatte, dass der Krypto-Börse über Jahre Bitcoins, die eigentlich den Kunden gehörten, gestohlen worden waren. Insgesamt fehlten Mt.Gox 850 000 Bitcoins. Zwischenzeitlich wurde Mark Karpelès selbst, der stets seine Unschuld beteuerte und dies bis heute tut, wegen Betrugsverdacht verhaftet. Tatsächlich wurde er 2019 dann auch »nur« wegen Datenmanipulation an den Aufzeichnungen des Bezirksgerichts von Tokio verurteilt und nicht etwa wegen Betrugs oder Veruntreuung.

Die Kursentwicklung des Binance Coin war – gerade zur Zeit des großen Krypto-Crashs seit Ende 2017 – durchaus überzeugend. Zwar fiel auch der Binance Coin von einem Allzeithoch bei über 17 US-Dollar zunächst um fast 70 Prozent auf nur noch knapp 5,50 US-Dollar zurück, inzwischen konnte er jedoch zeitweise auf über 300 US-Dollar steigen. Damit war er gerade in den letzten Monaten einer der erfolgreichsten Token und besitzt durchaus noch weiteres Kurspotenzial. Zumal die Krypto-Börse Binance die Hälfte ihrer ursprünglich ausgegebenen 200 000 000 Token im Laufe der Zeit vom Markt nehmen (»verbrennen«) möchte.

Allerdings lässt sich der Binance Coin nur sehr eingeschränkt, eben auf der genannten Krypto-Börse, einsetzen – und man hat das Risiko, dass zukünftig eine andere Krypto-Börse beliebter werden könnte. Zwar hat der Binance Coin durch die enge Bindung an die Krypto-Börse unter den Top-Ten-Kryptowährungen durchaus einen gewissen Sonderstatus. Dieser führt aber keineswegs dazu, dass ich hier generell von einem Investment abraten würde.

Womit wir bei Ripple (XRP) angekommen wären. Ripple (XRP) ist ein Coin (ja, kein Token!), an dem sich die Geister scheiden. Und das hat natürlich seine guten Gründe. Denn wenn man streng ist, ist Ripple (XRP) eigentlich gar keine Kryptowährung. Diese sollte nämlich, per Definition, immer dezentral organisiert sein. Genau das aber ist bei Ripple (XRP) eben nicht der Fall.

Aber der Reihe nach! Ripple (XRP) wurde unter anderem von Jed McCaleb entwickelt, der zuvor schon die Krypto-Börse Mt.Gox mit aufgebaut hatte. Er hatte diese jedoch lange vor der Pleite verkauft, um sich auf andere Projekte zu konzentrieren. Insofern hat er auch mit der Insolvenz von Mt.Gox, das ist sehr wichtig, nichts zu tun. Aber auch von Ripple (XRP) hat er sich schon vor längerer Zeit verabschiedet, eben aus dem gerade genannten Grund, nämlich der fehlenden Dezentralität. Stattdessen hat er ein ähnliches System wie Ripple (XRP) nochmals aufgebaut, nur eben dezentral. Bei diesem Konkurrenzsystem handelt es sich um Stellar Lumens (XLM), das mit einer Marktkapitalisierung von über 6 Milliarden US-Dollar aktuell Platz 20 in der Liste bei *CoinMarketCap* belegt (Stand 06.08.21).

Aber zurück zu Ripple (XRP). Wenn Kryptowährungen per Definition dezentral organisiert sein sollen, wäre Ripple (XRP) eben keine. Denn hier liegt letztlich alles zentral in der Hand eines Unternehmens, der Firma Ripple (zuvor: Ripple Labs, früher: Opencoin). So wurden alle Coins, der Coin heißt hier XRP, vom Unternehmen gemint *(»premined«)* und werden nun nach und nach in den Markt gegeben. So existieren circa 99,99 Milliarden XRP, von denen sich bisher aber erst gut 45,4 Milliarden XRP im Umlauf befinden.

Im Kern basiert Ripple auf einer gemeinsamen öffentlichen Datenbank, die Register mit den Kontoständen – sowie möglichen Kauf- und Verkaufsangeboten von Devisen und Gütern – enthält. Jeder Teilnehmer kann dieses Register und damit die Aufzeichnungen über alle Vorgänge innerhalb des Ripple-Netzwerks einsehen. Teilnehmer des Netzwerks einigen sich dann auf Änderungen im Register nach einem bestimmten Konsensverfahren. Dieser Konsens wird dabei alle zwei bis fünf Sekunden vom Netzwerk gefunden.

Das Unternehmen Ripple bietet seinen Kunden zurzeit drei Produkte an: xCurrent, xRapid und xVia. xCurrent ist dabei Ripples Unternehmenssoftwarelösung, mit deren Hilfe Banken grenzüberschreitende Zahlungen inklusive *End-to-End-Tracking* nahezu in Echtzeit abwickeln können.

xRapid ist für Zahlungsanbieter und andere Finanzinstitute geeignet, die ihre Liquiditätskosten minimieren und gleichzeitig ihre Kundenerfahrung verbessern möchten. Basis für Transaktionen ist hierbei die zu Ripple gehörende Kryptowährung XRP, was kostengünstige Transaktionen selbst in Schwellen- oder Entwicklungsländer ermöglicht.

Mit xVia richtet sich Ripple letztlich an Banken, Unternehmen sowie Zahlungsdienstleister *(Payment Service Provider)*, die über eine Standardprogrammierschnittstelle (*Application Programming Interface*, kurz: API) Zahlungen über verschiedene Netzwerke versenden möchten.

In erster Linie dient die zu Ripple gehörige Kryptowährung XRP zur Vermeidung von Spam sowie zur Begleichung von Transaktionskosten im Ripple-Netzwerk. Daher werden auch beständig XRP vernichtet. Dies könnte man prinzipiell als positiv für die Wertentwicklung betrachten. Allerdings ist die Menge der vernichteten XRP in Relation zur Menge der XRP, die das Unternehmen Ripple jeden Monat neu auf den Markt wirft, als marginal zu bezeichnen. Daher sollte man selbst dann, wenn Ripple keine zusätzlichen XRP mehr in Umlauf bringt, nicht mit allzu starken Kursbewegungen rechnen.

Ich möchte an dieser Stelle aber nicht verschweigen, dass erstens die Kursentwicklung von XRP im Jahr 2017 mit mehr als 36 000 Prozent plus herausragend war und es zweitens natürlich, auch, aber nicht nur wegen dieser Kursentwicklung, durchaus eine Menge Fans von XRP gibt. So sehen viele natürlich auch die Vorteile dieser Zentralität sowie den konkreten Nutzen in der realen Finanzwelt. Manche träumten sogar schon davon, dass Ripple das bisherige SWIFT-System ablösen könnte. Dies hielt und halte ich jedoch für unrealistisch, weil sich die Banken damit eben auch in die totale Abhängigkeit der Firma Ripple begeben würden, was nicht in ihrem Interesse liegen kann. Allerdings setzen einige Banken das Ripple-Netzwerk durchaus parallel zu SWIFT ein, insbesondere bei asiatischen Banken ist Ripple beliebt.

Zumal es auch keinerlei Probleme mit der Skalierung gibt. So war das Netzwerk schon zu Beginn in der Lage, 1500 Transaktionen je Sekunde abzuwickeln, was jedoch problemlos auf bis zu 50 000 Transaktionen je Sekunde hochskaliert werden kann. Innerhalb der Krypto-Community hat Ripple (XRP) aufgrund der fehlenden Dezentralität jedoch definitiv einen schweren Stand. Daher wird XRP auch gerne als »Coin der Banken« bezeichnet und von vielen rigoros abgelehnt. Aus meiner Sicht ist Ripple (XRP) daher zwar auch keine wirkliche Kryptowährung, nichtsdestotrotz kann man auch XRP natürlich traden. Schließlich kann man an der Börse ja auch mit dem Trading von Pennystocks, hinter denen sich ja oftmals schwer angeschlagene oder sogar bereits insolvente Unternehmen verbergen, erfolgreich handeln.

Womit wir, last but not least, bei Tether (USDT) angekommen wären. Bei Tether (USDT) handelt es sich um einen sogenannten *Stable Coin*. Streng genommen ist das jedoch gar nicht richtig, denn auch Tether (USDT) ist gar kein Coin, sondern ein Token. Aber das spielt in diesem Fall eine eher untergeordnete Rolle. Tatsächlich ist es nämlich so, dass Tether (USDT) – darum auch das Kürzel »USDT« – eins zu eins an den US-Dollar gekoppelt ist. Hinter Tether (USDT) steht dabei die Krypto-Börse Bitfinex, die sich quasi ihren eigenen Krypto-US-Dollar gebastelt hat, um so aus dem *Fiat-Money*-System (ein Geldsystem, bei dem das Tauschobjekt Geld keinen inneren Wert besitzt, da es durch nichts gedeckt ist) auszusteigen.

Gerade um Tether (USDT) gab es in der Vergangenheit jedoch schon viele Gerüchte. So soll offiziell jeder Tether-Coin durch 1 US-Dollar auf einem entsprechenden Treuhandkonto gedeckt sein, was jedoch bis dato noch nie von einem wirklich unabhängigen Prüfer testiert wurde. Analysen verschiedener Experten wollen darüber hinaus Belege dafür gefunden haben, dass Bitfinex in der Vergangenheit Tether zur Kursmanipulation bei Bitcoin genutzt hat, was ebenfalls gegen eine vollständige Deckung von Tether durch US-Dollar spricht. In den USA laufen daher seit einiger Zeit staatsanwaltschaftliche Ermittlungen gegen Bitfinex und Tether, die jedoch zwischenzeitlich gegen Zahlung einer Geldbuße im Zuge eines außergerichtlichen Vergleichs eingestellt wurden.

Bisher haben jedoch alle Überprüfungen kein größeres Fehlverhalten ergeben, anscheinend existieren also tatsächlich derzeit über 62 Milliarden US-Dollar in Form entsprechender Sicherheiten. Nichtsdestotrotz ergibt eine Investition in Tether (USDT) keinen großen Sinn, da dieser Token per Definition genau 1 US-Dollar entsprechen soll. In der Regel schwankt Tether daher sehr eng um diese Marke von 1 US-Dollar herum. Zu größeren Abweichungen kam es stets nur dann, wenn es mal wieder neue Gerüchte zu Tether gab.

Die größte Abweichung gab es im April 2017, als der Token zeitweise circa 8,5 Prozent unter der Marke von 1,00 US-Dollar gehandelt wurde. Zuletzt wurde er dann im Oktober 2018 zeitweise zu circa 0,97 US-Dollar und damit circa 3 Prozent unter der 1,00-US-Dollar-Marke gehandelt, als es hieß, dass die Bank, die das Treuhandkonto führe, vor einer Pleite stehe. Allerdings reagierte man darauf mit dem Wechsel der Bank und so zeigt sich der *Stable Coin* seit einiger Zeit sehr stabil.

Für Investments oder gar Trades eignet sich der *Stable Coin* Tether (USDT) schon aufgrund seiner Definition kaum. Nur wenn es größere Abweichungen vom per Definition fairen Wert von 1,00 US-Dollar gibt, könnte man hier auf einen Rücklauf zu dieser Marke setzen. Nur stehen dann Chance und Risiko in keinem guten Verhältnis, denn mehr als knapp 9 Prozent plus konnte man mit Tether (US-DT) bisher ja kaum erzielen. Sollte jedoch jemals aufgedeckt werden, dass doch keine beziehungsweise nicht genügend Sicherheiten hinterlegt sind, wäre theoretisch sogar ein kompletter Crash von Tether (USDT) möglich. Für maximal circa 9 Prozent plus ein Totalverlustrisiko in Kauf zu nehmen: da ist das Chance-Risiko-Verhältnis (CRV) alles andere als prickelnd.

Hiermit sollte ich Binance Coin (BNB), Tether (USDT) und Ripple (XRP) ausreichend vorgestellt haben. Damit sollte aber auch klar geworden sein, warum ich diese aus den Top-Ten-Kryptowährungen ein wenig herauslösen würde. Nun komme ich aber zu den echten Top-Ten-Kryptowährungen. Ich beginne dabei hinten, also mit meine Nummer 10: Chainlink (LINK).

10. Chainlink (LINK)

Bei Chainlink (LINK) handelt es sich um eine Blockchain-Plattform, die als Schnittstelle zwischen Blockchains und externen Anwendungen fungiert. Wir haben ja schon gesehen, dass die Blockchain zwar grundsätzlich unsere Welt verändern könnte, ihre Implementierung in eine bestehende IT-Infrastruktur dabei aber ein limitierender Faktor ist. Daher haben sich die Damen und Herren hinter dem Projekt Chainlink zum Ziel gesetzt, eine Verbindung von Blockchains wie Bitcoin oder Ethereum mit Anwendungen aus der realen Welt wie beispielsweise Datenbanken oder Programmierschnittstellen (APIs) zu schaffen. Maßgeblich für solche Interaktionen sind dabei die von Chainlink zur Verfügung gestellten Oracles.

Da in der Krypto-Branche die, mit Ethereum eingeführten, *Smart Contracts* eine immer wichtigere Rolle spielen, wird auch Chainlink immer bedeutender.

Denn um diese Verträge ausführen zu können, bedarf es eines sicheren Imports und Exports der benötigten Daten auf die entsprechende Blockchain. Dabei kommt Chainlink, dank seiner Oracles, ohne Sidechains aus. Dieser Ansatz von Chainlink trifft dabei den Geschmack des Marktes. Daher gehören beispielsweise die Society for Worldwide Interbank Financial Telecommunication (SWIFT) (zur Validierung von Kartendaten), Alphabet (Google), Hedera Hashgraph (HBAR), Polkadot (DOT) oder auch QuarkChain (QKC) schon heute zu den Partnern des Projekts.

Im Rahmen des ICOs *(Initial Coin Offerings)* wurden 32 Millionen Token am Markt platziert. Derzeit zirkulieren knapp 415 Millionen Token, bis zu einer Milliarde sollen es im Laufe der Zeit werden. Auf Basis der aktuell zirkulierenden Token liegt die Marktkapitalisierung bei knapp 6,8 Milliarden US-Dollar, auf Basis des *Maximum Supply* läge sie bei rund 15,5 Milliarden US-Dollar. Sie dürfte, wenn sich Chainlink weiterhin derart stark etablieren kann, durchaus in Richtung dreistellige Milliardenbeträge steigen.

Zusammenfassung:

Kryptowährung	Chainlink
Kürzel	LINK
Aktueller Kurs	25,44 US-Dollar*
Zirkulierende Geldmenge	circa 450 Millionen Token
Maximale Geldmenge	1 Milliarde Token
Marktkapitalisierung	circa 11,35 Milliarden US-Dollar

* alle Zahlen vom 30.08.2021

Grafik 6: Chainlink im 1-Jahreschart; Quelle: Guidants

9. Tezos (XTZ)

Tezos ist ein Blockchain-Projekt aus der Schweiz, das seinen Fokus – ähnlich wie Ethereum – auf *Smart Contracts* legt. Der zugehörige Coin nennt sich »XTZ«.

Die Besonderheit von Tezos (XTZ) ist, dass die Blockchain ausschließlich von der im Schweizer Zug ansässigen Tezos Foundation vorangetrieben wird. Dies ist zwar zunächst einmal undemokratisch. Aber dadurch möchte man sicherstellen, dass es durch fehlende Einigung auf einen Konsens zu Abspaltungen (*»Hard Forks«*, wie beispielsweise beim Bitcoin mit Bitcoin Cash) kommt und Innovationen erschwert oder sogar verhindert werden können. Allerdings kann sich Tezos im Gegenzug, durch protokollinterne Änderungen, jederzeit selbst aktualisieren. Zudem haben die Entwickler durchaus die Möglichkeit, die Community über Änderungsvorschläge abstimmen zu lassen und sie so mit ins Boot zu nehmen. Die letzte Entscheidung hierüber liegt dann bei den Minern, die bei Tezos jedoch »Baker« genannt werden.

Um als Baker im Tezos-Netzwerk infrage zu kommen, muss ein Netzwerkteilnehmer *(Node)* zunächst über einen Bestand *(Stake)* von mindestens 10 000 XTZ verfügen. Je größer der *Stake* dabei ist, desto höher ist die Wahrscheinlichkeit, als Baker einen neuen Block zu produzieren sowie die damit verbundene Belohnung *(Reward)* zu vereinnahmen. Hält jemand zu wenig XTZ, um selbst Baker werden zu können, kann er seinen Bestand jedoch an einen bestehenden Baker verleihen und so mittelbar an der Verifizierung von Blöcken partizipieren.

Entwickler können ihre Verbesserungsvorschläge für das Tezos-Protokoll einreichen und mit einem Preis versehen, was sie in der Regel auch tun, so dass auch bei Tezos eine gewisse Demokratie gegeben ist. Bevor eine Änderung jedoch Einzug in das *Mainnet* erhält, kommt es erst einmal zu einem 48-stündigen Testlauf im *Testnet*. Kommt es hierbei zu keinerlei Schwierigkeiten, stimmen letztlich die Baker darüber ab, ob es zu einem Update des Protokolls kommt. Dabei ist eine Zustimmung von 80 Prozent der abstimmenden Baker notwendig. Im Rahmen eines solchen Updates (»Athens«) wurde beispielsweise die Mindest-Stake-Größe für Baker von ursprünglich 10 000 XTZ auf nur noch 8000 XTZ abgesenkt.

Da *Smart Contracts* auf der Tezos-Blockchain durch einen formalen mathematischen Überprüfungsprozess besonders sicher sein sollen, eignen sie sich hervorragend für Anwendungen im Finanzsektor. Tezos wurde dabei von vornherein bewusst genau so designt, da man das Ziel hatte, zur führenden Plattform von *Security Token Offerings* (STOs) zu werden. Konkret heißt das nichts anderes, als dass man gerne Ethereum den Rang ablaufen möchte. Ob dies am Ende gelingen kann, bleibt noch abzuwarten. Erste Erfolge konnte man jedoch zweifelsfrei bereits erzielen und Konkurrenz belebt das Geschäft.

Zusammenfassung:

Kryptowährung	**Tezos**
Kürzel	XTZ
Aktueller Kurs	etwa 5,50 US-Dollar
Zirkulierende Geldmenge	circa 857 Millionen Coins
Maximale Geldmenge	keine Begrenzung
Marktkapitalisierung	circa 4,7 Milliarden US-Dollar

Grafik 7: Tezos im 1-Jahreschart; Quelle: Guidants

Grafik 7: Tezos im 1-Jahreschart; Quelle: Guidants

8. EOS

Auch bei EOS handelt es sich um eine Blockchain-basierte Kryptowährung. Basierend auf einem im Jahr 2017 vorgestellten *White Paper* wurde EOS (EOS.IO) schließlich im Juni 2017 durch die auf den Cayman Islands angesiedelte Firma Block.one ins Leben gerufen und betrieben. Die zugehörige Software wurde am 1. Juni 2017 als *Open-Source*-Code veröffentlicht, so dass jeder an der Weiterentwicklung mitarbeiten kann. Das Ziel der Plattform ist die Ermöglichung intelligenter Verträge *(Smart Contracts)* sowie die Bereitstellung dezentraler Speicherlösungen für Unternehmen, die dafür im Gegenzug die bekannten Skalierungsprobleme von Blockchains wie Bitcoin oder Ethereum lösen sollen.

EOS ist dabei *Multithreading*-basiert (es können also mehrere Threads innerhalb eines Prozesses/Tasks [quasi] gleichzeitig ausgeführt werden) und verwendet ein *Proof-of-Stake*-Protokoll, so dass auf Mining verzichtet werden kann. Vielmehr werden neue Blöcke von 21 ausgewählten Blockproduzenten kreiert. Letztlich wollte EOS das erste dezentrale System werden, das eine Entwicklungsumgebung für dezentrale Anwendungen (DApps) anbietet. Der zugehörige EOS-Coin (nach Start der eigenen Blockchain ist es nun tatsächlich ein Coin und kein Token mehr!) ist ein Dienstprogramm-Coin, der sowohl Bandbreite als auch Speicherplatz auf der EOS-Blockchain proportional zum Gesamteinsatz bereitstellt (die Nutzung von 1 Prozent der EOS-Coins ermöglicht also die Nutzung von bis zu 1 Prozent der gesamten verfügbaren Bandbreite).

Sehr interessant war übrigens der durchaus spezielle ICO/ITO (*Initial Coin Offering/Initial Token Offering*; das Äquivalent bei Kryptowährungen zum IPO *[Initial Public Offering]*, also Börsengang, bei Aktien) von EOS, in dessen Rahmen 1 Milliarde EOS-Token (damals noch auf der Ethereum-Blockchain basierte ERC20-Token) ausgegeben wurden. Dabei wurden 20 Prozent der Token (200 Millionen Stück) in den ersten fünf Tagen sowie weitere 70 Prozent der Token (700 Millionen Stück) ab dem 1. Juli 2017 in 350 aufeinanderfolgenden 23-Stunden-Zeiträumen (mit jeweils 2 Millionen EOS-Token) verteilt.

Die restlichen 10 Prozent der EOS-Token (100 Millionen Stück) verbleiben zunächst bei der Betreiberfirma Block.one. Diese spezielle Art der Ausgabe von Token sollte für eine möglichst breite Verteilung der Token beziehungsweise heute Coins sorgen, was durchaus gelungen scheint. Die Firma Block.one kündigte an, dass sie den Verkaufserlös von 1 Milliarde US-Dollar in Projekte investieren möchte, die auf EOS basieren.

Die EOS-Software beruht auf einer Blockchain, die speziell für eine horizontale und vertikale Skalierung dezentraler Anwendungen (DApps) konzipiert wurde. Dies bedeutet konkret, dass sich die Leistung der DApps sehr leicht durch Verbesserungen der Blockchain sowie der EOS-Software verbessern lässt, weil diese sich beispielsweise automatisch an entsprechende Veränderungen anpassen können. Auch deshalb galt EOS vielen lange als der Ethereum-Killer und manche sehen das bis heute noch so.

Man könnte die EOS-Software, so wie es EOS auch selbst tut, als eine Art Blockchain-basiertes Betriebssystem bezeichnen. Die Blockchain skaliert dabei schon heute so gut, dass mehrere Millionen Transaktionen pro Sekunde verarbeitet werden könnten. Die den *Smart Contracts* zugrunde liegende Programmiersprache ist WebAssembly (Rust, C und C++).

Zusammenfassung:

Kryptowährung	EOS
Kürzel	EOS
Aktueller Kurs	knapp 5,00 US-Dollar
Zirkulierende Geldmenge	circa 957 Millionen Coins
Maximale Geldmenge	circa 1,03 Milliarden Coins
Marktkapitalisierung	circa 4,75 Milliarden US-Dollar

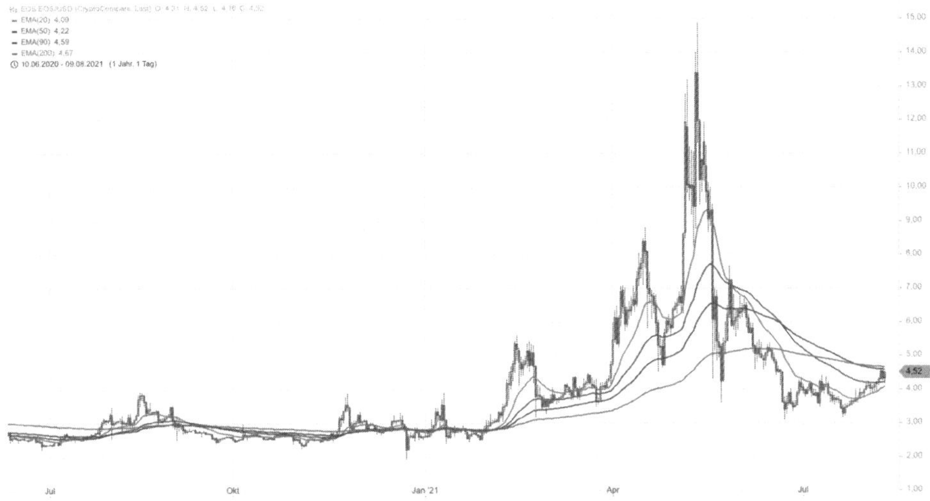

Grafik 8: EOS im 1-Jahreschart; Quelle: Guidants

7. Crypto.com Coin (CRO)

Um den Crypto.com Coin (CRO), der trotz des Namens eigentlich gar kein Coin, sondern ein Token ist, verstehen zu können, muss man sich zunächst einmal die Geschichte anschauen. Denn hinter dem Coin steht das heute in Hongkong ansässige Unternehmen Crypto. com, das zuvor unter dem Namen »Monaco Technology GmbH« mit Hauptsitz in der Schweiz firmierte. Angeboten hat schon die Monaco Technology GmbH in erster Linie Prepaid-Kreditkarten (Debitkarten), mit denen automatisch Krypto-Konten (Wallets) belastet werden können. Dazu wird intern mit einem weiteren Coin namens »MCO« gearbeitet.

Mit dem Crypto.com Coin (CRO) dagegen können Anleger auf einen Erfolg des Projekts setzen. Wobei die Firma Crypto.com inzwischen weitere Finanzdienstleistungen wie ein Krypto-Sparbuch (Crypto. com Earn), einen Krypto-Lending-Service (Crypto.com Credit) sowie einen automatisierten Algorithmus-basierten Krypto-Trading-Service (Crypto.com Invest) anbietet, um weiteres Wachstumspotenzial freizusetzen. Das Problem von Crypto.com war zuletzt, dass seine Karten in Zusammenarbeit mit der Wirecard Bank ausgegeben wurden. Dies hatte zur Folge, dass Anleger zwar weiterhin auf das Projekt – durch Kauf des Crypto.com Coin – setzten, im Gegenzug beim MCO jedoch vorsichtig wurden.

Zusammenfassung:

Kryptowährung	**Crypto.com Coin**
Kürzel	CRO
Aktueller Kurs	circa 0,15 US-Dollar
Zirkulierende Geldmenge	circa 25,26 Milliarden Token
Maximale Geldmenge	circa 30,26 Milliarden Token
Marktkapitalisierung	circa 3,95 Milliarden US-Dollar

Grafik 9: Crypto.com Coin im 1-Jahreschart; Quelle: Guidants

6. Cardano (ADA)

Auch Cardano (ADA) ist eine Blockchain-basierte Kryptowährung und in dieser Hinsicht dem Bitcoin ähnlich. Sie wurde jedoch erst relativ spät, im Jahr 2015, ins Leben gerufen. Dabei haben sich die Initiatoren zum Ziel gesetzt, alle Schwierigkeiten bisheriger Blockchain-basierter Kryptowährungen wissenschaftlich zu erforschen und letztlich zu lösen. Dadurch soll dann am Ende eine dezentralisierte Plattform für komplexe, programmierbare Transfers von Werten unter den Gesichtspunkten Sicherheit und Skalierbarkeit entstehen.

Bereits vor Beginn des Projekts hat man sich deshalb auf bestimmte Grundprinzipien geeinigt, die als Leitbild während der Entwicklung gelten sollen. Diese sind: ein streng wissenschaftliches Vorgehen mit völliger Transparenz inklusive entsprechender Offenheit gegenüber Institutionen und Regulatoren, die Umsetzung mithilfe einer modularen und funktionalen Sprache sowie absolute Quelloffenheit. Wird Cardano ein Erfolg, so soll die zugehörige Kryptowährung – »ADA« getauft – nach Ansicht der Initiatoren die kompletteste Kryptowährung werden, die jemals erschaffen wurde.

Anfangs insbesondere wegen der Initiatoren und des Konzepts gefeiert, scheint die Entwicklung seit einiger Zeit festzustecken. Dadurch bedingt kam es bereits zu Streit innerhalb des Entwicklerteams, verbunden mit einem deutlichen Kursrutsch. Dadurch ist Cardano (ADA) inzwischen zeitweise sogar schon aus den Top Ten herausgefallen, inzwischen jedoch wieder zurückgekehrt. Mit anderen Worten: Cardano (ADA) stand zeitweise, zu Recht, stark in der Kritik. Zuletzt konnte man jedoch endlich Fortschritte bei der technischen Entwicklung des Projekts verzeichnen, die sich auch in entsprechenden Kursgewinnen niederschlugen.

Zusammenfassung:

Kryptowährung	**Cardano**
Kürzel	ADA
Aktueller Kurs	circa 2,80 US-Dollar
Zirkulierende Geldmenge	circa 32,04 Milliarden Coins
Maximale Geldmenge	45 Milliarden Coins
Marktkapitalisierung	circa 90,0 Milliarden US-Dollar

Grafik 10: Cardano im 1-Jahreschart; Quelle: Guidants

5. Litecoin (LTC)

Im Prinzip ist der Litecoin (LTC) die »Antwort« des ehemaligen Google-Programmierers Charlie Lee auf den Bitcoin. Ferner zählt Charlie Lee übrigens auch zu den Mitgründern von Coinbase, das inzwischen als das am besten durchfinanzierte Krypto-Start-up im Silicon Valley gilt. Oftmals wird der Litecoin (LTC), der der erste sogenannte Altcoin (Alternative Coin) war, als eine Abspaltung *(Fork)* des Bitcoins bezeichnet, was jedoch falsch ist.

Vielmehr war Charlie Lee mit der Konfiguration des Bitcoins durch Satoshi Nakamoto nicht ganz zufrieden – und erschuf deshalb schon früh, nämlich am 7. Oktober 2011, den Litecoin als Alternative. Die größten Unterschiede zwischen dem Bitcoin und dem Litecoin sind dabei ein anderer Konsensalgorithmus, die kürzere Blockzeit von nur zweieinhalb Minuten (anstatt der zehn Minuten beim Bitcoin) sowie die viermal so große Menge an maximal verfügbaren Coins (84 Millionen anstatt der 21 Millionen Stück beim Bitcoin).

In der Krypto-Community sagt man daher gerne: »Wenn der Bitcoin das digitale Gold ist, ist der Litecoin das digitale Silber.« Generell muss man feststellen, dass man beim Litecoin Veränderungen gegenüber aufgeschlossener ist als beim Bitcoin, was beispielsweise seinerzeit dazu führte, dass das SegWit-Update beim Litecoin schneller und problemloser umgesetzt wurde als beim Bitcoin, wo es auch deshalb ja sogar zur *Hard Fork* von Bitcoin Cash kam. Zuletzt wurde daher bekannt, dass Litecoin gerne Mimblewimble (ein Blockchain-Protokoll zur Verbesserung von Fungibilität, Privatsphäre und Skalierbarkeit) einführen würde, um dadurch anonyme Transaktionen zu ermöglichen.

Diese Aussichten führten sogar zu einem kurzfristigen Kurssprung, so dass der Litecoin (LTC) zeitweise sogar schon wieder auf den 4. Platz der Liste von *CoinMarketCap* vorrücken konnte. Lange Zeit war der Litecoin hier, als damals noch einziger existierender Altcoin, die Nummer 2 gewesen, fiel dann jedoch zeitweise – im Zuge des Krypto-Hypes 2017 – deutlich aus den Top Ten heraus. Aus meiner Sicht dürfte dem Litecoin daher nun durchaus eine positive Zukunft bevorstehen.

Ich persönlich würde jedenfalls langfristig eher auf den Litecoin (LTC) als auf Bitcoin SV (BSV) setzen.

Zusammenfassung:

Kryptowährung	**Litecoin**
Kürzel	LTC
Aktueller Kurs	circa 173 US-Dollar
Zirkulierende Geldmenge	circa 66,75 Millionen Coins
Maximale Geldmenge	84 Millionen Coins
Marktkapitalisierung	circa 11,5 Milliarden US-Dollar

Grafik 11: Litecoin im 1-Jahreschart; Quelle: Guidants

4. Bitcoin SV (Satoshi's Vision) (BSV)

Bitcoin SV, »SV« steht für »Satoshi's Vision«, ist eine noch recht junge Kryptowährung, die erst seit dem 15. November 2018 existiert. Sie ging hervor aus Bitcoin Cash (BCH), wobei Bitcoin Cash (kurzzeitig: Bitcoin Cash ABC) selbst eine *Fork* des Bitcoins (BTC) ist. So hatten die Initiatoren von Bitcoin Cash seinerzeit einfach genug vom Richtungsstreit innerhalb der Bitcoin-Community zur Lösung des Skalierungsproblems. Daher entschied man sich damals dazu, das Experiment einer harten Abspaltung *(Hard Fork)* zu wagen. Dadurch nämlich konnte man beispielsweise die Blockgröße erhöhen.

Darüber hinaus kündigte man an, alle sechs Monate weitere Updates vorzunehmen. Das erste Update verlief noch problemlos. Doch schon beim zweiten geplanten Update (bei Block 530350) Ende 2018 kam es aufgrund von unterschiedlichen Meinungen über die technische Umsetzung zu einem Zerwürfnis innerhalb der Bitcoin-Cash-Community, insbesondere zwischen den beiden führenden Personen – Roger Ver (alias »Bitcoin-Jesus«) und Dr. Craig Wright. Dadurch kam es schließlich sogar zu einem sogenannten Hash-Krieg zwischen dem ursprünglichen Bitcoin Cash, kurzzeitig zur besseren Differenzierung »Bitcoin Cash ABC« genannt, sowie Bitcoin Cash SV.

Nachdem Bitcoin Cash ABC diesen Krieg gewonnen hat, hat es nun wieder offiziell den Namen »Bitcoin Cash (BCH)« zugewiesen bekommen. Aus »Bitcoin Cash SV« wurde gleichzeitig schlicht und einfach »Bitcoin SV (BSV)«. Erwähnenswert ist sicherlich noch, dass der führende Kopf hinter Bitcoin SV, der Australier Dr. Craig Wright, von sich selbst behauptet, der legendäre Bitcoin-Gründer Satoshi Nakamoto zu sein (darum auch »Satoshi's Vision«). Dies glaubt ihm innerhalb der Krypto-Szene jedoch kaum jemand, zumal er einen Beweis dafür stets schuldig blieb. Dabei wäre dieser relativ einfach zu erbringen, denn er müsste ja nur auf die ersten jemals erzeugten

Bitcoins zugreifen. Darum hat man ihm in der Krypto-Community auch den Spitznamen »Faketoshi« verpasst.

Interessant in diesem Zusammenhang ist wohl auch, dass Wright angekündigt hat, seine umfangreichen Bitcoin-Bestände unlimitiert auf den Markt zu werfen und dadurch den Kurs des Bitcoins – und auch den von Bitcoin Cash – auf null abstürzen zu lassen. Bisher war davon jedoch nichts zu sehen, vielmehr ist eher ein kontinuierliches Abrutschen von Bitcoin SV festzustellen. Insofern gehört auch Bitcoin SV (BSV) derzeit nicht gerade zu den zu favorisierenden Coins. Wie immer bei einer Abspaltung *(Hard Fork)* erhielt übrigens jeder Halter von Bitcoin Cash zum Zeitpunkt der Abspaltung zusätzlich Bitcoin SV (BSV).

Dies liegt daran, dass bei einer Fork ja eine bereits bestehende Blockchain verändert wird. Es kommt also an einem bestimmten Punkt zu einer Gabelung, darum auch »Fork«. Somit erhalten all diejenigen, die zum Zeitpunkt der Gabelung den Coin der ursprünglichen Blockchain halten, auch den Coin der veränderten Blockchain. So erhielt durch die Fork von Bitcoin Cash (BCH) oder Bitcoin Gold (BTG) jeder Bitcoin-Halter auch die entsprechende Menge an Bitcoin Cash (BCH) und Bitcoin Gold (BTG). Genauso erhielt jeder Bitcoin-Cash-Halter dann eben auch Bitcoin SV (BSV).

Zusammenfassung:

Kryptowährung	**Bitcoin SV**
Kürzel	BSV
Aktueller Kurs	circa 180 US-Dollar
Zirkulierende Geldmenge	circa 18,83 Millionen Coins
Maximale Geldmenge	21 Millionen Coins
Marktkapitalisierung	circa 3,4 Milliarden US-Dollar

Grafik 12: Bitcoin SV im 1-Jahreschart; Quelle: Guidants

3. Bitcoin Cash (BCH)

Bitcoin Cash (BCH), zwischenzeitlich: Bitcoin Cash ABC, ist eine weitere Blockchain-basierte Kryptowährung. Sie entstand am 1. August 2017 als harte Abspaltung *(Hard Fork)* des Bitcoins (BTC) – aufgrund des Streits um dessen Skalierung. Bei Bitcoin Cash wurde die für Bitcoin vorgeschlagene Änderung *Segregated Witness* (*SegWit*) abgelehnt, dafür jedoch die Blockgröße zunächst von 1 Megabyte auf 8 Megabyte vergrößert.

Was aber hat es mit SegWit eigentlich auf sich? Nun, vereinfacht kann man sich es so vorstellen, dass dabei der Verwendungszweck einer Transaktion nicht mehr in die Bitcoin-Blockchain eingetragen wird, um diese so ein wenig zu entlasten. Denn der Verwendungszweck ist ja für eine Transaktion – anders als Absender, Empfänger sowie Überweisungsbetrag – nicht essentiell. Bis zu Block 478558 ist daher die Blockchain von Bitcoin (BTC) und Bitcoin Cash (BCH) identisch. Darum erhielt jeder, der zum Zeitpunkt der Abspaltung Bitcoin hielt, die gleiche Menge an Bitcoin Cash.

Zuvor hatte es erst eine solche Fork gegeben, nämlich die von Ethereum (ETH) aus Ethereum Classic (ETC). Grund für diese Fork war jedoch ein Fehler im Protokoll, durch den es einem Hacker gelungen war, Coins im Rahmen des *Smart Contract* von The DAO zu stehlen. Insofern stand der Erfolg von Bitcoin Cash (BCH) zunächst auch infrage, obwohl die Abspaltung prominente Unterstützer wie Roger Ver und Craig Wright hatte. Erst später kam es zum bereits thematisierten Zwist, was zur weiteren Abspaltung Bitcoin SV (BSV) führte. Inzwischen hat Bitcoin Cash (BCH) die Blockgröße übrigens schon auf 32 Megabyte erhöht.

In der Krypto-Szene gibt es bis heute immer wieder einen Streit darum, welches denn der »richtige« Bitcoin sei. Fakt ist, dass die Lösung des Skalierungsproblems via Lightning Network die nachhaltigere sein dürfte. Allerdings wird dabei die Blockchain, die von Satoshi Nakamoto bewusst als Herzstück des Bitcoins gewählt wurde, quasi umgangen. Es kann daher kein Zweifel daran bestehen, dass Bitcoin Cash (BCH) (sowie Bitcoin SV (BSV)) näher an der ursprünglichen Idee von Satoshi Nakamoto ist. Obwohl Bitcoin Cash (BCH), aufgrund der niedrigen Transaktionskosten, in der realen Welt durchaus gerne akzeptiert und zur Bezahlung genutzt wird, hat er sich meines Erachtens aber bis heute noch immer nicht richtig durchgesetzt.

So wird die Blockgröße von inzwischen 32 Megabyte fast nie auch nur annähernd ausgenutzt. Dies kann man natürlich auch positiv interpretieren und davon sprechen, dass die Skalierung funktioniert. Aber warum brauche ich eine Blockgröße von 32 Megabyte, wenn sie kaum genutzt wird? Nichtsdestotrotz hat Bitcoin Cash (BCH) in meinen Augen seine Daseinsberechtigung. Denn die Krypto-Welt ist nun einmal sehr demokratisch, sprich: Jeder kann seine Ideen umsetzen und die Akzeptanz der Anwender entscheidet dann, ob dies zu einem Erfolg wird oder eben nicht.

Zusammenfassung:

Kryptowährung	**Bitcoin Cash**
Kürzel	BCH
Aktueller Kurs	circa 650 US-Dollar
Zirkulierende Geldmenge	circa 18,83 Millionen Coins
Maximale Geldmenge	21 Millionen Coins
Marktkapitalisierung	circa 12,2 Milliarden US-Dollar

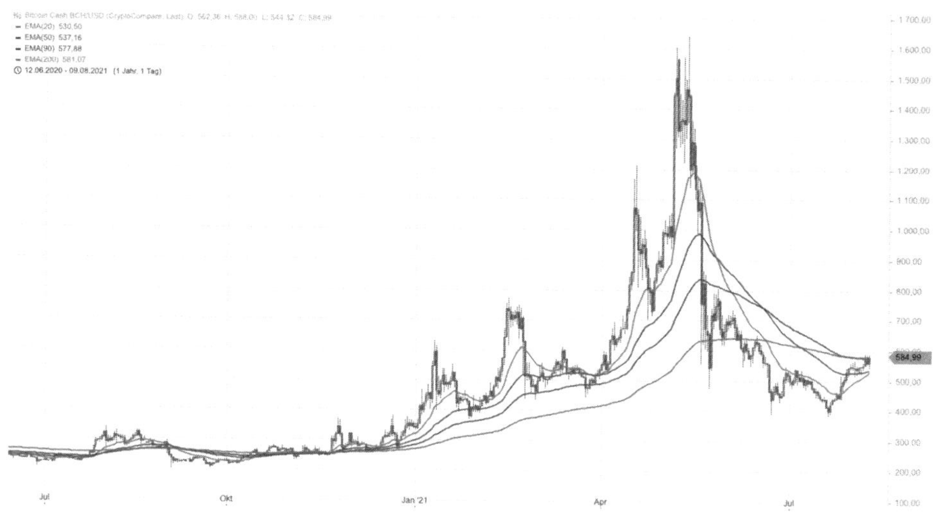

Grafik 13: Bitcoin Cash im 1-Jahreschart; Quelle: Guidants

2. Ethereum (ETH)

Wie eben bereits erwähnt, war Ethereum die erste Kryptowährung, bei der es zu einer harten Abspaltung *(Hard Fork)* kam. Deshalb gibt es heutzutage neben Ethereum (ETH) auch noch eine Kryptowährung namens »Ethereum Classic« (ETC). Aber dazu gleich noch mehr, schauen wir uns erst einmal an, was Ethereum eigentlich ist.

Ethereum wurde von einem gebürtigen Russen, der inzwischen jedoch in Kanada lebt, gegründet: Vitalik Buterin. Dieser war einerseits frühzeitig begeistert vom Bitcoin (BTC) sowie andererseits ein großer Fan des Onlinespiels *World of Warcraft* (WoW). Gerade bei diesem Spiel jedoch hatte er schlechte Erfahrungen gemacht. Denn er hatte dort ein bestimmtes Schwert in seinem Besitz gehabt, das ihm jedoch eines Tages vom Betreiber/Hersteller des Spiels (Activision Blizzard) einfach weggenommen worden war. Dies war für ihn eine so große Enttäuschung, dass er – er war zu diesem Zeitpunkt noch ein Kind – sich mehrere Tage in den Schlaf weinte. So schreibt er es zumindest selbst im Internet auf seiner *About.me*-Seite.

Nach einigen Tagen, die erste Enttäuschung war verflogen, machte er sich Gedanken darüber, wie dies überhaupt passieren konnte. Er kam dann sehr schnell darauf, dass bei diesem Spiel letztlich alles zentral vom Betreiber Activision Blizzard bestimmt wird. Daher, so überlegte er weiter, wäre so etwas wohl nicht mehr so einfach möglich, wenn ein solches Spiel dezentral organisiert wäre. Dies wiederum erinnerte ihn an den Bitcoin, der ja auf einer dezentral organisierten Datenbank basiert und ein dezentrales Geldsystem geschaffen hat.

Deshalb schlug er vor, den Bitcoin (BTC) zu erweitern, so dass neben einem dezentralen Geldsystem auch dezentrale Anwendungen (wie eben Spiele), sogenannte DApps (*Decentralized Apps*), möglich würden. Er stellte diese Idee denn auch der Bitcoin-Community vor, sie wurde allerdings abgelehnt. Hauptkritikpunkt war, dass eine solche Erweiterung die Blockchain schlicht überfordern könnte. Enttäuscht beschloss er daraufhin, sein eigenes Projekt zu starten, mit dem er seine Ideen in die Tat umsetzen wollte: Dies war quasi die Geburtsstunde von Ethereum.

Ethereum gilt dabei heute als ein verteiltes System, mit dessen Hilfe insbesondere die Erstellung sogenannter intelligenter Verträge *(Smart Contracts)* ermöglicht wird.

Das klassische Anwendungsbeispiel für Ethereum in der realen Welt ist jedoch der vollautomatisierte Betrieb einer Autovermietung. Angenommen, dort würden nur Autos mit ständiger Internetverbindung vermietet (das ist beispielsweise bei Tesla heute schon gegeben!), so könnte der Computer dem Kunden – je nachdem, wie lange dieser das Auto gemietet hat – einfach das Fahrzeug freigeben beziehungsweise sperren. In dieser Hinsicht könnte gerade Ethereum in Zukunft noch sehr wichtig werden, wenn es um die vollständige Automatisierung von Geschäftsmodellen geht. Überlegen Sie mal, wie viele Arbeitsplätze ein Unternehmen wie Avis, Europcar oder Sixt mit Hilfe von Ethereum einsparen könnte.

Wichtig dabei ist jedoch, dass solche *Smart Contracts* auch sauber programmiert werden. Sonst kann so etwas nämlich auch in einem absoluten Desaster enden, wie The DAO (Decentralized Autonomous Organization, Dezentrale Autonome Organisation) gezeigt hat. The DAO von Slock.it war einer der ersten und mit Sicherheit der erfolgreichste *Smart Contract* auf Basis der Ethereum-Blockchain, man kann ihn durchaus mit den heute bekannten ICOs/ITOs (*Initial Coin Offerings/Initial Token Offerings*) vergleichen.

Denn bei The DAO wurde mithilfe eines *Smart Contract* ein Unternehmen gegründet, an dem sich zwar jeder beteiligen konnte, dessen Geschäftszweck jedoch noch nicht feststand. Über diesen sollten vielmehr die Anteilseigner später abstimmen. Es hätte also ein Logistikunternehmen, ein Solarunternehmen oder was auch immer werden können.

Leider gab es im *Smart Contract* von The DAO jedoch einen Bug, der einen Hackerangriff ermöglichte. Dadurch gelang es einem bis heute nicht identifizierten Hacker am 17. Juni 2016, 3,6 Millionen Coins im damaligen Gesamtwert von circa 65 Millionen Euro zu stehlen beziehungsweise unbrauchbar zu machen. Um diesen Hack zu bekämpfen und somit quasi rückabzuwickeln, wurde angeregt, eine *Fork* durchzuführen. Nach langer Diskussion setzten sich am Ende schließlich auch die Befürworter einer solchen *Fork*, zu denen unter anderem Ethereum-Mastermind Vitalik Buterin zählte, durch. Es gibt allerdings bis heute Anhänger der ursprünglichen Blockchain, so dass diese unter dem Namen »Ethereum Classic« (ETC) weiter existiert. Erfolgreicher wurde jedoch die »reparierte« Version, Ethereum (ETH).

Es gibt übrigens heute verschiedene Plattformen, die immer gerne mit Ethereum verglichen werden. So gilt NEO (früher: AntShares) als chinesisches Ethereum und EOS, wie geschrieben, manch einem noch immer als »Ethereum-Killer«.

Zusammenfassung:

Kryptowährung	**Ethereum (Ether)**
Kürzel	ETH
Aktueller Kurs	rund 3290 US-Dollar
Zirkulierende Geldmenge	circa 117,32 Millionen Coins
Maximale Geldmenge	bisher noch unbegrenzt
Marktkapitalisierung	circa 385 Milliarden US-Dollar

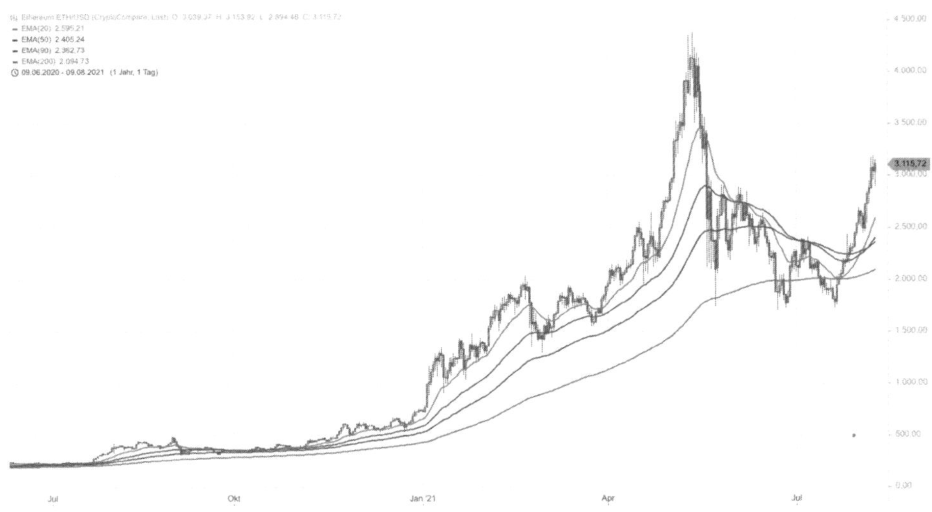

Grafik 14: Ethereum im 1-Jahreschart; Quelle: Guidants

I. Bitcoin (BTC)

Die immer noch wichtigste ist auch die immer noch bekannteste Kryptowährung, nämlich der Bitcoin (BTC). Doch warum ist das so? Nun, der Bitcoin wurde seinerzeit als Reaktion auf die Finanzkrise 2007 bis 2009 von Satoshi Nakamoto entwickelt und startete bereits am 3. Januar 2009. Er feierte also 2021 seinen zwölften Geburtstag. Ohne die Finanzkrise würde es den Bitcoin wohl gar nicht geben! Dies kann als gesichert gelten, denn kein Geringerer als der Erfinder des Bitcoins, Satoshi Nakamoto selbst, hat dies festgehalten. So steht im sogenannten Genesis-Block (es ist Block #1A1zP1eP5QGefi2DMPTfTL5SLmv7DivfNa) der Bitcoin-Blockchain folgender Satz: »*The Times* 03/Jan/2009 Chancellor on brink of second bailout for banks« (»*The Times* vom 3. Januar 2009: Schatzkanzler an der Schwelle eines zweiten Bailouts für Banken«), der auf einen Artikel der Londoner *Times* hinweist: Elliott, Francis & Duncan, Gary (2009): »Chancellor Alistair Darling on brink of second bailout for banks«, *The Times*, 03.01.2009.[5]

Nach den frühen Experimenten Digicash und Second Life (vgl. S. 23) war der Bitcoin die erste Kryptowährung im heutigen Sinne – also ein digitales Zahlungsmittel, das auf einer *Distributed-Ledger*-Technologie wie beispielsweise einer Blockchain sowie digitalen Signaturen basiert. Als Zahlungssysteme sollen Kryptowährungen unabhängig und verteilt, generell aber natürlich auch sicher sein. Da bisher in der Regel keine staatlichen Stellen dahinterstehen (wobei es mit dem venezolanischen Petro sowie dem chinesischen E-Yuan erste staatliche Versuche gibt), ist die Einordnung als Währung zum Teil ein wenig umstritten.

Aufgrund des Hypes um den Bitcoin (BTC) und andere Kryptowährungen im Laufe des Jahres 2017 gibt es heute schon mehr als 5000

---

[5] https://www.thetimes.co.uk/article/chancellor-alistair-darling-on-brink-of-second-bailout-for-banks-n9l382mn62h

verschiedene Kryptowährungen, von denen Sie nun bereits einige vorgestellt bekommen haben. Wirklich brauchbar sind von diesen mehr als 5000 Kryptowährungen jedoch nur wenige. Experten gehen, wie auch ich persönlich, davon aus, dass am Ende wahrscheinlich maximal rund 50 überleben werden.

Von dem ursprünglichen Bitcoin (Bitcoin Core, BTC) wurden bisher zwei weitere Coins per *Hard Fork* abgespalten, nämlich Bitcoin Cash (BCH) und Bitcoin Gold (BTG). Während man Bitcoin Cash (BCH) als zumindest halbwegs erfolgreich bezeichnen kann, dürfte Bitcoin Gold (BTG) am Ende wohl wieder komplett in der Versenkung verschwinden. Aus Bitcoin Cash (BCH) heraus wiederum ging dann, wie bereits erläutert, inzwischen auch noch Bitcoin SV (BSV) hervor. Hier ein kleines Schaubild zur besseren Verdeutlichung:

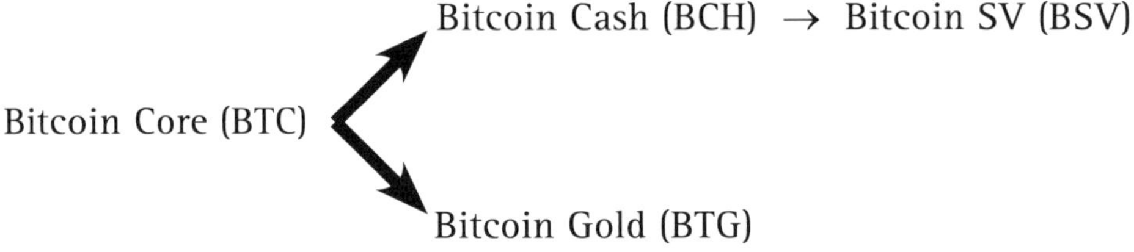

Die maximale Menge an Coins ist beim Bitcoin (BTC) sowie bei allen oben genannten *Forks* auf 21 Millionen Stück begrenzt. Die Menge an bereits zirkulierenden Bitcoins ist ähnlich, allerdings natürlich nicht genau die gleiche. Dies liegt daran, dass die Menge bis zur Abspaltung logischerweise gleich war, es nach der Abspaltung dann aber aufgrund der bei den *Forks* vorgenommenen technischen Veränderungen zu einer (ungewollten) Verkürzung der Blockzeit kam, so dass kurzfristig mehr neue Coins gemint wurden.

Zusammenfassung:

Kryptowährung	**Bitcoin (Core)**
Kürzel	BTC
Aktueller Kurs	circa 48 290 US-Dollar
Zirkulierende Geldmenge	circa 18,80 Millionen Coins
Maximale Geldmenge	21 Millionen Coins
Marktkapitalisierung	circa 905,6 Milliarden US-Dollar

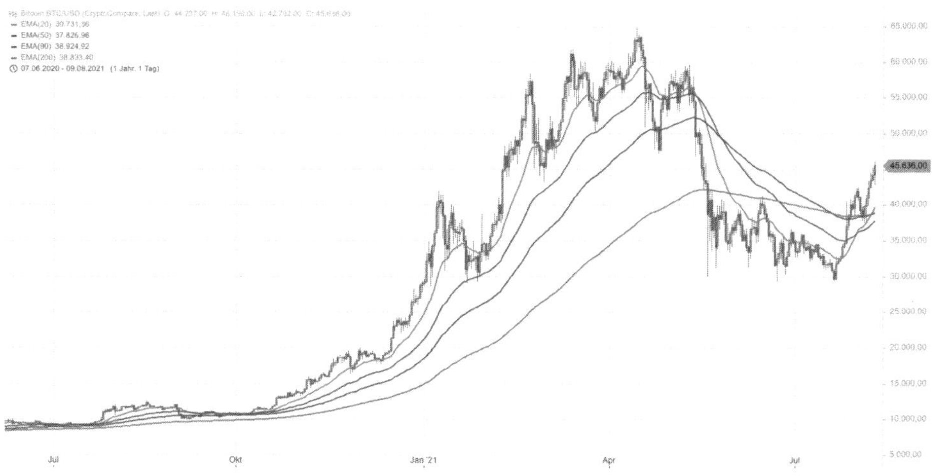

Grafik 15: Bitcoin im 1-Jahreschart; Quelle: Guidants

IV. Der Einstieg ins Trading: Die wichtigsten Charttypen & Indikatoren

In diesem Kapitel möchte ich weniger erfahrenen Tradern aufzeigen, welche charttechnischen Analysemöglichkeiten sie beim Traden von Kryptos haben. Dies fängt bei der Auswahl des richtigen Charttypen sowie ihrer Skalierung an und endet bei diversen Indikatoren. Im nächsten Kapitel werden wir dann 12 konkrete Trading Setups erarbeiten.

Es liegt in der Natur der Sache, dass ich hier leider nicht auf alle Möglichkeiten eingehen kann. Zumal sowohl beim klassischen Trading (mit Aktien etc.) als auch beim Krypto-Trading einige Möglichkeiten besser funktionieren als andere. Besonders gut beim ganz kurzfristigen Krypto-Trading funktionieren die EMAs (Exponentielle Gleitende Durchschnitte, englisch *exponential moving averages*, darum die Abkürzung EMAs) auf Tagesbasis (EMA20, EMA50, EMA90 und EMA200), die später im Buch noch ein wichtiges Thema sind.

1. Die wichtigsten Charttypen

Grundsätzlich gibt es vier Charttypen, nämlich

1. Linienchart,
2. Balkenchart (oder auch OHLC-Chart für Open, High, Low, Close),

3. Kerzenchart (bekannter als Candlestick-Chart) sowie
4. Point & Figure-Chart.

Mit dem Point & Figure-Chart habe ich persönlich noch nie gearbeitet, ich habe also keinerlei Erfahrungen damit. Bisher ist mir jedoch auch noch kein prominenter Trader bekannt, der Point & Figure-Charts beim Trading mit Kryptowährungen nutzt – und selbst beim klassischen Trading tun das nur sehr wenige. Daher gehe ich auf diesen Charttyp nicht näher ein.

1. Linienchart

Der Linienchart ist der klassische Chart, den die meisten wohl aus dem Mathematikunterricht in der Schule kennen. Hier werden einfach die (Tages-)Schlusskurse abgetragen und anschließend die Punkte miteinander verbunden. Allerdings gibt es bei diesem Chart zwei Schwachpunkte.

So werden klassische Finanzprodukte an der Börse nur von Montag bis Freitag gehandelt, nicht am Wochenende. Bei den Kryptowährungen ist das zwar anders, diese werden bekanntlich 24/7 durchgehandelt. Dafür gibt es hier jedoch das Problem, dass man keinen wirklichen Tagesschlusskurs hat. Denn der ist – je nach Zeitzone – völlig anders.

Bitcoin (BTC) in US-Dollar, 1 Jahr, Linienchart

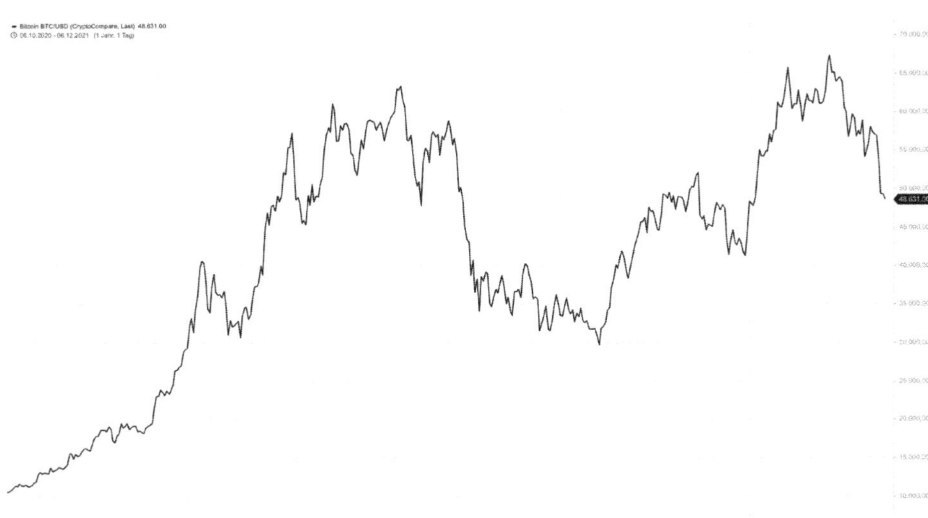

Grafik 16: Bitcoin (BTC) in US-Dollar, 1 Jahr, Linienchart; Quelle: Guidants

2. Balkenchart (OHLC-Chart)

In Unterschied zum Linienchart werden beim Balkenchart oder auch OHLC-Chart nicht bloß einzelne Punkte abgetragen, sondern Balken (senkrechte Striche), die jeweils für ein bestimmtes Zeitintervall stehen, beispielsweise für einen Tag oder eine Woche. An diese Balken werden links und rechts noch kurze waagerechte Striche angeheftet. Das untere Ende des Balkens ist der Tagestiefstkurs, das obere Ende der Tageshöchstkurs.

Der waagerechte Strich links steht für den Eröffnungs- und der rechts für den Schlusskurs. Liegt der Schlusskurs höher als am Vortag, wird der Balken grün, und liegt er darunter, wird er rot gefärbt. Ist der Eröffnungs- gleich dem Schlusskurs, wird der Balken in Schwarz angezeigt. Die Balken werden, anders als beim Linienchart, nicht miteinander verbunden. Denn das ergäbe hier wenig Sinn.

Bitcoin (BTC) in US-Dollar, 1 Jahr, Balken- oder OHLC-Chart

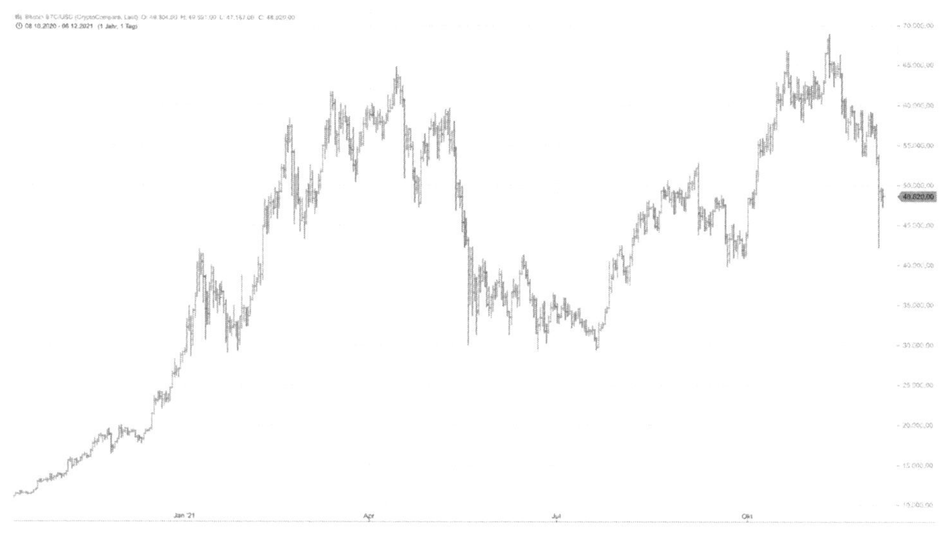

Grafik 17: Bitcoin (BTC) in US-Dollar, 1 Jahr, Balken- oder OHLC-Chart; Quelle: Guidants

3. Kerzenchart (Candlestick-Chart)

Ein Kerzenchart oder Candlestick-Chart ist letztlich eine Weiterentwicklung des Balkencharts. Diese Chartform wurde von dem japanischen Reishändler Munehisa Homma bereits im 18. Jahrhundert entwickelt.

Er nutzte sie, um anhand seiner langjährigen Aufzeichnungen der Preise an der japanischen Reisbörse die bisherige Preisentwicklung von Reis zu analysieren sowie die weitere Preisentwicklung zu prognostizieren. Wie aber sind die einzelnen Candlesticks, aus denen ein solcher Chart besteht, konkret aufgebaut?

Nun, jeder Candlestick steht für ein bestimmtes Zeitintervall, auch hier zum Beispiel für einen Tag oder eine Woche. Die Spanne zwischen Eröffnungs- und Schlusskurs wird als kleines Rechteck (»Kerzenkörper«) dargestellt. Dieser Körper ist weiß (oder grün), wenn der Schlusskurs über dem Eröffnungskurs lag respektive schwarz (oder rot), wenn der Schlusskurs unter dem Eröffnungskurs lag.

Über dem Kerzenkörper befindet sich ein Strich bis zum Hoch des gewählten Zeitintervalls (»Docht«). Zudem wird noch vom unteren Rand des Kerzenkörpers bis zum Tief des besagten Intervalls ein solcher Strich gezeichnet (»Lunte«).

Bitcoin (BTC) in US-Dollar, 1 Jahr, Kerzenchart (Candlesticks)

Grafik 18: Bitcoin (BTC) in US-Dollar, 1 Jahr, Kerzenchart (Candlesticks); Quelle: Guidants

Was ist aber nun die Besonderheit der Kerzencharts? Nun, ganz einfach: Es gibt bestimmte Muster, die Kauf- oder Verkaufssignale darstellen können. Auf alle diese Muster kann ich an dieser Stelle leider nicht eingehen, denn das wäre genug Stoff für ein eigenes Buch (es gibt auch einige Bücher zum Thema Candlesticks). Aber die wichtigsten Muster möchte ich Ihnen doch kurz vorstellen. Diese sind:

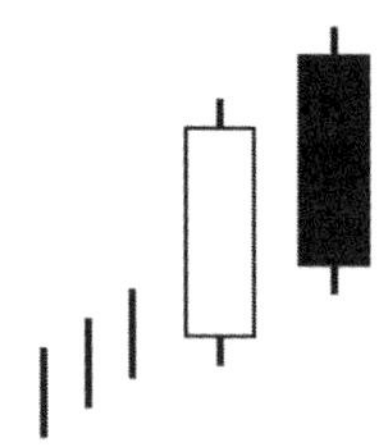

Grafik 19: Dark Cloud Cover

Dark Cloud Cover: Ein (bearishes) Dark Cloud Cover kann eine Trendumkehr in einem etablierten Aufwärtstrend einleiten. Auf eine lange weiße/grüne Kerze folgt hier zunächst eine Aufwärtslücke (»Up-Gap«). Am zweiten Tag fehlen dann jedoch die Anschlusskäufer, so dass die Bären mit einer langen schwarzen/roten Kerze mindestens die Hälfte des Vortagesgewinns wieder ausradieren können. Damit liegt der Schlusskurs dann unterhalb der Mitte des Kerzenkörpers, womit sich eine dunkle Wolke über den Aufwärtstrend legt. Daher rührt auch der Name des Kursmusters, Dark Cloud Cover.

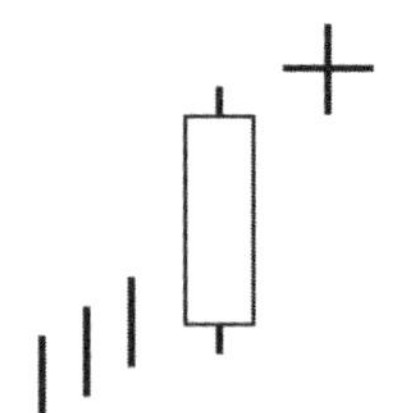

Grafik 20: Doji Star

Doji Star (bearish/bullish): Ein Doji Star (bearish) kann eine Trendumkehr in einem etablierten Aufwärtstrend vorhersagen, ein Doji Star (bullish) entsprechend eine solche in einem etablierten Abwärtstrend.

Im bearishen Fall folgt auf eine lange weiße/grüne Kerze ein Up-Gap mit einem völlig unentschiedenen Marktverlauf. Ein Up-Gap ist ein »Kurssprung« nach oben, bei dem sich eine Lücke zu den vorher gestellten Kursen auftut. Der Doji sollte also keine langen Schatten haben. Zudem sollte der untere Schatten des Doji auch nicht in den Kerzenkörper des Vortags hineinragen. Eine Bestätigung der Formation am Folgetag muss dabei unbedingt abgewartet werden.

Im bullishen Fall folgt dagegen auf eine lange schwarze/rote Kerze ein Down-Gap mit einem völlig unentschiedenen Marktverlauf, sprich ein Kurssprung nach unten. Auch hier sollte der Doji keine besonders langen Schatten mitbringen sowie der obere Schatten des Doji nicht in den Kerzenkörper des Vortags hineinragen. Natürlich ist auch hier eine Bestätigung der Formation am Folgetag unbedingt abzuwarten.

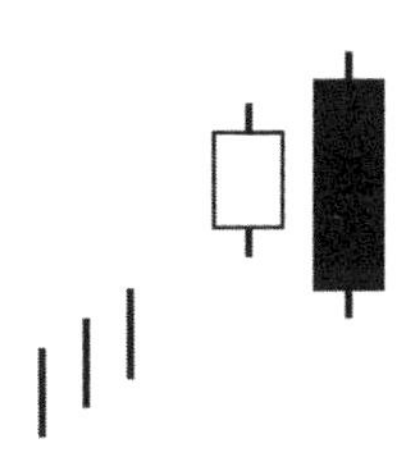

Grafik 21: Bearish Engulfing

Bearish/Bullish Engulfing: Oftmals werden Aufwärtstrends mit einem Bearish Engulfing und Abwärtstrends mit einem Bullish Engulfing beendet.

Beim Bearish Engulfing folgt auf eine weiße (grüne) Kerze ein möglichst großes Up-Gap. Im Verlauf des Handelstages melden sich dann jedoch die Bären zu Wort und es kommt zu so massiven Kursverlusten, dass der Schlusskurs des zweiten Handelstages noch unter dem Eröffnungskurs des vorherigen Handelstages liegt. Die zweite, schwarze (rote) Kerze muss also die weiße (grüne) Kerze sowohl unten als auch oben überragen. Die Schatten sind dabei egal.

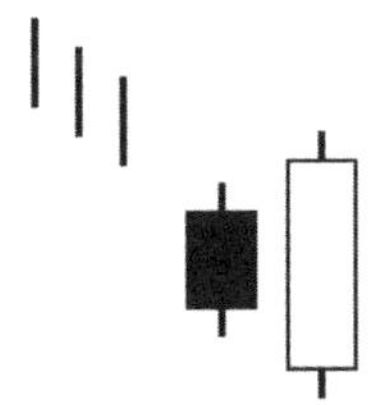

Grafik 22: Bullish Engulfing

Beim Bullish Engulfing sieht es natürlich wieder genau andersherum aus. Auf eine schwarze (rote) Kerze folgt zwar am nächsten Tag zunächst eine sehr schwache Eröffnung, dann ein ausgeprägtes Down-Gap. Im Handelsverlauf übernehmen dann jedoch die Bullen das Kommando. So kommt es zum Handelsende zu einem Schlusskurs, der über der Eröffnung des Vortages liegt. Die zweite weiße (grüne) Kerze muss dabei die schwarze (rote) Kerze des Vortages sowohl oben als auch unten überragen. Auch hier sind die Schatten dann egal.

Hinter den Engulfings verbirgt sich dabei ein psychologisches Muster. So wirkt zunächst der Trend intakt (»The trend is your friend!«)

und die Bären (bei einem Abwärtstrend) respektive die Bullen (bei einem Aufwärtstrend) scheinen fest im Sattel zu sitzen. Daher springen auch zunächst neue Bären/Bullen auf den Trend auf.

Diese frischen Bären/Bullen werden jedoch zügig ausgestoppt und die Gegenseite übernimmt die Kontrolle. Darum sollte am dritten Handelstag auch unbedingt der Trend des zweiten Tages fortgesetzt werden.

Hammer/Inverted Hammer: Der Hammer tritt in etablierten Abwärtstrends auf, der Inverted Hammer (übersetzt: der umgedrehte Hammer) folglich in etablierten Aufwärtstrends. Die Formation deutet dabei auf ein bevorstehendes Ende des entsprechenden Trends hin.

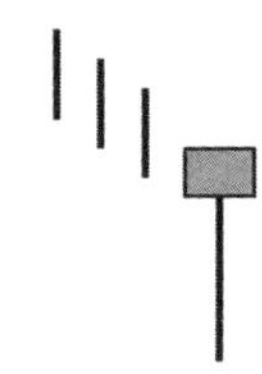

Grafik 23: Hammer

Beim Hammer startet der Handelstag zunächst schwach, durchaus mit einem größeren Down-Gap. Im Verlauf des Handelstages übernehmen dann jedoch die Bullen das Ruder. Sie treiben den Kurs dann sogar über den Schlusskurs des Vortages, wodurch das Gap geschlossen wird. Ob am Ende eine weiße (grüne) oder schwarze (rote) Kerze stehen bleibt, ist letztlich egal.

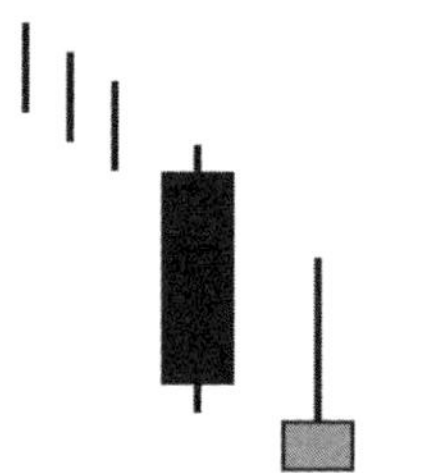

Grafik 24: Inverted Hammer

Wichtig ist nur, dass sich die so eingeleitete Trendwende am nächsten Handelstag weiter fortsetzen kann. Der Hammer allein hat daher auch noch keine so gute Prognosequalität. Kommt es aber am folgenden Handelstag zu weiteren Kursgewinnen, sieht es sehr gut aus. Optimal ist, wenn das alles auch noch mit hohen beziehungsweise steigenden Handelsvolumina einhergeht.

Beim Inverted Hammer sieht es, wieder einmal, genau andersherum aus. Hier folgt auf eine schwarze (rote) Kerze ein Down-Gap, wobei der Kurs im Verlauf des Handelstages oben in den schwarzen Kerzenkörper des Vortages hineinläuft. Letztlich aber können die Bullen den Boden nicht verteidigen. Die zweite Kerze kann dann sowohl schwarz (rot) als auch weiß (grün) sein. Wichtig ist vielmehr, dass die Kerze am dritten Handelstag die des zweiten Handelstages bestätigt.

Auch zum Hammer/Inverted Hammer gibt es eine psychologische Interpretation: So wird der Tag mit großem Pessimismus/Optimismus gestartet und das große Down-/Up-Gap scheint dies zunächst auch zu bestätigen. Dann aber übernehmen die Bullen/Bären die Kontrolle und die Tagesverluste/Tagesgewinne werden bei möglichst hohen Handelsvolumina eliminiert. Somit bekommen die Bären/Bullen Panik. Diese Panik muss sich jedoch auch über Nacht halten. Daher ist die Bestätigung am dritten Handelstag so wichtig.

Hanging Man: Der »Hanging Man«, der »hängende Mann«, tritt in einem etablierten Aufwärtstrend auf. Dabei startet man zunächst mit einem größeren Up-Gap in den Handelstag, ehe es im Handelsverlauf dann zu einem relativ starken Kursrücksetzer kommt. Dieser führt den Kurs sogar unter den Schlusskurs des Vortages. Zum Ende des Handelstages zeigen sich dann aber nochmal die Bullen. So kann die Kerze letztlich auch schwarz (rot) oder weiß (grün) sein, das spielt keine Rolle.

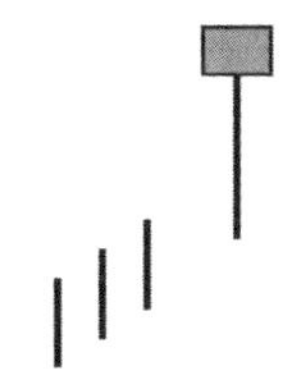

Grafik 25: Hanging Man

Allerdings fehlt den Bullen am folgenden Handelstag dann die Kraft für weitere Zugewinne. Der »Hanging Man« alleine ist leider noch recht wenig aussagekräftig. Kommt es jedoch am dritten Handelstag erneut zu Kursschwäche, und damit zu einer schwarzen (roten) Kerze, sieht das anders aus. Daher sollte man diese Bestätigung auch hier stets abwarten.

Wie eingangs bereits erwähnt, gibt es noch viele weitere solcher Kursmuster, die auch Pattern genannt werden. Aber das waren schon mal die wichtigsten.

2. Linear oder logarithmisch? – Eine Frage der Skalierung

Damit könnte ich das Kapitel Charttypen eigentlich abschließen. Aber zum Schluss möchte ich noch einen Streitpunkt diskutieren, den es in Sachen Charttypen und Chartanalyse immer gibt, nämlich den der Skalierung. Ursprünglich gab es quasi nur die lineare Skalierung, wo der Abstand zwischen zwei gleich großen (Währungs-)Einheiten immer gleich groß angezeigt wird. Zwischenzeitlich setzen jedoch immer mehr Trader auf eine sogenannte logarithmische Skalierung.

Konkret geht es dabei darum zu berücksichtigen, dass ein Kursanstieg von 4,00 Euro auf 8,00 Euro genauso eine Kursverdopplung (+100 Prozent) darstellt, wie eine solche von 8,00 Euro auf 16,00 Euro oder eben von 16,00 Euro auf 32,00 Euro. Daher erscheint eine logarithmische Skalierung zunächst einmal sehr sinnvoll. Nur ...

Große Kursbewegungen, ob nun aufwärts oder abwärts, spielen sich zu 99,9 Prozent nicht in kurzer Zeit, also binnen weniger Tage, ab. Zwar ist der Bitcoin von unter 0,01 US-Dollar im Jahr 2009 auf rund 50 000 US-Dollar im Jahr 2021 explodiert, aber das dauerte eben mehr als zwölf Jahre. Daher habe ich zur Skalierung auch eine sehr klare Meinung.

Wenn man sich nämlich, was Trader ja in der Regel tun, eher das kurzfristige Chartbild anschaut, also maximal die Kursentwicklung der letzten zwölf bis 24 Monate, ist der Unterschied zwischen linearer und logarithmischer Skalierung nahezu nicht existent. Daher kann man dann durchaus den einfacheren Chart mit linearer Skalierung verwenden.

Schaut man sich dagegen das sogenannte »Big Picture«, also die Kursentwicklung der vergangenen zehn Jahre, an, ergibt eine logarithmische Skalierung einen Sinn. Was Kryptowährungen wie den Bitcoin angeht, braucht man somit meistens keine logarithmische Skalierung, zumal es viele Kryptowährungen ja noch gar nicht so lange gibt.

Aber wenn Sie sich den 100-Jahres-Chart der Aktie von International Business Machines (IBM) oder den 40-Jahres-Chart der Aktie von Microsoft vornehmen, würde ich schon zu einer logarithmischen Skalierung raten. Wichtig zu wissen ist dabei, dass bei einer logarithmischen Skalierung aus einem exponentiellen Kursanstieg ein linearer Kursanstieg in Form einer Diagonalen wird, die von links unten nach rechts oben verläuft.

Bitcoin (BTC) in US-Dollar, 1 Jahr, Kerzenchart (Candlesticks) in logarithmischer Skalierung

Grafik 26: Bitcoin (BTC) in US-Dollar, 1 Jahr, Kerzenchart (Candlesticks) in logarithmischer Skalierung; Quelle: Guidants

3. Die wichtigsten Indikatoren

1. Ichimoku Kinko Hyu (Wolkencharts) und Rainbowcharts

Viele haben im Abschnitt über die verschiedenen Charttypen vielleicht die Wolkencharts sowie die Rainbowcharts vermisst. Aber dabei handelt es sich gar nicht um eigene Charttypen. Vielmehr ist der Ichimoku Kinko Hyu ein sogenannter Trendfolge-Indikator.

Beim Rainbowchart werden hingegen zahlreiche EMAs (auf Tagesbasis) eingezeichnet, konkret der EMA9, der EMA12, der EMA15, der EMA18, der EMA21, der EMA24, der EMA27, der EMA30, der EMA35, der EMA40, der EMA45, der EMA50, der EMA55, der EMA60, der EMA65, der EMA70, der EMA75, der EMA80, der EMA85, der EMA90 sowie der EMA100.

Die Abkürzung EMA steht dabei für Exponentiell Gleitende Durchschnitte (Exponential Moving Averages). Das heißt: Zum Chart hinzugefügt werden die Durchschnittskurse der zurückliegenden Zeitintervalle von vergangen neun, zwölf, 15, 18, 21, 24, 27, 30, 35, 40, 45, 50, 55, 60, 65, 70, 75, 80, 85, 90 sowie 100 Tagen, wobei die jeweils letzten Daten jeweils mehr Gewicht bekommen als diejenigen, die weiter zurückliegen.

1.1 Ichimoku Kinko Hyu

Beim Ichimoku Kinko Hyu, kurz einfach Ichimoku genannt, handelt es sich um eine Methode der (chart)technischen Analyse. Sie basiert auf Candlesticks und versucht, die Zielgenauigkeit der Prognosen von Kursbewegungen zu verbessern.

Ins Deutsche übersetzt bedeutet Ichimoku Kinko Hyu so viel wie »Gleichgewichtsdiagramm auf einen Blick«. Erstmals publiziert wurde diese Art der Analyse im Jahr 1968 von dem japanischen Journalisten Goichi Hosoda. Vorausgegangen waren 30 Jahre Entwicklungsarbeit von Hosoda gemeinsam mit Studenten. Heute ist dieser Indikator nicht nur in Japan, sondern auch in der restlichen Welt sehr populär.

Eine Besonderheit des Ichimoku-Indikators besteht darin, dass der Samstag zu der Zeit, als er entwickelt wurde, noch ein regulärer Handelstag war. Somit bestand seinerzeit eine Handelswoche noch aus sechs – anstatt wie heute – aus fünf Handelstagen. Dementsprechend argumentieren viele Anwender, dass die ursprünglichen Indikatoreneinstellungen aktualisiert werden müssten – und die Periodendauer somit auf 7, 22 und 44 geändert gehöre.

Grundsätzlich besteht der Ichimoku nicht bloß aus einer Linie wie viele andere Indikatoren. Vielmehr gibt es hier fünf unterschiedliche Indikatorlinien, die da wären:

Tenkan-Sen: (höchstes Hoch der vergangenen neun Tage + tiefstes Tief der vergangenen neun Tage) dividiert durch zwei. Dieser erste Parameter dient als Signallinie sowie als kleine Unterstützungs- respektive Widerstandslinie.

Kijun-Sen: (höchstes Hoch der vergangenen 26 Tage + tiefstes Tief der vergangenen 26 Tage) dividiert durch zwei. Dieser zweite Parameter ist eine Bestätigungslinie, eine Unterstützungs- beziehungsweise Widerstandslinie. Sie kann zudem als Trailing Stop verwendet werden, also als Kurssignal, das den Verkauf einer Position automatisch auslöst, das aber bei steigenden Kursen jeweils im gleichen Abstand nach oben nachgezogen wird.

Senkō span A: (Tenkan-Sen + Kijun-Sen) dividiert durch zwei und dann aufgetragen 26 Tage im Voraus. Diese Vorlaufstrecke 1 bildet eine Kante des Kumo beziehungsweise der Wolke.

Senkō span B: (höchstes Hoch + tiefstes Tief) dividiert durch zwei und berechnet über die letzten 52 Tage sowie gezeichnet 26 Tage im Voraus. Diese Vorlaufstrecke 2 bildet die andere Kante des Kumo.

Kumo (zu Deutsch: Wolke): Dies ist der Raum zwischen Senkō span A und Senkō span B. Die Kanten der Wolke identifizieren dabei aktuelle und potenzielle zukünftige Unterstützungs- und Widerstandspunkte.

Chikō span: Die Schlusskurse 26 Tage verzögert im Chart aufgetragen. Der Chikō span wird auch als rückständige span bezeichnet und dient zur Unterstützung, um Supports und Widerstände im Chart zu ermitteln.

Als klassisches Trendfolgesystem besteht die Strategie darin, nur die Signale zu handeln, die sich in Richtung des übergeordneten Trends bewegen. Dabei ist besonders, dass neben der Trendrichtung auch die Trendstärke angezeigt wird. Ein starkes Kaufsignal liegt somit beispielsweise nur dann vor, wenn es zur Kreuzung von Kijun-Sen und Tenkan-Sen oberhalb der Kumo (Wolke) kommt. Für ein starkes Verkaufssignal gilt das Gleiche, nur eben umgekehrt.

Bitcoin (BTC) in US-Dollar, 1 Jahr,
Wolkenchart (Ichimoku Kinko Hyu)

Grafik 27: Bitcoin (BTC) in US-Dollar, 1 Jahr, Wolkenchart (Ichimoku Kinko Hyu); Quelle: Guidants

1.2 Rainbowchart

Wenig schreiben muss ich zum Rainbowchart. Wie bereits erwähnt, werden hier einfach zahlreiche EMAs in unterschiedlichen Farben abgetragen, wodurch der Eindruck eines Regenbogens (Rainbow) entsteht. Befindet sich der Kurs des Underlyings nun oberhalb des Regenbogens, deutet dies auf eine enorme (relative) Stärke hin. Ein starkes Kaufsignal also.

Liegt der Kurs des Underlyings dagegen im Regenbogen, ist die Einschätzung neutral. Natürlich gibt es dabei Unschärfen. Denn wenn der Kurs weitestgehend oberhalb des Regenbogens liegt und nur leicht hineinragt, ist das immer noch eine recht starke Vorstellung. Liegt der Kurs dagegen nur noch knapp im Regenbogen und droht er, nach unten herauszufallen, zeichnet sich eine (relative) Schwäche ab.

Last but not least: Liegt der Kurs des Underlyings komplett unterhalb des Regenbogens und somit unterhalb aller EMAs, ist das ein klares Schwächesignal. Dann sollte man in den Basiswert nicht investiert sein respektive bestehende Positionen reduzieren/verkaufen.

Bitcoin (BTC) in US-Dollar, 1 Jahr, Rainbowchart

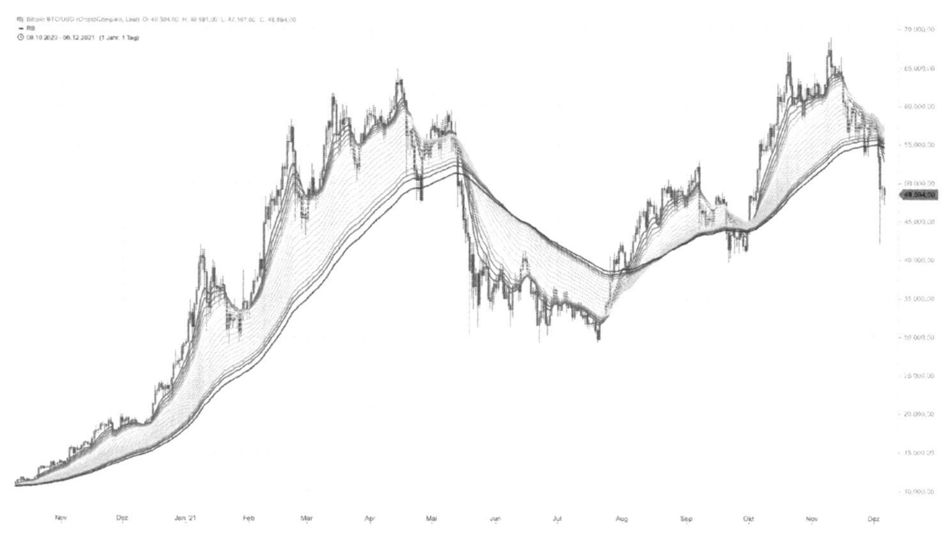

Grafik 28: Bitcoin (BTC) in US-Dollar, 1 Jahr, Rainbowchart; Quelle: Guidants

Apropos EMAs. Wie wir später noch sehen werden (siehe Seite 114), orientieren sich Kryptowährungen kurzfristig gerne am EMA20/EMA50, mittelfristig am EMA50/EMA90 sowie langfristig am EMA200 (jeweils auf Tagesbasis), wie sie auch in den Rainbowcharts angezeigt werden.

Gerade was das größere Bild angeht, kann man sich jedoch beispielsweise auch mal den EMA50 auf Wochenbasis ansehen (dazu einfach den Chart vom Tageschart auf den Wochenchart umstellen). Die letzte Korrektur des Bitcoin lief beispielsweise nahezu punktgenau bis zum EMA50 (Woche).

2. Bollinger-Bänder

Die Bollinger-Bänder (englisch: *bollinger bands*) sind ein in den 1980er-Jahren von John Bollinger entwickeltes Verfahren zur charttechnischen Analyse. Basierend auf der Gaußschen Normalverteilung (nach Carl Friedrich Gauß; dem deutschen Gelehrten, der auf dem 10-DM-Schein abgebildet war) wird davon ausgegangen, dass die aktuellen Kurse eines Underlyings mit höherer Wahrscheinlichkeit in der Nähe des Mittelwertes vergangener Kurse liegen als weiter davon entfernt.

Konkret werden zur Ermittlung von Trends drei Werte herangezogen. Nämlich zuerst – mit Hilfe der Methode des gleitenden Mittelwerts – der Durchschnittskurs der vergangenen 20 Tage (SMA20). Anschließend wird dann der aktuelle Kurs durch zwei weitere, aus der empirischen Standardabweichung berechnete, Linien (»Bänder«) quasi eingekesselt.

Die so errechnete Standardabweichung wird mit einem vorher bestimmten Faktor – John Bollinger selbst empfiehlt den Faktor zwei – multipliziert, sowie anschließend dieser Wert zu dem zuvor berechneten Durchschnitt addiert respektive von diesem subtrahiert.

Bollinger-Bänder zum Zeitpunkt t bestehen somit aus:

- einem mittleren Band, das aus dem arithmetisch gleitenden Durchschnitt (Simple Moving Average, SMA) aus den Schlusskursen der vergangenen n Tage berechnet wird.
- einem oberen Band (Entry Band), das errechnet wird, indem die Standardabweichung der Schlusskurse mit einem Faktor k multipliziert und das Ergebnis hieraus zum Mittelwert addiert werden.

- einem unteren Band (Exit Band), das errechnet wird, wie das obere Band, nur dass das Ergebnis der Multiplikation der Standardabweichung mit dem Faktor k eben vom Mittelwert subtrahiert wird.

Häufig werden für die Berechnungen des Mittelwertes sowie für die Standardabweichungen die gleichen Zeithorizonte verwendet, was aber nicht zwingend notwendig ist. Der Zeithorizont n wird dabei meistens auf 20 Tage festgelegt, für den Faktor k nimmt man nach der Empfehlung von John Bollinger die zwei.

Durch den Faktor k in Verbindung mit der Standardabweichung wird so die Breite der Lücke zwischen oberem und unterem Bollinger-Band festgelegt. Da die Kurse des nächsten Zeitabschnitts (meistens des nächsten Tages) zufällig und normalverteilt sind, findet man den Kurs mit einer Wahrscheinlichkeit abhängig von k innerhalb der Bandlücke zwischen dem oberen und dem unteren Bollinger-Band. Diese Wahrscheinlichkeiten liegen für $k = 1$ bei 68,3 Prozent, für $k = 2$ bei 95,4 Prozent sowie für $k = 3$ bei 99,7 Prozent.

Was aber sagen diese Bollinger-Bänder aus? Nun, wenn ein Kurs nahe dem oberen Bollinger-Band notiert, wird eine kurzfristige Bewegung in Richtung des unteren Bollinger-Bandes erwartet, und damit fallende Kurse. Genau andersherum sieht es aus, wenn ein Kurs nahe dem unteren Bollinger-Band notiert.

Bildet sich dagegen an einem der beiden Bollinger-Bänder ein Plateau und wiederholt sich dieses, ist eine generelle Trendwende zu erwarten. Eine Verengung der Bollinger-Bänder deutet hingegen auf eine bevorstehende starke Kursbewegung hin, deren Richtung jedoch offenbleibt. Allerdings kann man dann auf eine erhöhte Volatilität wetten. Bricht der Kurs des Underlyings aus dem Kanal aus, ist dagegen mit einer Fortsetzung des bisherigen Trends zu rechnen.

Laut John Bollinger selbst geben die von ihm entwickelten Bollinger-Bänder nur Aufschluss darüber, ob ein Underlying zurzeit relativ günstig oder relativ teuer ist. Um konkrete Trading-Signale zu erhalten, sind dagegen weitere von ihm entwickelte Parameter wie die Bandbreite (Bandwidth) notwendig. Laut John Bollinger werden seine Bollinger-Bänder daher zumeist falsch interpretiert.

John Bollinger wurde am 27. Mai 1950 geboren. Er ist inzwischen in seinen 70ern und nach wie vor im Trading aktiv. Das ist insofern interessant, da man ihm somit noch Fragen stellen kann, die er in der auch Regel auch bereitwillig beantwortet.

3. Fibonacci-Retracements und -Extensions

Fibonacci-Retracements (Grafik 29, Seite 111) bezeichnen in der (chart) technischen Analyse Kurskorrekturen von Underlyings an bestimmte Unterstützungs- oder auch Widerstandslinien. Benannt sind sie nach der bekannten Fibonacci-Folge (0, 1, 1, 2, 3, 5, 8, 13, 21, 34, 55, 89, 144 usw. – konkret ergibt sich die nächste Zahl der Folge durch Addition der beiden vorherigen). Diese wiederum geht zurück auf den italienischen Mathematiker Leonardo da Pisa, genannt Fibonacci, der als einer der bedeutendsten Mathematiker des Mittelalters gilt.

Fibonacci machte sich seinerzeit auf seinen Reisen nach Afrika, Byzanz und Syrien mit der arabischen Mathematik vertraut und verfasste mit den dabei gewonnen Erkenntnissen im Jahr 1202 das Rechenbuch *Liber ab(b)aci*. Darin stellte er die bis heute bekannte und nach ihm benannte Fibonacci-Folge vor, auf der auch der sogenannte Goldene Schnitt basiert.

Mit Hilfe der Fibonacci-Folge lässt sich die irrationale Zahl Phi ermitteln, auf deren Grundlage die Fibonacci-Retracements und -Extensions berechnet werden, die beim Trading eine wichtige Rolle spielen. Konkret sind das Kursschwellen, die sich in Zukunft mit einer gewissen Wahrscheinlichkeit als neue Unterstützungs- oder Widerstandslinien herausbilden werden.

Konkret erfolgt die Berechnung von Phi durch Division einer Zahl der Fibonacci-Folge mit ihrem direkten Vorgänger, also beispielsweise 144 geteilt durch 89 oder 55 geteilt durch 34. Macht man es genau umgekehrt, teilt man also eine Zahl der Fibonacci-Folge durch ihren direkten Nachfolger (34 geteilt durch 55 oder 89 geteilt durch 144), erhält man reziprok 0,618, den Kehrwert von Phi, den ich als Phi* bezeichnen möchte.

Mit Phi = 1,618 sowie Phi* = 0,618 haben wir somit schon die ersten beiden Ratios (Zahlenverhältnisse) für ein Fibonacci-Retracement beziehungsweise eine Fibonacci-Extension. Prozentual geschrieben sind es 61,8 Prozent respektive 161,8 Prozent. Auf die gleiche Weise, wie wir zuvor Phi und Phi* ermittelt haben, können wir nun auch weitere Extensions und Retracements ermitteln.

So können wir beispielsweise eine Zahl der Fibonacci-Folge auch durch ihren Nach-Nachfolger oder ihren Vor-Vorgänger dividieren. Beispielsweise 89 geteilt durch 34 respektive, reziprok, 34 geteilt durch 89. So erhält man 2,618 beziehungsweise 261,8 Prozent respektive 0,382 beziehungsweise 38,2 Prozent

Wenn man diese Art von Rechnungen mit anderen Zahlen aus der Fibonacci-Folge durchführt, wird auffallen, dass die Ratios umso genauer werden, je höher die beiden Zahlen gegen unendlich laufen.

Darüber hinaus gibt es noch weitere interessante mathematische Beziehungen zwischen den Ratios. So lässt sich 0,382 auch als 1 – 0,618 oder auch als 0,618 x 0,618 berechnen. Die Fibonacci-Folge beziehungsweise die Fibonacci-Zahlen sind also eine sehr nette »Spielerei« für mathematisch interessierte Menschen.

Für die charttechnische Analyse relevant sind jedoch nur das 23,6-Prozent-, das 38,2-Prozent-, das 50-Prozent-, das 61,8-Prozent-, das 78,6-Prozent- und das 100-Prozent-Fibonacci-Retracement sowie die 127,2-Prozent-, die 161,8-Prozent-, die 200-Prozent-, die 261,8-Prozent- und die 423,6-Prozent-Fibonacci-Extension. Das 78,6-Prozent-Retracement und die 127,2-Prozent-Extension werden in der einschlägigen Literatur oftmals stiefmütterlich behandelt. Denn sie spielen – anders als die anderen genannten Retracements und Extensions – keine Rolle in der übergeordneten Elliott-Wellen-Theorie, die im Trading gern verwendet wird und auf den Fibonacci-Zahlen aufbaut.

Zwar kennen wir nun die Fibonacci-Retracements und -Extensions, aber was können wir damit anfangen? Nun, wir tragen zunächst im Chart das 100-Prozent-Retracement ab. Bei einer Aufwärtsbewegung setzen wir am Tiefpunkt an und ziehen es zum Hochpunkt, bei einer Abwärtsbewegung umgekehrt. Im Folgenden beziehe ich mich nur auf eine Aufwärtsbewegung, die Analogie bei einer Abwärtsbewegung sollte klar sein.

Wenn der Kurs eines Underlyings von 10 Euro auf 20 Euro steigt, ist das 100-Prozent-Retracement die Differenz zwischen 20 und 10 Euro und damit 10 Euro. Eine 38,2-Prozent-Korrektur dieser Aufwärtsbewegung würde den Kurs des Underlyings nun von 20 Euro um 3,82 Euro zurückführen, also auf 16,18 Euro. Eine 50-Prozent-Korrektur würde den Kurs des Underlyings somit auf 15 Euro sowie eine 61,8-Prozent-Korrektur den Kurs des Underlyings auf 13,82 Euro zurückführen.

Eine Ideal-Korrektur führt den Kurs des Underlyings um 38,2 Prozent zurück. Elliott-Wellen-Theoretiker lehren, dass eine Korrektur um 61,8 Prozent die kritische Zone ist, welche signalisiert, ob ein aktueller Swing nur ein Counter-Trend-Swing oder ein Swing in eine neue Trendrichtung ist.

4. Moving Average Convergence/Divergence (MACD)

Der Moving Average Convergence/Divergence-Indikator (Grafik 29, Seite 111) wird mit MACD abgekürzt. Viele sprechen ihn wie die Kurzform von McDonald's, McD, aus, was aber natürlich völlig falsch ist. Denn mit Fastfood hat dieser Indikator nichts zu tun.

Der Moving Average Convergence/Divergence-Indikator ist, auf Deutsch gesagt, ein Indikator für das Zusammen- beziehungsweise Auseinanderlaufen der gleitenden Durchschnitte. Es handelt sich um einen weiteren trendfolgenden (chart)technischen Indikator. Er wurde 1979 von Gerald Appel erstmals vorgestellt und kommt aufgrund seiner Vielseitigkeit gerne zum Einsatz. Der MACD selbst errechnet sich dabei aus der Differenz zweier exponentiell gleitender Durchschnitte. Um Trading-Signale zu erhalten, wird er meistens in Verbindung mit einer Signallinie eingesetzt.

Basis für die Berechnung des MACD sind zwei unterschiedliche exponentiell gewichtete gleitende Durchschnitte (EMAs). Von den Werten des kürzeren Durchschnitts (Fast) werden die des längeren (Slow) subtrahiert und das Ergebnis ist der MACD. Als Startwert für den ersten EMA nimmt man den zugehörigen ersten Schlusskurs.

Gerald Appel selbst nutzte als Standardeinstellung für den kürzeren gleitenden Durchschnitt (Fast) 12 Tage, für den längeren gleitenden Durchschnitt (Slow) 26 Tage sowie für den gleitenden Durchschnitt der Signallinie im Wochenchart 9 Tage. Diese Standardwerte passten seiner Beobachtung nach sehr gut zu den Marktzyklen. Bis er zu diesen Standardwerten kam, hatte er jedoch ein wenig herumexperimentiert.

Wie aber ist der MACD zu interpretieren? Nun, ein positiver Wert des MACD zeigt einen Aufwärtstrend, ein negativer Wert dementsprechend einen Abwärtstrend an.

Der Abstand des MACD von der Null-Linie zeigt dabei die Stärke des vorherrschenden Trends an. Somit gilt, dass sich bei einer Vergrößerung des Abstands der vorherrschende Trend verstärkt, beziehungsweise dass sich bei einer Verkleinerung des Abstands der vorherrschende Trend abschwächt.

Ein Kaufsignal generiert der MACD, wenn er die Signallinie von unten nach oben kreuzt. Im umgekehrten Fall kommt es dagegen logischerweise zu einem Verkaufssignal.

Anstatt der Null-Linie lässt sich auch die Signallinie verwenden respektive umgekehrt.

Darüber hinaus lassen sich mit Hilfe des MACDs sogenannte Divergenzen feststellen. Wenn neue Hochpunkte respektive Tiefpunkte in der Kursentwicklung des Underlyings nicht durch entsprechende Hoch- beziehungsweise Tiefpunkte im MACD bestätigt werden, spricht man von einer bearishen respektive bullishen Divergenz. Eine bearishe Divergenz ist negativ, eine bullishe Divergenz positiv für den weiteren Kursverlauf des Underlyings zu bewerten.

Womit ich nun zum letzten wichtigen (chart)technischen Indikator, dem Relative Stärke-Index, kommen kann.

5. Relative Strength-Index (Relative Stärke-Index, kurz: RSI)

Der Relative Strength-Index (zu Deutsch: Relative Stärke-Index, kurz: RSI; Grafik 29, Seite 111) ist ein oszillierender Indikator, der 1978 von Welles Wilder vorgestellt wurde. Er gehört heute zu den am häufigsten verwendeten und somit wichtigsten Indikatoren in der (chart)technischen Analyse. Sein Wert liegt immer zwischen 0 und 100, so dass man ihn auch in Prozent angeben kann. Achtung: Mit dem RSL-Indikator, der Relativen Stärke nach Robert A. Levy, hat der RSI nichts zu tun!

Der RSI ist sozusagen ein Maß für den »Schwung«, den eine bestimmte Kursbewegung hat, und für die Wahrscheinlichkeit, mit der es zu einer baldigen Trendumkehr kommt. In einem bestimmten Betrachtungszeitraum wird dazu das Verhältnis der Aufwärts-Schlusskurse zu den Abwärts-Schlusskursen ermittelt. Dadurch erhält man eine Zahl zwischen 0 und 100, die sich im Zeitverlauf zu einer Kurve verbinden lässt. Sie liefert einen Hinweis darauf, ob im Kursverlauf bestimmte kurz-, mittel- oder langfristige Übertreibungen enthalten sind, ob das Underlying also womöglich aktuell überkauft oder überverkauft ist.

Welles Wilder höchstpersönlich wählte hier einen Zeithorizont von 14 Tagen, möglich sind jedoch auch 7 Tage, 9 Tage oder 25 Tage. Je kürzer man dabei den Betrachtungszeitraum wählt, desto volatiler wird die Entwicklung des RSI. Im Gegenzug liefert die Wahl eines längeren Zeitraumes hingegen weniger Signale.

Zur Berechnung des RSI wird zunächst die Summe aller positiven sowie die Summe aller negativen Kursänderungen berechnet. Anschließend wird dann der Mittelwert dieser beiden Summen gebildet. Nun teilt man den Mittelwert der positiven Summen durch die Gesamtsumme aus beiden Mittelwerten und erhält im Ergebnis den RSI.

Alternativ zu diesem arithmetischen Mittel kann dabei auch eine exponentielle Glättung genommen werden.

Und wie ist der RSI nun zu verwenden? Nun, Underlyings mit einem RSI (14) von über 70 (Prozent) werden als »überkauft« und Underlyings mit einem RSI (14) von unter 30 (Prozent) als »überverkauft« angesehen. Allerdings sind diese Zahlen nicht in Stein gemeißelt. So kann man in einem starken Bullenmarkt auch erst ab einem RSI (14) von 80 (Prozent) von »überkauft«, in einem starken Bärenmarkt dagegen erst ab einem RSI (14) von 20 (Prozent) von »überverkauft« sprechen.

Underlyings, die als »überkauft« gelten, sollte man tendenziell dann eher geben (verkaufen!) und Underlyings, die als »überverkauft« gelten, tendenziell eher nehmen (kaufen!).

Der RSI ist ein einfach zu verstehender Indikator, weshalb er gerne von neuen Tradern genutzt wird. In bestimmten Marktphasen lässt sich mit ihm sehr profitabel traden, in anderen dagegen überhaupt nicht. Ziemlich unbrauchbar ist er in Phasen extrem hoher Volatilität wie zum Beispiel in einem Crash.

So nutzte ich persönlich den RSI in meinen ersten Jahren und hier insbesondere am Neuen Markt sehr gerne. Als die Spekulationsblase dann platzte und es auch noch zu den Terroranschlägen vom 11. September 2001 (9/11) kam, funktionierte der RSI vorübergehend gar nicht mehr.

Zum Abschluss dieses Kapitels noch der Chart mit den Fibonacci-Levels, dem MACD sowie dem RSI.

Bitcoin (in US-Dollar), 1 Jahr (mit Fibonacci-Level, MACD und RSI)

Grafik 29: Bitcoin (in US-Dollar), 1 Jahr (mit Fibonacci-Level, MACD und RSI); Quelle: Guidants

Nutzen fürs Trading mit Kryptowährungen

Bleibt abschließend noch die Frage, was man fürs Trading mit Kryptowährungen mitnehmen kann. Nun, ich würde grundsätzlich linear skalierte Candlestick-Charts zur Analyse bevorzugen. Nur wer längerfristig investieren und sich daher das »Big Picture« ansehen möchte, kann und sollte zu logarithmisch skalierten Candlestick-Charts greifen.

Ansonsten sollte man immer mehrere Indikatoren betrachten und diese auch abgleichen. So halte ich persönlich den Ichimoku Kinko Hyu für interessant, setze ihn jedoch eher für die charttechnische Analyse von Aktien ein. Für Kryptowährungen bevorzuge ich persönlich eher die Rainbowcharts. Aber das ist Geschmackssache, da muss jeder Trader letztendlich seinen eigenen Stil finden.

So nutze ich auch die Bollinger-Bänder weniger, wohingegen ich mir die Fibonacci-Retracements gerne ansehe. Andere Trader dagegen schwören auf die Bollinger-Bänder. Dank meines Blicks auf die Fibonacci-Retracements, die ja auch zum Teil in der Elliott-Wellen-Theorie eine wichtige Rolle spielen, erklärt sich vielleicht, dass sich die Ergebnisse meiner charttechnischen Analysen oft sehr genau mit den Ergebnissen der Elliott-Waver decken, auch wenn ich kein solcher bin.

Ein Blick auf die recht einfachen (und auch einfach zu verstehenden) Indikatoren MACD und RSI kann zudem nie schaden. Wichtig ist aber, mehrere Indikatoren stets miteinander abzugleichen, denn je mehr dieser Indikatoren zum gleichen Ergebnis kommen, desto wahrscheinlicher geht ein Trade auch auf.

Welcher Indikator zu welcher Zeit am besten funktioniert, muss man jedoch stets selbst herausfinden, wozu natürlich Experimente notwendig sind. So habe ich ja bereits berichtet, dass man am Neuen Markt lange Zeit nahezu blind nach dem RSI handeln konnte, was dann zwischen 2001 und 2004 überhaupt nicht mehr funktionierte.

Es ist ja auch logisch, dass kein Indikator immer funktionieren kann. Denn sonst würden diesen Indikator alle nutzen, so dass er am Ende nicht mehr aussagekräftig wäre.

Mein Arbeitschart des Bitcoin (BTC)

Zum Schluss möchte ich Ihnen, liebe Leserinnen und Leser, noch gerne meinen aktuellen Arbeitschart des Bitcoin (BTC) vorstellen. Ich halte ihn bewusst simpel (KISS-Prinzip: Keep It Simple Stupid), dennoch funktioniert das Trading ganz gut. Was zeigt, dass man das Rad nicht neu erfinden muss, um am Ende erfolgreich beim Trading mit Kryptowährungen zu sein!

Bitcoin (BTC) in US-Dollar, 1 Jahr, mein Arbeitschart

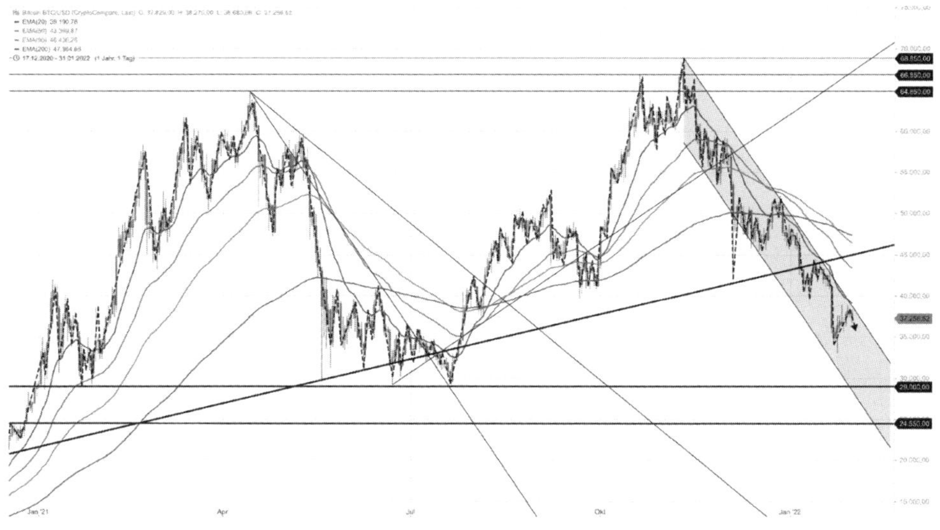

Grafik 30: Bitcoin (BTC) in US-Dollar, 1 Jahr, mein Arbeitschart; Quelle: Guidants

Was ist hier zu sehen? Das Wichtigste ist, dass es eine Topbildung knapp unterhalb von 70 000 US-Dollar gab. Seit diesem Top, dass der Bitcoin im November 2021 erreicht hat, geht es konsequent abwärts. Dabei sind drei Fakten besonders bearish:

1. Der Bitcoin befindet sich in einem (eingezeichneten) Abwärtstrendkanal. Kursrallys gab es zuletzt nur innerhalb dieses intakten Abwärtstrends, so dass sie als Bärenmarktrallys zu klassifizieren waren und sind.

2. Der Bitcoin handelt unter allen vier wichtigen exponentiell gleitenden Durchschnitten (EMAs), nämlich dem für Trader kurzfristig wichtigen EMA20. Aber auch EMA50, EMA90 und der für längerfristige Investoren entscheidende EMA200 wurden klar unterboten. Kursrallys zuletzt schafften es nicht auf nur einen dieser EMAs zurückzuerobern. Vielmehr kam es zu sogenannten Todeskreuzen, die dadurch entstehen, dass sich zwei EMAs bearish kreuzen.

3. Der langfristige Aufwärtstrend des Bitcoin verlief zuletzt um 42 000 US-Dollar. Mit dem Bruch dieser Marke ist den Bären daher ein wichtiges charttechnisches Verkaufssignal gelungen. Das Kursziel daraus liegt bei 33 000 bis 34 000 US-Dollar und wurde bereits erreicht. Anschließend kam es zu einer Kurserholung, die jedoch aus den genannten Gründen leider als Bärenmarktrally zu klassifizieren ist.

Unterhalb von 33 000 US-Dollar sind daher weitere Kursverluste zu erwarten. Eine sehr wichtige charttechnische Unterstützung existiert dabei um 29 000 US-Dollar, den Jahrestiefs 2021. Darunter gibt es weitere charttechnische Supports um 24 000/25 000 US-Dollar sowie später zwischen 18 000 und 20 000 US-Dollar, dem seinerzeitigen Allzeithoch aus dem Jahr 2017. Darunter würden langsam die charttechnischen Lichter ausgehen, was derzeit jedoch unwahrscheinlich ist.

Zum Schluss noch ein sehr wichtiger Hinweis: Alle, und somit auch die vorgestellten Charttypen (Linienchart, Balkenchart, OHLC-Chart), Candlestick-Chart) erfordern einen Tagesschlusskurs. Kryptowährungen werden aber an 365 Tagen im Jahr 24 Stunden lang durchgehandelt, so dass es keinerlei Tagesschlusskurs – wie zum Beispiel bei Aktien – gibt.

Guidants nimmt daher den Kurs um Mitternacht (Punkt 0:00 Uhr) deutscher Zeit als Tagesschlusskurs, der neue (Handels)Tag beginnt eine Sekunde nach Mitternacht. Eine andere Möglichkeit gibt es leider nicht, aber ideal ist dies natürlich nicht. Denn nur weil in Deutschland Mitternacht ist, ist ja nicht in New York City (NYC) oder Sydney auch Mitternacht.

Daher können auch australische, chinesische oder US-amerikanische Charts bei Kryptowährungen ganz anders aussehen als unsere deutschen Charts. Schließlich ist es hier in Deutschland in der Regel 6:00 Uhr morgens, wenn es in New York City (NYC) Mitternacht ist (durch unterschiedliche Termine bei der Zeitumstellung ist es für wenige Wochen im Jahr anders).

V. Investieren in beziehungsweise Trading mit Kryptowährungen

1. Interessante Coins/Token erkennen und Shitcoins vermeiden!

Egal ob Sie langfristig in Kryptowährungen investieren oder nur kurzfristig damit traden wollen, sollten Sie sich genau überlegen, welche Coins/Token Sie kaufen. Denn zwar gibt es inzwischen mehr als 5000 Kryptowährungen (siehe die Liste bei *CoinMarketCap*), aber leider können Sie die meisten davon schon heute vergessen. Lassen Sie sich daher auch keinesfalls von angeblich starken Kursgewinnen bei manchen der sehr kleinen Kryptowährungen täuschen. Denn es nützt Ihnen gar nichts, wenn ein Coin/Token zwar über Nacht 3000 Prozent zulegt, es dabei jedoch nur ein Handelsvolumen von weniger als 2500 US-Dollar gibt.

Hier passt durchaus der Vergleich mit dem Handel von Pennystocks an der Börse. Es mag durchaus einige wenige Pennystocks geben, die über ein ausreichend großes Handelsvolumen verfügen, so dass man sie erfolgreich traden kann (Steinhoff International wäre aktuell ein Beispiel dafür). In der Regel ist das aber nicht der Fall. Wenn Sie daher einen Dienstleister wie *CoinMarketCap* oder *Coin360* (https://coin360.com) nutzen, passen Sie gut auf und achten Sie keineswegs nur auf die Performance, sondern ganz besonders auch auf die Handelsumsätze.

Generell würde ich Neulingen ohnehin dazu raten, anfangs ICOs/ITOs zu meiden und sich auf die Top-100-Coins/Token zu konzentrieren. Ja, es mag den ein oder anderen interessanten Coin/Token auch nach Platz 100 geben. Aber es hat ja seinen guten Grund, warum die großen Coins/Token bereits so groß sind, wie sie eben sind. Dieser Grund ist, dass die Investoren das meiste Geld in diese Coins/Token investieren. Darunter befinden sich, wie auch an der normalen Börse, natürlich viele erfahrene und professionelle Anleger. Zudem gab es bei kleineren Coins wie ReddCoin (RDD) oder Verge (XVG) schon erfolgreiche Angriffe auf die Blockchain, wenngleich sie am Ende abgewehrt werden konnten.

Wenn Sie jetzt erst in diesen sehr dynamischen Markt einsteigen, bietet dies übrigens, wie fast alles im Leben, durchaus Vorteile, aber auch Nachteile. Ein Nachteil ist sicherlich, dass Sie – trotz des Krypto-Crashs des Jahres 2017 – die guten Coins wie Bitcoin (BTC) oder Ether(eum) (ETH) schon wieder vergleichsweise teuer kaufen müssen. So gelang es mir persönlich beispielsweise, den Bitcoin schon im Jahr 2012 zu 24,89 US-Dollar (sowie später noch mal 2013 zu knapp 100 US-Dollar) einzusammeln, so dass aus meiner Sicht zum Zeitpunkt, zu dem ich dieses Buch schreibe, im Juli 2021, der Kurs von knapp 32 000 US-Dollar teuer erscheint. Andererseits glaube ich – und da bin ich wohl absolut nicht alleine – unverändert fest daran, dass der Bitcoin (BTC) sein Allzeithoch noch längst nicht gesehen hat.

Zwar waren, sind und bleiben einige Kryptowährungen – wie Bitcoin (BTC), Litecoin (LTC) oder auch DASH – sehr gute Investments für mich. Ich habe aber leider auch eine Position, nämlich Quark (QRK), die mir größere Kursverluste eingebracht hat. Dies beweist, dass selbst jemand, der sich seit Jahren mit Kryptowährungen beschäftigt, nicht vor einem Fehlgriff (»*Shitcoin*«) gefeit ist. Wenngleich ich diesen Fehlgriff bereits im Jahr 2014 getätigt habe, als ich noch unerfahrener war als heute. Heute würde mir daher ein solcher Fehler wohl nicht mehr passieren. Wobei mich dieser Fehler, so ärgerlich er auch sein mag, keine 500 US-Dollar gekostet hat.

Den nächsten *Bullrun* im Krypto-Markt habe ich übrigens bereits Anfang des Jahres 2020 für Ende des Jahres 2020 angekündigt, wofür es mehrere Gründe gab. So vergleiche ich den Krypto-Hype 2017 gerne mit der *»Dotcom Bubble«*, der Spekulationsblase am Neuen Markt anno 1999. Denn in beiden Fällen ging es um neue Technologien, die einen »Hype« unter Anlegern auslösten. Um den Jahrtausendwechsel war dies die Entschlüsselung des menschlichen Genoms und natürlich das Internet in Form des World Wide Web (WWW), 2017 war es eben die *Distributed-Ledger*-Technologie namens »Blockchain«. Der Zusammenbruch um den Jahrtausendwechsel dauerte rund drei Jahre, wobei viele damalige Highflyer ganz vom Markt verschwanden (Brokat, Commerce One) oder ihre damaligen Höchstkurse bis heute nicht wieder erreichen konnten und wohl auch nie wieder erreichen werden (Intershop Communications). Dies sowie die Tatsache, dass sich der Krypto-Markt gerne in Bitcoin-*Halving*-Zyklen bewegt, ließ mich für Ende 2020 den Beginn eines Bullenmarktes erwarten.

Allerdings kann man beide Märkte, trotz vieler Parallelen, nicht eins zu eins miteinander vergleichen. So hängt die Entwicklung der Aktienkurse bekanntlich sehr stark von der Entwicklung der Wirtschaft ab. Dies war und ist bei den Kryptowährungen in diesem Umfang nicht gegeben. Aber selbst wenn dem so wäre, darf man natürlich bei der damaligen Entwicklung die Terroranschläge auf das World Trade Center (WTC) im Jahr 2001 nicht völlig außer Acht lassen. Diese Anschläge und ihre Folgen dürften seinerzeit die US-Wirtschaft und damit natürlich auch die Entwicklung der Aktienmärkte durchaus belastet haben, es gab hier also einen Sonderfaktor.

Auf der anderen Seite haben wir seit Anfang 2020 mit der Covid-19-Pandemie und der Reaktion von Notenbanken und Politik auf diese ebenfalls einen Sonderfaktor. Zudem habe ich bereits angedeutet, dass es bei den Kryptowährungen gerne zu Bitcoin-*Halving*-Zyklen kommt, die wie folgt ablaufen:

- In den Wochen vor dem anstehenden Bitcoin-*Halving* steigt der Bitcoin (BTC) etwas an, weil durch das *Halving* ja die Inflationsrate halbiert wird.
- In den etwa sechs bis acht Monaten nach dem Bitcoin-*Halving* dagegen fällt der Bitcoin (BTC) etwas, weil die Halbierung der Inflationsrate ja durch die Halbierung der Belohnung für die Miner erreicht wird. Dadurch können einige Miner nicht mehr profitabel arbeiten, was sie ihre *Rigs* (spezielle Computersysteme zum Mining von Bitcoins) abschalten lässt, was wiederum das Bitcoin-Netzwerk schwächt.
- Sobald diese Prozesse abgeschlossen sind, kommt es zu einem zunächst langsamen, dann aber immer schnelleren Anstieg des Bitcoins (BTC).
- Aufgrund der Tatsache, dass der Bitcoin (BTC) die Leit-Kryptowährung ist und viele Altcoins nur gegen Bitcoin (BTC) (sowie bestenfalls noch Ethereum [ETH]) gehandelt werden, zieht der *Bullrun* des Bitcoins (BTC) den ganzen Markt mit nach oben. Es kommt zu einem Krypto-Hype.

Wie also muss der Krypto-Markt aus heutiger Sicht bewertet werden? Nun, auf den Krypto-Hype 2017 (nach dem Bitcoin-*Halving* 2016) folgte der »Krypto-Winter« 2018. In den Jahren 2019 und 2020 kam es dann immer mal wieder zu Ansätzen neuer Kursrallys, die jedoch schnell wieder abverkauft wurden. Erst ab etwa November 2020 startete der nächste Krypto-Hype, der letztlich wohl auch wieder in einem harten »Krypto-Winter« enden wird. Diese »Krypto-Winter« haben jedoch eine sehr wichtige Funktion, denn in diesen Zeiten wird der Markt bereinigt, das heißt: Die »Shitcoins« werden von Anlegern aussortiert.

Für längerfristig denkende Investoren sind die »Krypto-Winter« daher stets die beste Zeit, sich mit guten Coins/Token einzudecken. Für kurzfristig orientierte Trader dagegen eignen sich die Krypto-Hype-Phasen besser. Denn während die langfristig orientierten Investoren sich über günstige beziehungsweise immer günstiger werdende Kurse freuen, benötigen kurzfristig orientierte Trader eine möglichst hohe Volatilität. Diese jedoch ist im Krypto-Hype sowie dem folgenden »Krypto-Winter« stets am höchsten. Allerdings kann man sie im »Krypto-Winter« nur durch entsprechende Shortspekulationen, also Wetten auf fallende Kurse, für sich nutzen.

2. Charttechnik zur Analyse von Kryptowährungen

Anders als bei Aktien gibt es bei Kryptowährungen leider keinen so einfach zu bestimmenden fundamental fairen Wert. Während man sich bei Aktien die Umsatz- und Gewinnentwicklung anschauen, die zukünftige Umsatz- und Gewinnentwicklung abschätzen und darauf basierend einen fairen Wert einer Aktie errechnen kann, geht das bei Kryptowährungen leider nicht so einfach. Hier muss man sich erst einmal darüber klar werden, um was es bei der jeweiligen Kryptowährung überhaupt genau geht und wie die Aussichten für die jeweiligen dahinterstehenden Projekte tatsächlich sind.

Bei den großen Coins/Token ist dabei in der Regel klar, um was es geht. Nicht umsonst habe ich ja in Kapitel III die Top-Ten-Kryptowährungen vorgestellt. Wenn es sich jedoch um kleinere Projekte handelt, muss man erst einmal eruieren, was deren Ziele sind – und dann auch noch die Zukunftsaussichten beurteilen. Genau das möchte ich nun gemeinsam mit Ihnen tun. Insgesamt arbeiten wir dabei nun zwölf *Trading Setups* aus!

Bevor wir aber zu den einzelnen Coins respektive Token und den *Trading Setups* kommen, einige grundlegende Dinge vorab. Folgendes halte ich generell beim Trading, jedoch erst recht beim Krypto-Trading, für absolut essentiell. Zuallererst muss man als Trader wissen, was man dort eigentlich handelt. Zweitens handele ich persönlich immer lieber mit dem übergeordneten Trend im Rücken und nicht gegen diesen. Drittens muss der Coin oder Token eine ausreichend hohe Marktkapitalisierung sowie ein ausreichend hohes Handelsvolumen aufweisen. Konkret bedeutet das eine Marktkapitalisierung von mindestens 100 Millionen US-Dollar sowie ein Handelsvolumen von mindestens 10 Millionen US-Dollar täglich.

Darüber hinaus definieren wir uns, viertens, anhand des Charts einen klaren Einstiegskurs, ein klares Kursziel sowie einen klaren Stoppkurs. Letzteren sollten Trading-Anfänger – wenn möglich – direkt an der entsprechenden Krypto-Börse eingeben. Etwas erfahrenere Trader können auch mit einem sogenannten »mentalen Stoppkurs« arbeiten. Sie müssen nur die Disziplin aufweisen, sich dann auch an diesen Stoppkurs zu halten.

Zu guter Letzt muss dann das Chance-Risiko-Verhältnis (CRV) gut genug sein. Dies bedeutet konkret, dass das ermittelte Kurspotenzial mindestens so groß sein sollte wie das – durch den Stoppkurs begrenzte – Kursrisiko. Besser wäre jedoch, wenn das Kurspotenzial das Kursrisiko möglichst deutlich übertrifft. Fangen wir, mit diesen Grundüberlegungen im Hinterkopf, jetzt an!

VeChain (VET): Bei VeChain (VET) handelt es sich um ein Projekt, bei dem mithilfe der Blockchain komplette Lieferketten *(Supply Chains)* abgebildet werden sollen. Dies hat den Vorteil, dass man stets genau weiß, wo sich Waren befinden. Darüber hinaus lässt sich auch deren Echtheit verifizieren. Daher ist VeChain gerade in der Corona-Zeit ein sehr interessantes Projekt. Kein Wunder, dass man zuletzt einige Großkonzerne als Kunden oder Partner gewinnen konnte, was zu einem Kurssprung des VET-Coins führte. Der übergeordnete Trend ist hier also schon mal aufwärtsgerichtet. Dies erkennt man auch im folgenden Chart:

VeChain (VET) in US-Dollar, Chart, ein Jahr

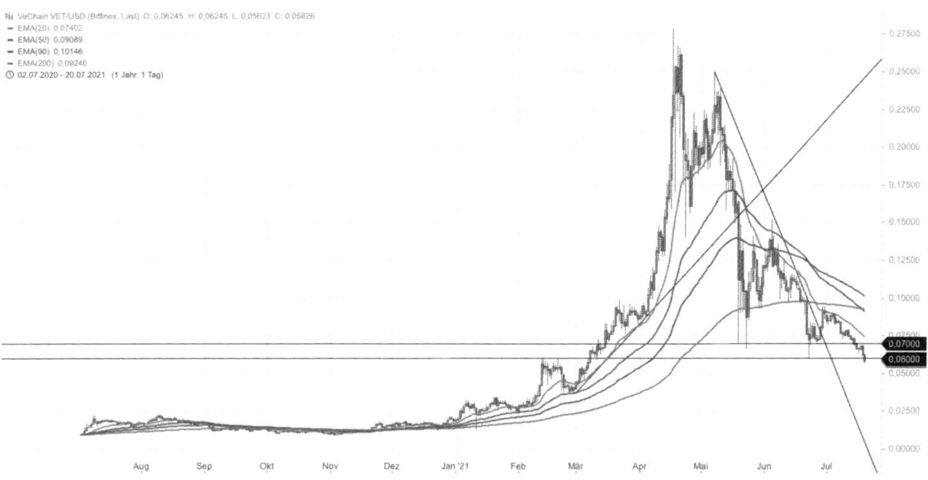

Grafik 31: VeChain im 1-Jahreschart; Quelle: Guidants

Der Coin stieg in der Spitze auf weit über 0,25 US-Dollar. Im Zuge der Korrektur an den Krypto-Märkten ging es zuletzt aber deutlich abwärts, so dass inzwischen auch der kurzfristige Aufwärtstrend Geschichte ist. Die Frage ist nun, auf welchem Kursniveau es zu einer Bodenbildung und einer Trendwende kommt. Möglich wäre dies im Bereich der Marke von 0,06 US-Dollar sowie 0,035 bis 0,04 US-Dollar.

Sobald eine Trendwende eingeleitet ist, kann der Coin wieder recht zügig Fahrt aufnehmen. Sehr entscheidend wird dabei wohl die Marke von 0,07 US-Dollar sein. Denn diese ist derzeit ohnehin bereits eine charttechnische Hürde. Sie könnte es aber in der Zukunft noch mehr werden, da sowohl der EMA 20 (aktuell bei 0,074 US-Dollar) als auch der EMA 50 (aktuell bei 0,091 US-Dollar) darüber verlaufen, aber dieser Marke nun entgegenfallen.

Doch warum sollte man hier überhaupt bullish eingestellt sein? Nun, erstens versucht VeChain, Lieferketten auf der Blockchain abzubilden, was eine sehr sinnvolle Anwendung ist. Zum einen, weil man so im Falle einer Krise (wie der Covid-19-Pandemie) immer leicht verfolgen kann, wo sich Ware aktuell befindet. Zum anderen aber auch, um beispielsweise bei Markenprodukten deren Echtheit zu garantieren respektive zumindest prüfen zu können. Schließlich auch, weil, trotz Monster-Kursrally und starker Korrektur, der langfristige Aufwärtstrend des Coins nach wie vor voll intakt ist.

Wie sollte man hier also handeln? Nun, zu den aktuellen Kursen um 0,06 US-Dollar kann man durchaus mal eine erste, kleine Position (25 Prozent der für einen Trade geplanten Summe) kaufen. Steigt der Coin über 0,07 US-Dollar, kann diese Position prozyklisch ausgebaut werden. Schon initial sollte man den Stoppkurs nicht allzu tief unter den Kaufkurs legen, also zum Beispiel bei 0,05178 US-Dollar. Nach einem Anstieg über 0,07 US-Dollar kann man diesen dann nahezu auf das Einstiegsniveau, beispielsweise auf 0,05782 US-Dollar, nachziehen. Die Kursziele auf der Oberseite liegen bei 0,09 sowie später bei 0,11 und 0,13/0,135 US-Dollar.

Das langfristige Kursziel für diesen Coin sehen manche Krypto-Experten sogar bei 1 US-Dollar und mehr. Dem kann ich mich anschließen, zumindest was den 1 US-Dollar betrifft. Damit gehört VeChain (VET) zu meinen Topfavoriten. Denn zur Erreichung des langfristigen Kursziels müsste sich der Coin nochmals vervielfachen.

Zum Schluss noch ein wichtiger Hinweis: Zu VeChain (VET) gehört auch der GAS-Token VeThor (VTHO). Wer VeChain hält, kann daher auch VeThor erhalten. Manche betrachten dies als Dividende, andere als Zins, auf jeden Fall ist es ein nettes Zubrot. Allerdings hat die Sache einen Haken. Denn dadurch, dass man seine VeThor in Anspruch nimmt, steigt die Frist bis zur Erlangung der Steuerfreiheit von einem Jahr auf zehn Jahre. Kurzfristige Trader sollten VeThor daher nicht in Anspruch nehmen, langfristig denkende Investoren dagegen schon. Zumal auch der Kurs von VeThor in der Vergangenheit stark gestiegen (aber auch gefallen) ist.

NEO (vormals AntShares): Bei NEO handelt es sich um eine Blockchain-Plattform und Kryptowährung aus China, mit deren Hilfe digitale Assets sowie intelligente Verträge *(Smart Contracts)* kreiert werden können. NEO arbeitet traditionell sehr eng mit der chinesischen Regierung zusammen, weshalb es überhaupt erst von der Volksrepublik aus operieren kann. Eine erste Besonderheit bei NEO ist der verwendete Konsensalgorithmus, der nämlich auf Basis der sogenannten delegierten Byzantinischen Fehlertoleranz (dBFT) funktioniert und daher der Blockchain von Haus aus die Abwicklung von bis zu 10 000 Transaktionen pro Sekunde erlaubt. Insgesamt existieren 100 Millionen Coins von NEO, von denen mehr als 70 Prozent bereits frei zirkulieren. Eine weitere Besonderheit von NEO ist, dass die Coins hier nicht teilbar sind, die kleinste Einheit ist also 1 NEO. Vielen, unter anderem auch Gründer Da Hongfei, gilt NEO als das »Ethereum Chinas«.

NEO in US-Dollar, Chart, ein Jahr

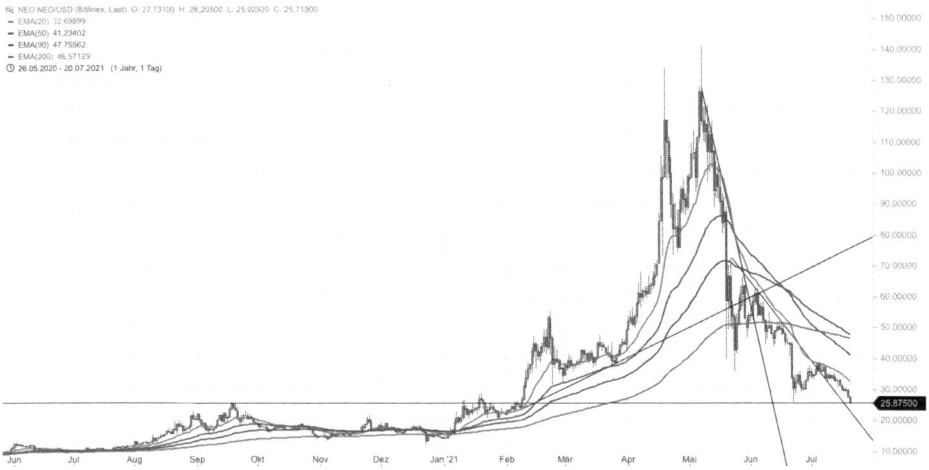

Grafik 32: NEO im 1-Jahreschart; Quelle: Guidants

NEO ist charttechnisch ein etwas schwieriger zu fassender Coin. Denn langfristig befindet er sich zwar – man kann es leider hier nicht sehen – in einem Abwärtstrend (ausgehend vom Allzeithoch um 200 US-Dollar Ende 2017/Anfang 2018), mittelfristig aber in einem Aufwärtstrend. Kurzfristig dagegen ist die Korrektur am gesamten Krypto-Markt auch an NEO natürlich nicht spurlos vorbeigegangen. Die mittelfristig führende Aufwärtstrendlinie verläuft zwischen 25 und 26 US-Dollar und damit etwa auf dem aktuellen Kursniveau.

Der EMA 200 verläuft zurzeit bei rund 46,50 US-Dollar, der EMA 90 um 47,75 US-Dollar und der EMA 50 bei knapp unter 41,25 US-Dollar. Der für kurzfristig orientierte Trader entscheidende EMA 20 dagegen verläuft bei 32,70 US-Dollar. Mit Kursen zwischen 25 und 26 US-Dollar wird NEO aktuell also unter allen wichtigen gleitenden Durchschnitten gehandelt, was prinzipiell ein Zeichen von Schwäche ist. Nichtsdestotrotz ist eine Bodenbildung und eine damit verbundene Trendwende auf dem aktuellen Kursniveau möglich.

Käme es dazu, wäre zeitnah eine Kursrally zurück an den kurzfristigen EMA 20 und somit in Richtung 32,00/32,50 US-Dollar möglich. Oberhalb von 32,50 US-Dollar kann sich die Kursrally dann in Richtung 38,00 bis 40,00 US-Dollar weiter ausdehnen. Allerdings dürften auf dem Weg dorthin die weiteren EMAs als charttechnische Widerstände fungieren. Werden sie jedoch herausgenommen, wäre das natürlich sehr gut für die Bullen.

Wer zu den aktuellen Kursen einsteigt, sollte den Stoppkurs initial bei 23,18 US-Dollar platzieren. Kommt es tatsächlich zu einer Kursrally in Richtung 32,00/32,50 US-Dollar, kann der Stoppkurs dann auf den Einstiegspreis nachgezogen werden. Damit würde die Position nahezu risikofrei gestellt. Auf längere Sicht rechne ich auch bei NEO wieder mit dreistelligen Kursen, also 100 US-Dollar und mehr.

Zum Schluss auch hier noch ein wichtiger Hinweis: Bei NEO erhält man regelmäßig eine Art Dividende oder Zins in Form der Kryptowährung GAS (Token), was übrigens auch ein Grund für meinen Einstieg war. Mit GAS können dabei die Transaktionskosten im NEO-Netzwerk (aktuell: 0,01 GAS je Transaktion) beglichen werden. Unter https://neotogas.com kann man sich ausrechnen lassen, wie viel GAS man erhält. Nimmt man dies aber in Anspruch, verlängert sich die Frist bis zur Erreichung der Steuerfreiheit von nur einem Jahr auf zehn Jahre. Kurzfristig orientierte Trader sollten daher kein GAS claimen, für längerfristig denkende Investoren ist GAS dagegen ein nettes Zubrot. Zumal ja auch der Kurs von GAS, da eng an den Kurs von NEO gebunden, in der Vergangenheit stark gestiegen (aber auch gefallen) ist. Ferner kann man natürlich mit seinem GAS neue NEO kaufen, wodurch man wiederum mehr GAS erhält. Es handelt sich dann quasi um das Gegenteil eines Teufelskreises.

IOTA: Bei IOTA handelt es sich um eine Kryptowährung, die auf eine sichere Kommunikation und Zahlung zwischen zwei Maschinen im Rahmen des Internets der Dinge (*Internet Of Things*, IOT) ausgerichtet wurde. Dabei verwendet IOTA keine klassische Blockchain, sondern den sogenannten Tangle. Bei diesem handelt es sich um einen gerichteten azyklischen Graphen. Was das genau ist, muss uns an dieser Stelle nicht weiter interessieren. Wichtig zu wissen ist nur, dass bei einer herkömmlichen Blockchain die Skalierbarkeit stets ein Problem ist, so dass eine starke Verwendung problematisch werden kann.

Bei IOTA beziehungsweise dem Tangle ist es hingegen genau umgekehrt. Je stärker IOTA und damit der Tangle verwendet wird, desto besser wird das System. Da IOTA jedoch gerade zum Start natürlich noch (zu) wenig verwendet wurde, hat man mit dem sogenannten Coordinator eine zentrale Instanz als Übergangslösung eingebaut. Mittelfristig soll der Coordinator jedoch wegfallen. Die hinter IOTA stehende IOTA-Stiftung hat Kooperationsverträge mit der Deutschen Telekom, Fujitsu, der Linux Foundation sowie Samsung abgeschlossen, was das mittel- bis langfristig große Potenzial des Projekts unterstreichen sollte.

(M)IOTA in US-Dollar, Chart, ein Jahr

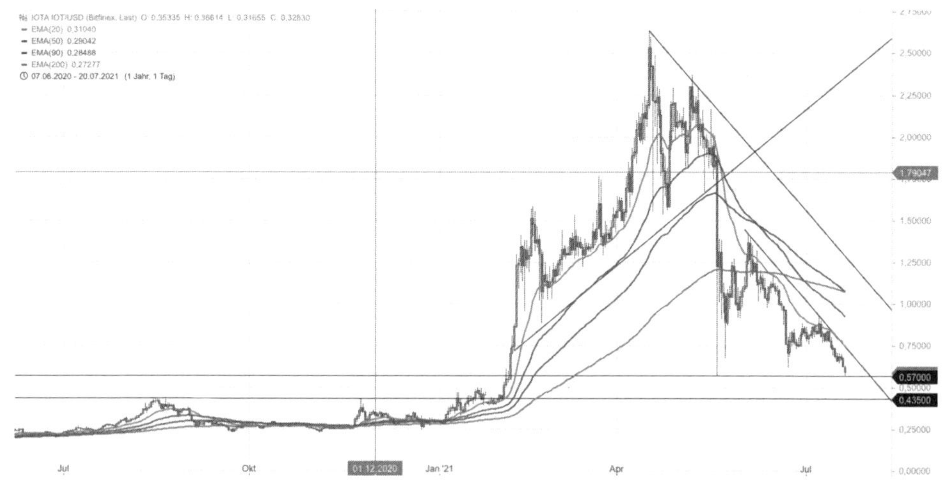

Grafik 33: (M)IOTA im 1-Jahreschart; Quelle: Guidants

Da IOTA im Internet der Dinge verwendet werden soll, sind zwei Details essentiell: Die Kosten für Transaktionen müssen sehr niedrig sein, was impliziert, dass ein einzelner Coin nicht zu teuer werden darf. Darum gibt es von IOTA knapp 2,78 Billiarden Coins, so dass diese nur in Tausender-Paketen gehandelt werden, als Mega-IOTA oder kurz »MIOTA«. Zudem fallen bei der Nutzung keinerlei Transaktionsgebühren an. Im Gegenzug muss man sich jedoch zur Durchführung einer Transaktion an der Verwaltung des Tangle beteiligen, es gilt also das *Proof-of-Work*-Konzept.

Kommen wir aber zum *Trading Setup*: Wie kann man MIOTA aktuell handeln? Nun, zunächst einmal ist wichtig festzustellen, dass sich MIOTA übergeordnet, ähnlich wie NEO, noch in einem Abwärtstrend befindet. Das hat auch gute Gründe, denn leider haben sich die Entwickler bei IOTA in der Vergangenheit oft lieber gestritten, als zu arbeiten. Daher wäre das Projekt auch fast schon gescheitert. Wie es aussieht, haben sie aber gerade noch mal die Kurve bekommen, so dass der Coin inzwischen längerfristig durchaus (wieder) aussichtsreich erscheint.

Kurzfristig befindet sich MIOTA – wie der gesamte Krypto-Markt – in einer Korrekturbewegung. Allerdings befindet sich der Coin eben auch noch immer in einem mittelfristigen Aufwärtstrend, wobei die führende Aufwärtstrendlinie knapp unter 0,40 US-Dollar verläuft. Generell gibt es eine breite charttechnische Supportzone zwischen 0,435 und 0,57 US-Dollar, in die der Coin bisher noch nicht eingetaucht ist. Dies steht aber zu befürchten, so dass kurzfristig noch etwas tiefere Kurse zu erwarten sind.

Demnach bietet sich ein Einstieg in MIOTA zu Kursen unter 0,57 US-Dollar, möglichst nahe an der Marke von 0,435 US-Dollar, an. Initial kann man dann einen Stoppkurs knapp unterhalb von 0,38 US-Dollar, also zum Beispiel bei 0,3718 US-Dollar, setzen. Sobald der Coin dann über 0,57 US-Dollar klettert, kann dieser Stoppkurs sukzessive nachgezogen werden. Die Kursziele auf der Oberseite liegen zunächst zwischen 0,70 und 0,75 sowie später 0,90 und schließlich deutlich über 1 US-Dollar.

DASH: »DASH« steht für »Digital Cash«. Die Kryptowährung wurde zunächst unter den Namen »Darkcoin« beziehungsweise »XCoin« lanciert, dann aber in »DASH« – »Digital Cash« umbenannt. Bei DASH legt man besonderen Wert auf eine schnelle Abwicklung von Transaktionen sowie den Datenschutz (Anonymität). Daher zählt DASH auch neben Monero (XMR) oder ZCash (ZEC) zu den sogenannten Privacy Coins.

Aufgrund der Tatsache, dass insbesondere Privacy Coins Verbote durch die Politik drohen (das französische Parlament hat sich beispielsweise in einer entsprechenden Abstimmung schon für ein Verbot von Privacy Coins ausgesprochen), möchte DASH aber plötzlich selbst kein Privacy Coin mehr sein. Was komisch ist, da man in der Vergangenheit eben genau damit geworben hat.

Grundsätzlich hat der Nutzer mit InstantSend sowie PrivateSend zwei Optionen, die er per Mausklick auswählen kann. Mit InstantSend wird eine Transaktion sofort (in der Regel dauert es weniger als fünf Sekunden) und mit PrivateSend anonym ausgeführt, wobei man beide Optionen auch miteinander kombinieren kann.

Eine Besonderheit von DASH ist, dass 10 Prozent der Mining-Einkünfte in eine spezielle »Schatzkammer« gehen, aus der dann die Entwicklungsarbeit, das Marketing sowie spezielle Community-Projekte finanziert werden. So wird es am Ende nur 18,9 Millionen DASH-Coins (10 Prozent weniger als Bitcoins!) geben, von denen aktuell etwas mehr als die Hälfte bereits zirkuliert.

DASH in US-Dollar, Chart, ein Jahr

Grafik 34: DASH im 1-Jahreschart; Quelle: Guidants

DASH ist schon in der Vergangenheit dadurch aufgefallen, dass es immer mal wieder zu explosiven Kursrallys kam. Dadurch gelang es dem Coin im Krypto-Hype des Jahres 2017 sogar, auf über 1500 US-Dollar zu explodieren. Genau das ist heute das Problem. Denn langfristig – man sieht es hier natürlich leider nicht – befindet sich der Coin dadurch immer noch in einem Abwärtstrend.

Kurzfristig hat natürlich auch hier die Korrektur des Krypto-Marktes belastend gewirkt. Dennoch sieht es mittelfristig so schlecht nicht aus. Wichtig wäre, dass es zu einer charttechnischen Bodenbildung im Bereich zwischen 104 und 105 US-Dollar kommt. Dann wäre eine schnelle Kursrally in Richtung 150 bis 155 US-Dollar möglich. Oberhalb davon winken sogar schnell wieder Kurse von 200 US-Dollar und mehr.

Auf der Unterseite darf der Coin auf keinen Fall nachhaltig unter die Marke von 105 US-Dollar fallen, was mit Kursen unter 100 US-Dollar der Fall wäre. Daher sollte man versuchen, den Coin um 105 US-Dollar einzusammeln und die Position initial mit einem Stoppkurs unterhalb von 100 US-Dollar zu versehen, diesen also beispielsweise bei 98,72 US-Dollar zu platzieren. Geht es aufwärts, sollte man den Stoppkurs dann sukzessive nachziehen.

Ontology (ONT): Ontology ist eine chinesische Kryptowährung, die aus NEO heraus entstanden ist. Während sich NEO eher auf den B2C-Bereich fokussiert, setzt man bei Ontology (ONT) auf Unternehmen, ergo den B2B-Bereich. Genauso wie man bei NEO eine Dividende/einen Zins in Form von GAS erhält, bekommt man bei Ontology (ONT) selbiges in Form von Ontology GAS (ONG). Wer also auf einen Siegeszug der Blockchain-Technologie in China setzen möchte, sollte nicht nur in NEO, sondern auch und vielleicht sogar besonders in Ontology (ONT) investieren. Auch hier gilt jedoch: Wer seine Ansprüche auf Ontology GAS (ONG) geltend macht, wird erst nach zehn anstatt nach einem Jahr Haltefrist Gewinne steuerfrei vereinnahmen können.

Ontology (ONT) in US-Dollar, Chart, ein Jahr

Grafik 35: Ontology im 1-Jahreschart; Quelle: Guidants; Quelle: Guidants

Auch Ontology (ONT) wurde kurzfristig auf über 2 US-Dollar nach oben gejazzt, befindet sich aber inzwischen in einer starken Korrektur. Im Zuge dieser ist der Coin inzwischen tief in die charttechnische Supportzone zwischen 0,51 und 0,7325 US-Dollar eingetaucht. Ein wenig Platz nach unten hat er zwar noch, erste Käufe bieten sich jedoch durchaus schon an.

Denn alleine eine Kurserholung innerhalb der genannten Range zwischen 0,51 und 0,7325 US-Dollar würde aktuell schon ein Kurspotenzial von knapp 30 Prozent implizieren. Dabei wäre anschließend eine Kursrally bis 0,85 sowie später über 1 US-Dollar problemlos denkbar. Um bei einem Trade das Risiko so gering wie möglich zu halten, sollte man möglichst nahe an der 0,51-US-Dollar-Marke kaufen und den Stoppkurs initial bei 0,4782 US-Dollar setzen. Läuft der *Long Trade* in die richtige Richtung, kann man den Stoppkurs schnell auf Einstand nachziehen und die Position damit nahezu risikofrei stellen.

Das Allzeithoch erreichte dieser Coin übrigens kurz nach seinem Start bei über 8 US-Dollar. Auf ganz lange Sicht ist es durchaus möglich, dass er dieses Allzeithoch wiedersehen kann. Kurz- bis mittelfristig jedoch noch nicht. Das wäre zu viel des Guten.

Wie sollte man Ontology (ONT) nun handeln? Nun, mutige Trader kaufen eine erste Position in dem Coin sofort. Geht es weiter runter in Richtung 0,51 US-Dollar, kauft man sukzessive aggressiver nach. Wichtig ist, dass man – sobald die Position voll ist – einen engen Stoppkurs bei 0,4872 US-Dollar setzt und sich auch strikt an diesen hält. Dabei sollte dieser Stoppkurs das Risiko auf maximal etwa 10 Prozent begrenzen.

Kyber Network (KNC): Kyber Network (KNC) ist schlicht und einfach eine dezentrale Krypto-Börse, kurz: DEX (für *»Decentralized Exchange«*). Das bedeutet, dass man hier als Anleger oder Trader

Kryptowährungen gegeneinander handeln kann. Dank solch dezentraler Krypto-Börsen ist ein Verbot von Bitcoin (BTC) und Co. durch staatliche Stellen heutzutage quasi unmöglich geworden. Denn da sie dezentral sind, können sie nicht geschlossen werden, so dass stets ein An- und Verkauf von Kryptowährungen möglich bleibt.

Nutzt man dann noch seine eigene(n) Wallet(s), hat der Staat beziehungsweise haben staatliche Stellen kaum Angriffspunkte, wie man in China sehen kann. Dort sind einige Kryptowährungen wie Bitcoin (BTC) oder Ethereum (ETH) zwar offiziell verboten, werden jedoch bis heute rege gehandelt. Der einzige Nachteil, den es bei Kyber Network (KNC) aktuell noch gibt, ist, dass es sich noch um ein junges Projekt handelt. Darum gibt es auch noch keine eigene Blockchain, sondern nur einen *Smart Contract* auf Basis von Ethereum. Somit handelt es sich bei Kyber Network (KNC) auch nicht um einen Coin, sondern einen Token.

Kyber Network (KNC) in US-Dollar, Chart, ein Jahr

Grafik 36: Kyber Network im 1-Jahreschart; Quelle: Guidants

Kyber Network (KNC) befindet sich in einem mittelfristigen Aufwärtstrend, aber kurzfristig – wie der gesamte Krypto-Markt – in einer scharfen Korrektur. Im Zuge dieser Korrektur wird gerade die charttechnische Supportzone zwischen 1,08 und 1,1675 US-Dollar angesteuert, in die der Token noch nicht eingetaucht ist. Wahrscheinlich wird er dies jedoch bald tun, so dass sich hier eine Einstiegsgelegenheit bietet. Der Kauf sollte definitiv unterhalb von 1,1675 US-Dollar und möglichst nahe an der Marke von 1,08 US-Dollar erfolgen. Anschließend kann man initial einen Stoppkurs knapp unterhalb von einem US-Dollar platzieren, also beispielsweise bei 0,9872 US-Dollar.

Nachdem man so einen möglichst optimalen Einstieg gefunden hat, liegen die Kursziele auf der Oberseite zwischen 1,40 und 1,45 US-Dollar sowie später bis zu 1,75/1,80 US-Dollar. Im Zuge einer solchen Kursrally sollte dann natürlich der Stoppkurs sukzessive nachgezogen werden.

0x (ZRX): Bei 0x (ZRX) handelt es sich um ein Protokoll zum Austausch von Assets und Token, die auf der Ethereum-Blockchain ausgegeben werden. Somit können Entwickler ihre eigenen Anwendungen für den Austausch von Kryptowährungen mit einer Vielzahl von Funktionen erstellen. Insofern kann man 0x (ZRX) durchaus als Wettbewerber von Kyber Network (KNC) betrachten. Kein Wunder, dass zuletzt beide Token sehr ähnliche Kursverläufe aufwiesen.

0x (ZRX) in US-Dollar, Chart, ein Jahr

Grafik 37: 0x im 1-Jahreschart; Quelle: Guidants

0x (ZRX) ist dabei schon von jeher einer der volatilsten Token überhaupt. So verdoppelt oder verdreifacht er sich gerne mal in kurzer Zeit, genauso wie es aber auch mal schnell zu einer Kurshalbierung kommen kann. In der Spitze der Krypto-Kursrally stieg er so auf rund 2,40 US-Dollar, nur um im Zuge der Korrektur zuletzt auf unter 0,55 US-Dollar zurückzufallen. Die charttechnischen Supports auf dem weiteren Weg nach unten befinden sich bei 0,51 sowie 0,32 US-Dollar. Die Marke von 0,51 US-Dollar dürfte also kurzfristig ziemlich sicher angesteuert werden.

Vermutlich wird die Korrektur dann aber auch langsam enden. Daher sollte man zu solchen Kursen durchaus mal erste Long-Positionen aufbauen. Diese sollte man dann mit einem initialen Stoppkurs bei 0,4782 US-Dollar absichern. Geht es weiter abwärts, wird man mit leichten Kursverlusten ausgestoppt. Kommt es dagegen zu einer Bodenbildung respektive Trendwende, ist man nahe dem Korrekturtief eingestiegen und kann prozyklisch Positionen ausbauen sowie den Stoppkurs sukzessive nachziehen.

Das erste Kursziel auf der Oberseite liegt bei 0,625 US-Dollar, später sind dann aber Kursgewinne bis zur Marke von 0,95/0,955 US-Dollar denkbar. Unterhalb von 0,51/0,50 US-Dollar kommt es hingegen zu einem starken charttechnischen Verkaufssignal, das wohl eine Ausweitung der Korrektur in dem Token einleiten würde. In diesem Fall wäre mit weiteren Abgaben bis auf 0,32 US-Dollar zu rechnen. Unter 0,32 US-Dollar sehe ich 0x (ZRX) eigentlich nicht mehr fallen. Sollte es aber doch dazu kommen, wäre das sehr bitter.

OMG Network (OMG): OMG Network hieß zuvor »OmiseGo«. Es handelt sich um ein asiatisches Unternehmen, an dem auch die Ethereum-Mitgründer Vitalik Buterin und Gavin Wood sowie Joseph Poon (einer der Köpfe hinter dem Bitcoin Lightning Network) und Julian Zawistowski (Gründer von Golem) beteiligt sind. Ziel des Unternehmens ist es, jedem Menschen Bankgeschäfte ohne Nutzung von Banken zu ermöglichen (»Unbank The Banked«). Noch befindet sich OMG Network im Aufbau, weshalb noch keine eigene Blockchain existiert. Mit den ERC20-Token auf Basis von Ethereum kann man sich jedoch bereits an dem Projekt beteiligen.

OMG Network (OMG) in US-Dollar, Chart, ein Jahr

Grafik 38: OMG im 1-Jahreschart; Quelle: Guidants

Auch der Token von OMG Network ist kurzfristig oft sehr volatil. Allerdings ist die mittel- bis langfristige Kursentwicklung durchaus positiv. Daran ändert auch die laufende sehr heftige Korrektur nichts.

Zwischen 2,00 und 2,90 US-Dollar verläuft derzeit eine breite charttechnische Supportzone, in die der Token einzutauchen beginnt. Innerhalb dieser Range existiert um 2,50 US-Dollar eine weitere charttechnische Unterstützung. Folglich kann man unterhalb von 2,90 US-Dollar hier erste Käufe tätigen und diese unter 2,50 US-Dollar sowie um 2,00 US-Dollar verstärken. So müsste man im arithmetischen Mittel zu einem durchschnittlichen Einstiegskurs von etwa 2,40 US-Dollar kommen.

Initial sollte der Stoppkurs hier bei 1,92 US-Dollar liegen. Somit begrenzt dieser Stoppkurs mögliche Kursverluste auf 20 Prozent oder weniger. Auf der Oberseite liegen die Kursziele, sofern es wieder über 3,00 US-Dollar geht, bei 3,75 US-Dollar sowie später bei 4,50 US-Dollar. Auf längere Sicht sind auch hier durchaus wieder Kursziele von bis zu 9,50 US-Dollar oder mehr erreichbar.

Zilliqa (ZIL): Zilliqa, der Name leitet sich von »Silicon« ab, ist ein *Open-Source*-Blockchain-Projekt mit Hauptsitz in Singapur. Ziel des Projekts ist eine möglichst hohe Skalierbarkeit durch den Einsatz von *Sharding* (Verteilung einer Blockchain auf mehrere Server). So sollen bei Zilliqa (ZIL) mindestens 24 000 Transaktionen pro Sekunde (TpS) abgewickelt werden können, wie es heute schon bei Mastercard und VISA der Fall ist. Grundsätzlich befindet sich Zilliqa zwar noch in einer frühen Phase, es existiert jedoch schon eine eigene Blockchain, so dass es sich um einen Coin (und keinen Token) handelt.

Zilliqa (ZIL) in US-Dollar, Chart, ein Jahr

Grafik 39: Zilliqa im 1-Jahreschart; Quelle: Guidants

Zilliqa (ZIL) gehört für jeden technisch interessierten Menschen zu den absoluten Top-Projekten im Krypto-Universum. Das Problem ist nur, dass beispielsweise Ethereum (ETH) selbst schon mit *Sharding* experimentiert. So gut Zilliqa daher technisch gesehen sein mag, ich würde hier nicht längerfristig investieren. Denn sollte Ethereum das *Sharding* adaptieren, also selbst umsetzen, könnte Zilliqa am Ende leider in der Versenkung verschwinden. Aber das kann einem Trader (fast) egal sein.

Kommen wir daher zum charttechnischen *Setup*. Zilliqa (ZIL) konnte im Rahmen der Krypto-Kursrally durchstarten und stieg im Hoch auf über 0,25 US-Dollar. Leider ging es im Zuge der Korrektur zuletzt allerdings dann auch deutlich dynamischer abwärts. So notiert der Coin zwischenzeitlich nur noch bei knapp 0,054 US-Dollar. Damit ist er nicht mehr weit von der alles entscheidenden charttechnischen Unterstützung bei 0,052250US-Dollar entfernt.

Auf diesem Kursniveau können Trader daher erste Long-Positionen aufbauen. Der initiale Stoppkurs sollte dann knapp unter 0,05 US-

Dollar platziert werden, beispielsweise bei 0,04728 US-Dollar. Denn kommt es zur Trendwende, winken hier schnell Kursgewinne bis zu 0,08 US-Dollar. Später wären auch noch 0,10 sowie über 0,12 US-Dollar problemlos möglich. Kippt der Coin dagegen weiter nach unten weg, könnte es zu einer Ausweitung der Korrekturbewegung bis hinunter auf 0,0285 US-Dollar kommen. Hier wäre Zilliqa dann ein Schnäppchen.

ICON (ICX): Hinter ICON (ICX), das auch gerne als »Ethereum Koreas« bezeichnet wird, steht ein südkoreanisches Unternehmen. Das Ziel des Projekts ist es, ein dezentrales Netzwerk zu schaffen, innerhalb dessen voneinander unabhängige Blockchains ohne Mittelsmänner miteinander agieren können. Kurz drücken die Macher es so aus: »ICON soll die ganze Welt miteinander verlinken!«. Ein ehrgeiziges Ziel, auf dessen Weg man jedoch schon ein gutes Stück vorangekommen ist. So verfügt ICON (ICX) bereits über eine eigene Blockchain und ist somit ein Coin und kein Token.

ICON (ICX) in US-Dollar, Chart, ein Jahr

Grafik 40: ICON im 1-Jahreschart; Quelle: Guidants

Auch dieser Coin legte noch kürzlich eine famose Kursrally aufs glatte Krypto-Parkett. Doch auch er kann sich nun der Korrektur nicht entziehen. Im Zuge dieser ist er schon von über 3,20 US-Dollar auf unter 0,70 US-Dollar zurückgefallen. Damit ist er in die charttechnische Supportzone zwischen 0,805 US-Dollar und 0,6525 US-Dollar eingetaucht. Mit anderen Worten: Zu Kursen unter 0,70 US-Dollar und damit auf dem aktuellen Kursniveau kann man erste Long-Positionen aufbauen.

Denn kommt es hier zur Trendwende, kann es sehr schnell in Richtung 0,80 US-Dollar sowie später 1 US-Dollar nach oben gehen. Selbst Kursziele von 1,20 bis 1,25 US-Dollar sowie anschließend 1,50 US-Dollar sind dann wieder möglich. Nach unten darf der Coin jedoch keinesfalls weiter und somit unter die Marke von 0,65 US-Dollar abrutschen. Denn sonst würde hier ein frisches charttechnisches Verkaufssignal aktiviert. Das Kursziel dieses Verkaufssignals läge dann zunächst bei 0,53 US-Dollar sowie anschließend bei 0,45 US-Dollar. Somit bewahrt ein Stoppkurs bei 0,6278 US-Dollar Sie als Trader vor zu großen Kursverlusten.

QTUM: QTUM (ausgesprochen: »Quantum«) ist eine Plattform für *Smart Contracts* sowie eine zu dieser Plattform gehörende Kryptowährung. Laut den Entwicklern möchte man bei QTUM das Beste von Bitcoin (BTC) und Ethereum (ETH) miteinander verbinden. Gegründet wurde QTUM 2016 von Patrick Dai, das Unternehmen sitzt in Singapur. QTUM hat bereits seine eigene Blockchain, bei der man sich stark an Bitcoin (BTC) und Ethereum (ETH) orientiert hat, in Betrieb. Somit ist der QTUM ein Coin.

QTUM in US-Dollar, Chart, ein Jahr

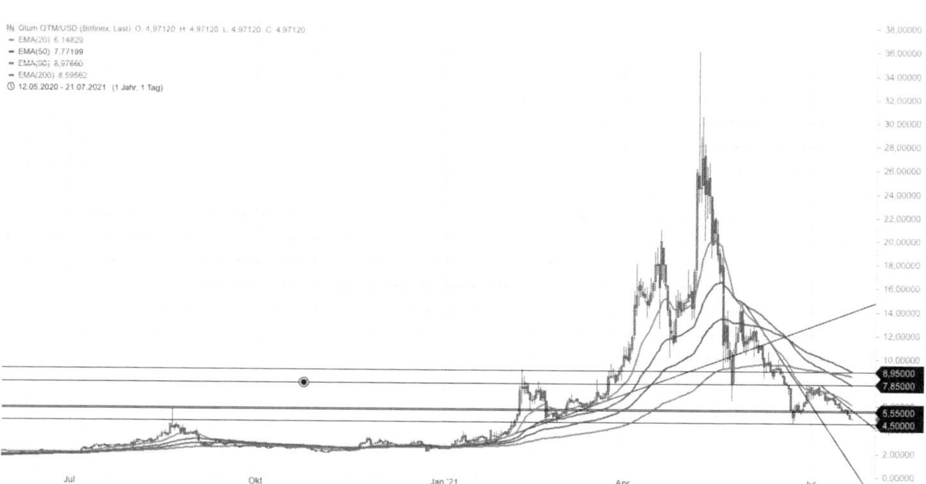

Grafik 41: QTUM im 1-Jahreschart; Quelle: Guidants

Man könnte glauben, dass im Prinzip viele *Trading Setups* der Coins/ Token sehr ähnlich aussehen, auch bei QTUM wieder. Dies ist jedoch logisch. Denn zwar läuft nicht jeder Coin/Token wie der andere, aber letztlich verhält sich der gesamte Krypto-Markt doch meistens ziemlich synchron. Ferner habe ich natürlich auch die aus meiner Sicht interessantesten *Trading Setups* für uns herausgesucht.

Auch bei QTUM kam es zu einem regelrechten Kursfeuerwerk. Wie am gesamten Krypto-Markt läuft nun aber auch hier eine heftige Korrektur. Im Zuge dieser fiel der Coin zuletzt sogar unter die runde Marke von 5 US-Dollar zurück. Ein wenig Korrekturpotenzial scheint mir jedoch noch vorhanden. So liegt der entscheidende charttechnische Support eher im Bereich von 4,50 US-Dollar. Auf diesem Kursniveau könnte man erste Long-Positionen rechtfertigen, also kaufen.

Zugleich sollte man einen initialen Stoppkurs bei knapp unter 4,00 US-Dollar setzen, also beispielsweise bei 3,92 US-Dollar. Dadurch wird das Risiko von Kursverlusten auf weniger als 15 Prozent reduziert. Liegt das Korrekturtief aber wirklich um 4,50 US-Dollar, winkt auf der Oberseite ein erstes Kursziel bei 5,55 US-Dollar, was Kursgewinne von deutlich mehr als 20 Prozent bedeuten würde. Das Chance-Risiko-Verhältnis, kurz: CRV, ist also gut. Zumal nach Erreichung von 5,55 US-Dollar weitere Kursgewinne in Richtung 7,85 US-Dollar und 8,95 US-Dollar möglich erscheinen.

Ren: Auch Ren ist, wie schon 0x (ZRX), nur ein Protokoll. Dieses erlaubt jedoch die private Übertragung von Werten zwischen beliebigen Blockchains. Basis ist dabei die RenVM (Virtual Machine), die in der Lage ist, Blockchains zu verbinden. Die Vision hinter Ren ist, dass man Entwicklern die Möglichkeit eröffnet, Blockchain-unabhängig zu arbeiten. Die RenVM wäre dann nur noch ein Softwareentwicklungs-Tool (»SDT«, für *»Software Development Tool«*) beziehungsweise ein Plugin.

Ren in US-Dollar, Chart, ein Jahr

Grafik 42: Ren im 1-Jahreschart; Quelle: Guidants

Das Chartbild bei Ren sieht ein wenig anders aus als bei den anderen hier vorgestellten Coins/Token. Der Token war lange ein Outperformer und kannte kein Halten mehr. Obwohl er stark stieg, war die Bewegung aber nicht ganz so impulsiv/explosiv wie bei vielen anderen Coins/Token, insbesondere 0x (ZRX). Eigentlich erfreulich, denn somit war zu erwarten, dass der Token sich in einer Korrektur besser schlagen wird als andere. Nur ist bisher eher das genaue Gegenteil der Fall, wir sehen hier also eine eklatante relative Schwäche.

Eine klare und sehr wichtige Regel für jeden Trader ist, dass man in aller Regel keine solche relative Schwäche kaufen sollte. Denn auch wenn man sie nicht auf den ersten Blick sehen mag, hat so etwas gute Gründe. Bei Ren würde ich jedoch mal eine Ausnahme von der Regel machen. Denn immerhin hat sich der Token zuletzt etwas fangen können und fällt inzwischen nur mehr mit dem gesamten Krypto-Markt und nicht mehr stärker als dieser. Die relative Schwäche hat sich also etwas abgebaut.

Dennoch wären erst Kurse um 0,2375 US-Dollar eine gute Kaufbasis. Mit solchen Kursen wäre hier die ganze große Kursrally der letzten Monate nahezu vollständig rückabgewickelt worden, immerhin jedoch ohne neue Tiefs auszubilden. Diese Marke wäre daher für eine komplette Trendwende hin zum Besseren geradezu prädestiniert. Nichtsdestotrotz sollte man nach einem Einstieg auf diesem niedrigen Kursniveau dennoch einen Stoppkurs einziehen, den ich initial auf 0,2128 US-Dollar setzen würde. Denn nur so lassen sich Kursverluste eng begrenzen.

Auf der Oberseite sind im Falle einer nachhaltigen Trendwende dann Kursziele bei 0,415 US-Dollar sowie später knapp unter 0,50 US-Dollar möglich. An viel mehr denke ich jedoch aktuell noch nicht. Aber was nicht ist, kann ja noch werden.

Jetzt habe ich insgesamt zwölf *Trading Setups* vorgestellt und es waren alles *Long Trades*. Noch vor wenigen Wochen hätte ich mich schwer damit getan, ganz besonders nach der Kursexplosion vieler Kryptowährungen bis in den April/Mai hinein. Doch dann hat Elon Musk in Zusammenarbeit mit den chinesischen Kommunisten kurzfristig für einen Crash gesorgt, der inzwischen in eine heftige Korrekturbewegung übergegangen ist. Diese noch immer laufende Korrektur fällt dabei erwartungsgemäß nun ähnlich stark aus wie die Kursrally zuvor. Aber wahrscheinlich geht sie eben bald zu Ende, so dass wir zurzeit gute Einstiegs- und (Nach)Kaufgelegenheiten vorfinden. Damit Sie jedoch auch noch sehen, wie Sie mit fallenden Kursen Geld machen können, habe ich mich dazu entschieden, noch ein 13. und 14. *Trading Setup* vorzustellen, allerdings zwei *Short Setups*. Was in der aktuellen Marktsituation gar nicht so einfach ist!

Dogecoin und Ripple (XRP) als *Short*-Kandidaten!

An der Börse gibt es den schönen Spruch: »Die Flut hebt alle Schiffe!« Damit ist gemeint, dass auch die Aktien schwacher Unternehmen in einem sehr positiven Marktumfeld steigen. Gleiches gilt auch bei den Coins und Token. Hier sogar verstärkt, weil an den Krypto-Börsen die meisten Coins und Token nur gegen Bitcoin (BTC) oder bestenfalls gegen Bitcoin (BTC) und Ethereum (ETH) gehandelt werden. Insofern ist auch das ein Vorteil von Ripple (XRP). Denn als einer der größten Coins kann man Ripple (XRP) durchaus auch gegen *Fiat Money* wie Euro oder US-Dollar handeln. Wobei, wie dargelegt, Ripple (XRP) in meinen Augen auch keine echte (dezentral organisierte) Kryptowährung darstellt.

Die Kritik an Ripple (XRP) kommt dabei keineswegs nur von mir. Auch viele andere Marktteilnehmer sehen Ripple (XRP) mindestens so kritisch wie ich. Dies konnte man auch am Kursverlauf der letzten Jahre erkennen. Im Krypto-Hype des Jahres 2017 noch in unglaubliche Höhen gestiegen, ging es mit XRP seitdem sukzessive immer weiter bergab. Nur durch den *Spark Token Airdrop* im November 2020 wurde dem »Rohrkrepierer« XRP wieder etwas Leben eingehaucht. Was den Coin prinzipiell schon zu einem sehr interessanten *Short*-Kandidaten gemacht hat. Und tatsächlich »crashte« Ripple (XRP) dann auch kurze Zeit später, da die US-Börsenaufsicht Securities and Exchange Commission (SEC) – vergleichbar mit der deutschen BaFin – die hinter XRP stehende Firma Ripple verklagte.

Zuletzt konnte sich XRP jedoch von dem durch diese Klage ausgelösten Schock wieder deutlich erholen, was es schon bald erneut zu einem guten *Short*-Kandidaten machen könnte. Zumal das Gerichtsverfahren aus meiner Sicht so oder so mit einer Niederlage für Ripple (XRP) enden wird. Wie aber komme ich darauf?

Nun, die SEC behauptet in ihrer Klage, dass die Firma Ripple mit XRP ein illegales Wertpapier verkauft habe, ohne dass dies bei der SEC angezeigt und von dieser abgesegnet worden wäre. Obwohl ich kein Fan von Ripple und XRP bin, halte ich diese Klage für etwas dubios. Zumal sich die SEC zuvor jahrelang nicht um Ripple und XRP geschert, insbesondere den Verkauf von XRP durch Ripple nicht unterbunden hat. Aber sei's drum!

Die Firma Ripple (genauer: deren Anwälte) argumentierten nun vor Gericht, dass XRP kein Wertpapier sei, weil man mit ihm nicht direkt am Erfolg des Unternehmens Ripple partizipieren könne. Damit folgen ausgerechnet die Anwälte von Ripple meiner Argumentation, mit der ich stets vor einem Investment in XRP gewarnt habe.

Man kann nun natürlich die Frage stellen, ob man bei einem Wertpapier immer mittelbar vom Erfolg eines Unternehmens partizipiert. Bei Aktien ist dies generell gegeben, wenngleich die Kursbewegungen kurzfristig schon mal dubios sein können. Aber bei einer Unternehmensanleihe ist das nicht unbedingt der Fall. Aber gut.

Fakt ist jetzt jedenfalls: Folgt das Gericht der Auffassung der Anwälte von Ripple und sieht XRP nicht als illegales Wertpapier, wäre zugleich gerichtlich bestätigt, dass man durch ein Investment in XRP eben nicht am Erfolg von Ripple teilhaben kann. Warum aber sollte man dann XRP überhaupt noch kaufen? Interessierte Anleger bräuchten hier endlich die Ripple-Aktie, wobei ein entsprechender Börsengang (IPO) durch die Klage natürlich auch deutlich unwahrscheinlicher geworden ist.

Andererseits könnte das Gericht auch der Argumentation der SEC, also des Klägers, folgen. Dann würde XRP als Wertpapier eingestuft (meine Argumentation wäre dann trotzdem nicht ganz falsch gewesen!), was gravierende Folgen hätte. Denn da dieses Wertpapier dann illegal durch Ripple vertrieben worden wäre, müsste Ripple alle XRP (von US-Bürgern!) zurücknehmen und den Kaufpreis erstatten. Dies könnte das finanzielle Ende von Ripple und damit sogar das Aus für XRP bedeuten.

Da bald ein weiterer *Airdrop (Flare Airdrop)* anstehen soll, könnte dies XRP kurzfristig nochmals beflügeln. Selbst ein Gerichtsurteil, egal wie es genau ausfallen würde, könnte getreu dem Motto »Ein Ende mit Schrecken ist besser als ein Schrecken ohne Ende« zu einem kurzfristigen Kurssprung bei XRP führen. All das ändert aber nach wie vor absolut nichts daran, dass XRP seit dem Krypto-Hype 2017 ein krasser Underperformer ist und wohl auch noch länger bleibt – und Underperformer sollte man in Kursstärke shorten, genauso wie man Outperformer in Kursschwäche (nach)kaufen sollte.

Ripple (XRP) in US-Dollar, Chart, vier Jahre

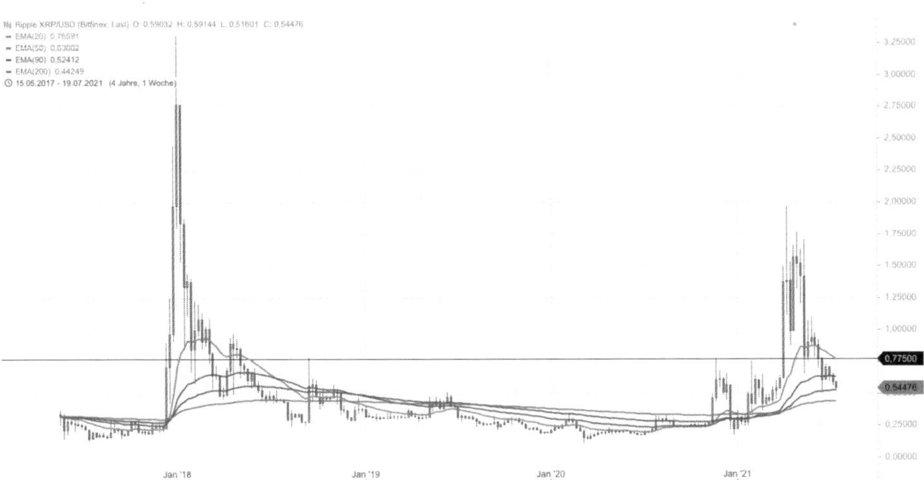

Grafik 43: Ripple im 1-Jahreschart; Quelle: Guidants

Hier habe ich den Chart von Ripple (XRP) seit 2017 abgebildet. Man sieht, dass es zuletzt im Zuge des *Spark Airdrops* steil nach oben ging, dann durch die Klage der SEC zum »Crash« kam und sich der Coin zwischenzeitlich wieder auf Erholungskurs befand. Inzwischen wurde er jedoch wieder von der Korrektur des gesamten Krypto-Marktes auf den Boden der Tatsachen zurückgeholt. Somit notiert der XRP, für den Ende 2017/Anfang 2018 zeitweise noch mehr als 5,00 US-Dollar bezahlt wurden, jetzt wieder fast 90 Prozent unter seinen damaligen Hochs.

Mit den Kursverlusten zuletzt wird es nun sehr spannend. Denn der Coin ist bereits in die breite charttechnische Supportzone zwischen 0,41 US-Dollar und 0,65 US-Dollar eingetaucht. Innerhalb dieser Range bestünde die Chance auf Ausbildung eines Doppelbodens im Bereich um 0,52 US-Dollar. Käme es dazu, wäre eine kleine Kurs-rally auf 0,65 US-Dollar möglich. Auf diesem Kursniveau würden sich dann meines Erachtens erste Shortpositionen anbieten.

Diese müssen jedoch zwingend mit einem Stoppkurs bei 0,7628 US-Dollar versehen werden, um mögliche Verluste eng zu begrenzen. Bei Shortpositionen sind solche Stoppkurse noch wichtiger als bei *Long Trades.* Denn während bei einem *Long Trade* theoretisch die Chancen unendlich sind und man schlimmstenfalls seinen Einsatz verlieren kann, ist das bei Shorts umgekehrt.

Schon deshalb sollten nur sehr erfahrene Anleger überhaupt über eine solche Shortposition nachdenken beziehungsweise eine solche initiieren. Wobei das ohnehin nicht so ganz einfach ist. Zwar gibt es Krypto-Börsen wie Binance oder BitMEX, die so etwas anbieten. In der Regel ist dazu aber eine gesonderte Freischaltung notwendig, die man erst nach der Beantwortung einiger Fragen (»Quiz«) bekommt. Das ist auch gut so, denn das nennt sich Anlegerschutz.

Das Kursziel der Shortposition in XRP liegt, wenn das *Setup* denn aufgeht, bei zunächst 0,52 sowie später 0,41 US-Dollar. Unterhalb von 0,41 US-Dollar würden sich die Kursverluste wohl beschleunigen, was für eine Shortposition natürlich optimal ist.

Womit ich zum zweiten *Short Setup* übergehen kann, nämlich einem *Short* auf den Dogecoin (DOGE).

Dogecoin: Der Dogecoin wurde ursprünglich von dem IBM-Programmierer Billy Markus und dem Adobe-Programmierer Jackson Palmer im Jahr 2013 aus Litecoin heraus entwickelt. Er war ein Spaßprojekt der beiden, das sie als ironische Antwort auf den Bitcoin ins Leben riefen.

Zwar gab es zunächst auch eine Obergrenze *(Maximum Supply)* für DOGE, dennoch war diese als Witz gedachte Kryptowährung deutlich inflationärer angelegt. Name und Design basierten auf dem Internetphänomen (Meme) Doge, einem Hund der Rasse Shiba Inu.

Grundsätzlich ist die Kryptowährung Dogecoin aus meiner Sicht eine, in die man nicht investieren sollte. Das sieht selbst der Mitgründer Jackson Palmer so, der sich allerdings inzwischen komplett aus dem Krypto-Markt verabschiedet hat und diesen sehr kritisch sieht. Kurzfristig konnte man hier jedoch, wie auch mit *Meme Stocks* à la AMC oder GameStop, durchaus eine Menge Geld machen.

Zumal der Dogecoin in der Vergangenheit durchaus auch schon sinnvoll eingesetzt wurde, das Stichwort ist hier »Charity«. So hat die Doge-Community, auch »Doge Army« genannt, in der Vergangenheit beispielsweise erfolgreich Spenden für den Bau von Brunnen in Afrika gesammelt. Dennoch ist die Kursentwicklung absurd.

Dies gilt umso mehr, da die Community zwischenzeitlich entschieden hat, die Obergrenze für Dogecoins komplett aufzuheben, was diese Kryptowährung noch inflationärer macht, als sie ohnehin schon war. Insofern gibt es eigentlich nur zwei Gründe, warum der Dogecoin so explodieren konnte: Es gibt aufgrund der Gelddruckorgien der Notenbanken zu viel Geld, das irgendwo angelegt werden muss, und der Dogecoin hat einen großen Fürsprecher in Elon Musk.

So befeuerten in erster Linie die Tweets von Elon Musk die gigantische Kursrally bei DOGE. Inzwischen hat Musk jedoch seinen Zauber verloren, was im Zuge der Korrektur an den Krypto-Märkten auch zu einem heftigen Kursrückgang beim Dogecoin führte. Aber meines Erachtens ist das in diesem Fall erst der Anfang.

Denn der fundamental faire Wert des Dogecoin dürfte, auch angesichts der starken Inflation, nahe null liegen. Insofern sind die derzeitigen Kurse von über 0,18 US-Dollar immer noch viel zu hoch. Ich habe den Coin daher schon mehrfach privat erfolgreich geshortet und werde das immer wieder tun. Auch wenn ich mir damit bei der Doge Army sicherlich keine Freunde mache.

Dogecoin (DOGE), Chart, ein Jahr

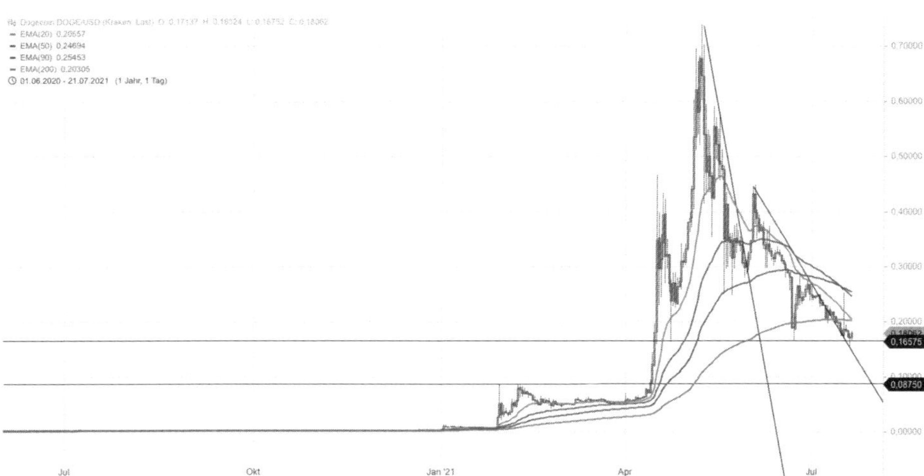

Grafik 44: Dogecoin im 1-Jahreschart; Quelle: Guidants

In diesem Chartbild sieht man die von Elon Musk befeuerte absurd anmutende Kursrally sehr gut. Man erkennt jedoch auch den bereits starken Kurseinbruch. Die Marke um 0,165 US-Dollar diente dabei zuletzt immer als charttechnische Unterstützung und konnte den freien Fall des Dogecoin zumindest vorübergehend bremsen.

Meines Erachtens ist es jedoch nur noch eine Frage der Zeit, bis dieser charttechnische Support fällt. Sobald dies passiert, droht direkt eine weitere Halbierung auf rund 0,0875 US-Dollar. Unter 0,0875 US-Dollar würden sogar weitere Kursverluste in Richtung 0,04 US-Dollar möglich, ehe der Coin wieder in der Versenkung verschwinden dürfte.

Daher bietet sich gegenwärtig der Aufbau erster Shortpositionen an. Diese kann man bis zu Kursen von über 0,20 US-Dollar sogar ausbauen. Den Stoppkurs für die Shortposition sollte man recht eng, aber doch oberhalb von 0,21 US-Dollar platzieren, beispielsweise bei 0,2178 US-Dollar.

Die Kursziele für den Short liegen zunächst bei 0,165 US-Dollar sowie später unterhalb von 0,09 sowie um 0,04 US-Dollar. Wobei ich selbst einen totalen Crash auf 0,01 US-Dollar und weniger nicht völlig ausschließen würde. Wenn schon einer der Mitgründer sich heute von diesem Projekt distanziert, sollte das zu denken geben, auch einem Elon Musk!

3. Coins/Token direkt kaufen

Wer mit Kryptowährungen Gewinne machen möchte, muss sie natürlich erst einmal kaufen können. Doch wie geht das eigentlich? Schließlich werden Bitcoin und Co. zwar an 365 Tagen im Jahr, an sieben Tagen in der Woche rund um die Uhr gehandelt, aber eben nicht an den normalen Börsen. Denn sonst wäre ein solch durchgehender Handel ja auch gar nicht möglich.

Deshalb gibt es die sogenannten Krypto-Börsen. Einst war Mt.Gox in Japan die größte Krypto-Börse der Welt, inzwischen ist sie jedoch in die Insolvenz geschliddert. Zwar war Mt.Gox die erste Pleite einer solchen Krypto-Börse, es ist jedoch nicht die einzige geblieben. So verschwanden beispielsweise auch die kleinere US-amerikanische Krypto-Börse Cryptsy sowie die russische Krypto-Börse BTC-e vom Markt. Besonders den Fall Cryptsy kenne ich sehr gut, denn durch die Pleite dieser Krypto-Börse habe ich persönlich leider einige Litecoins (LTC) verloren.

Warum aber fange ich mit diesen Hiobsbotschaften an? Nur um Ihnen Angst zu machen und den Einstieg ins Krypto-Trading zu vermiesen? Wohl kaum. Vielmehr möchte ich Sie gleich zu Beginn sensibilisieren. Denn die Welt der Kryptowährungen ist, das macht die Sache ja auch so spannend, bis heute noch relativ unreguliert. Daher muss jeder, der in diese Welt einsteigen und sich in ihr bewegen möchte, eines wissen: Was immer mit Ihrem Geld passiert, es gibt niemanden außer Ihnen selbst, der dafür verantwortlich ist.

Konkret bedeutet das: Wenn Sie an einer Krypto-Börse handeln und diese Krypto-Börse in die Pleite schliddert, ist Ihr Geld in der Regel weg. Natürlich kann man versuchen, Rechtsanwälte einzuschalten oder Forderungen im Rahmen eines Insolvenzverfahrens anzumelden, aber dabei werden Sie in der Regel leer ausgehen. Dies ist absolut wichtig zu wissen, gerade hier in Deutschland. Denn leider sind die Deutschen in der Regel so gepolt, dass sie möglichst geringe Tradingkosten haben möchten – und achten dabei oftmals auf den letzten Cent. Grundsätzlich ist das ja auch durchaus okay, aber wählen Sie Ihre Krypto-Börse bitte nicht ausschließlich unter dem Aspekt niedriger Tradingkosten, sondern auch unter Risikogesichtspunkten aus!

Aber jetzt genug der Warnungen. Welche Krypto-Börsen gibt es denn überhaupt? Nun, ich kann Ihnen leider an dieser Stelle niemals eine vollständige Liste anbieten, denn dafür ist dieser Markt zu dynamisch. Aber zumindest die größten, wichtigsten und seriösesten Krypto-Börsen stelle ich Ihnen gerne kurz vor. Diese sind: Binance, Bitfinex, BitMEX, Bitstamp, Bittrex, CEX.io, Coinbase (Pro), Coincheck, Gemini, HitBTC, Kraken, OKEx und Poloniex.

Nicht an allen diesen Krypto-Börsen können alle Kryptowährungen gehandelt werden. Wenn Sie daher eine bestimmte Kryptowährung handeln möchten, müssen Sie sich vorher darüber informieren, ob diese an der entsprechenden Krypto-Börse auch gehandelt wird. All diesen Krypto-Börsen gemeinsam ist jedoch, dass Sie im Ausland, zumeist sogar in Asien, ansässig sind. Schon aus diesem Grund ist das Risiko hoch. Wobei Binance als derzeit weltgrößte Krypto-Börse sowie Coinbase (Pro) und Kraken als in den USA ansässige und dort regulierte Krypto-Börsen als die drei sichersten Krypto-Börsen gelten.

Wenn Sie also Kryptowährungen direkt – als Coins/Token – handeln möchten, sollten Sie an einer oder mehrerer dieser Krypto-Börsen ein entsprechendes Handelskonto eröffnen. Wenn Sie dort bevorzugt traden wollen, müssen Sie ihre Coins/Token respektive auch Ihr Kapital dort liegen lassen und haben somit ein erhöhtes Risiko. Als Investor dagegen können Sie sich eigene Wallets anlegen und die erworbenen Coins/Token so von diesen Krypto-Börsen abziehen.

Dabei gibt es sogenannte Web Wallets, Software Wallets sowie Hardware Wallets. Web Wallets zur Aufbewahrung Ihrer Coins/Token würde ich Ihnen dabei nicht empfehlen, denn diese sind vergleichsweise unsicher, sprich: könnten gehackt werden. Software Wallets, die Sie auf Ihrem lokalen Rechner einrichten können, sind da schon besser. Am allerbesten aber sind Hardware Wallets wie beispielsweise der Nano Ledger S oder Trezor.

Leider kann ich Ihnen an dieser Stelle nicht alle Wallets vorstellen, weil das ein Thema für ein eigenes Buch wäre. Aber die beiden bekanntesten und wohl auch besten Software Wallets sind weiterhin Electrum (siehe: https://electrum.org) und Exodus (siehe: www.exodus.io). Diese sind so bekannt und beliebt, weil sie sehr einfach in der Handhabung *(Usability)* sind, was konkret bedeutet, dass die *Setup*-Programme sie problemlos durch die Einrichtung führen.

Gerade als Trader sollten Sie sich jedoch die Frage stellen, ob es überhaupt sinnvoll ist, Coins/Token direkt zu kaufen. Denn es gibt durchaus Alternativen, wie ich Ihnen nun aufzeigen werde!

4. Alternative Finanzprodukte (CFDs & Zertifikate)

Diese Alternativen sind die sogenannten *Contracts for Difference* (CFDs) sowie Zertifikate. Ich möchte Ihnen dabei auch gar nichts vormachen: Bei diesen Finanzprodukten, auch Derivate genannt, kaufen Sie gar keine Coins/Token, sondern wetten quasi nur auf deren Kursentwicklung. Letztlich spielt das für einen Trader allerdings keine große Rolle, denn das Ziel eines jeden Traders ist es, Gewinne zu machen, egal wie.

Was aber sind nun die Vor-, aber eben auch die Nachteile dieser alternativen Finanzprodukte? Nun, die Vorteile liegen auf der Hand. CFDs und Zertifikate werden an den ganz normalen Börsen, beispielsweise auch der Deutschen Börse in Frankfurt (am Main) gehandelt und daher auch in Ihr normales Wertpapierdepot gebucht. Sie brauchen sich also keinerlei Gedanken um die Wahl der richtigen Krypto-Börse und Ähnliches zu machen und haben auch kein Risiko, dass ein Hacker Ihnen irgendetwas stiehlt. Das ist natürlich schon mal sehr gut, aber es wird sogar noch besser. Denn mit solchen Finanzwetten können Sie problemlos auf fallende und steigende Kurse wetten, wenn Sie möchten sogar gehebelt. Wobei ich davon, aufgrund der bereits hohen Volatilität des *Underlyings*, allerdings eher absehen würde.

Aber wie immer, wenn es Vorteile gibt, gibt es eben auch Nachteile. Ein Nachteil ist sicherlich die Besteuerung, wobei diese ja ohnehin fast nur Trader betrifft. Denn wer als Investor agiert, sollte schon aufgrund der relativ hohen Kosten dieser Derivate lieber Coins/Token direkt kaufen. Aber zurück zur Besteuerung. Bei Derivaten fallen immer Steuern an, wobei die Abgeltungssteuer sogar automatisch direkt an den Staat abgeführt wird. Anders sieht es aber bei Coins/Token direkt aus. Wer nämlich mit diesen Gewinne macht, egal in welcher Höhe, ist nach einer Haltefrist von einem Jahr absolut steuerfrei. Wenn möglich halten Sie Ihre Coins/Token jedoch lieber einen Tag länger als nur ein Jahr, um auf Nummer sicher zu gehen.

Da aber Trader in der Regel ohnehin kein Jahr lang ihre Positionen halten, ist das weniger ein Problem. Ein größeres sind jedoch das Angebot an Kryptowährungen sowie die Handelszeiten. Das Angebot deshalb, weil es natürlich auf allzu kleine Kryptowährungen, von denen Sie sich allerdings ohnehin fernhalten sollten, keine Derivate gibt. Es dürfte dabei allerdings schon schwierig werden, einen Anbieter zu finden, der den Handel mit Ren ermöglicht. In der Regel werden von den meisten Anbietern nur Bitcoin, Ether(eum) sowie einige andere größere Kryptowährungen angeboten. Wenn doch mal kleinere Kryptowährungen wie vielleicht Ethereum Classic im Angebot sind, sind die Kosten (in Form der *Spreads* zwischen An- und Verkaufskursen) exorbitant hoch. Aber okay, was nicht oder nur zu schlechten Konditionen angeboten wird, handelt man einfach nicht. Das zweite Problem, nämlich die Handelszeiten, ist da schon gravierender.

Denn das *Underlying*, nehmen wir mal den Bitcoin (BTC), wird eben an 365 Tagen im Jahr, an sieben Tagen in der Woche und rund um die Uhr gehandelt. Die CFDs oder Zertifikate werden jedoch eventuell nachts oder am Wochenende nicht gehandelt. Das ist dann insofern gefährlich, als dass Sie somit leider nicht auf entsprechende Kursentwicklungen reagieren können. Sprich: Gibt es beim Bitcoin am Samstagnachmittag, während Sie auf Sky die Bundesliga schauen, einen Kurssprung um 20 Prozent, können Sie im Zweifel Ihre Gewinne nicht mitnehmen. Wenn der Kurs anschließend wieder auf das Ausgangsniveau zurückfällt, haben Sie also den Salat. Dann gilt für Sie leider: Außer Spesen nichts gewesen.

5. Kryptowährungen mit Dividenden/Zinsen

Ja, es mag sich ziemlich unglaublich anhören, aber es gibt tatsächlich Kryptowährungen, bei denen man als Anleger während der Haltedauer eine Art Dividende oder Zins bekommt. Dabei muss man unterscheiden, wer diese Dividenden respektive Zinsen denn bekommt. Bei DASH (und einigen anderen Kryptowährungen) ist es beispielsweise so, dass diejenigen, die die sogenannten Masternodes betreiben, entsprechende Einnahmen erzielen. Das kann schon interessant sein, erfordert im Zweifel aber leider oftmals sehr hohe Investitionen sowie ein großes technisches Verständnis.

So müssen bei DASH die Betreiber der Masternodes beispielsweise den Besitz von 1000 DASH nachweisen, die aktuell rund 85 000 US-Dollar wert sind. Wer jedoch frühzeitig auf solche Gelegenheiten aufmerksam wird und diese nutzt, kann durchaus auch schon für weniger Geld interessante Einnahmen erzielen. Bedenken Sie, dass DASH in der Spitze 2014 auch schon mal knapp 1600 US-Dollar gekostet hat (damals noch unter dem alten Namen »Darkcoin/XCoin«), aber lange Zeit für deutlich weniger als 1,00 US-Dollar zu haben war.

Aber es gibt auch andere Coins/Token, bei denen der reine Besitz zu Dividenden/Zinsen führt. Ein Beispiel hierfür wurde bereits genannt: das »chinesische Ethereum« NEO (früher: AntShares).

Beachten Sie allerdings, dass Sie auch für diese Dividenden/Zinsen ebenfalls Steuern bezahlen müssen. Im Zweifel schalten Sie daher unbedingt einen Steuerberater ein.

6. ICOs/ITOs/Token Sales analysieren

Hätte ich dieses Buch früher geschrieben, hätte ich dieses Kapitel wohl deutlich umfangreicher gestalten müssen als heute. Denn im Zuge des Krypto-Hypes 2017 kam es auch zu einem Hype um ICOs, ITOs beziehungsweise *Token Sales*. Was aber ist das überhaupt genau?

Nun, »ICO« steht für *»Initial Coin Offering«* und »ITO« für *»Initial Token Offering«*. Den Unterschied zwischen Coin und Token kennen wir ja bereits. Gibt es eine eigene Blockchain, handelt es sich um einen Coin. Gibt es (noch) keine eigene Blockchain, handelt es sich eben um einen Token. Die meisten Token basierten und basieren dabei, schon aufgrund der Möglichkeiten (*Smart Contracts*!) auf der Ethereum-Blockchain, das sind die bekannten ERC20-Token.

Was aber sind ICOs und ITOs überhaupt? Nun, von der Börse kennen wir die IPOs, *Initial Public Offerings*, zu Deutsch: Börsengänge oder besser Neuemissionen. Dementsprechend werden bei ICOs respektive ITOs neue Coins beziehungsweise Token angeboten, es handelt sich also quasi um Neuemissionen von Coins oder Token. Da es bei diesen Bezeichnungen rechtliche Einschränkungen gibt, gibt es auch noch den Begriff des *Token Sales*, was jedoch fast das Gleiche wie ein ITO ist.

Was sind nun die Vor- und Nachteile von ICOs/ITOs oder *Token Sales*? Nun, da hier Coins oder Token ganz neu emittiert werden, hat man die große Chance, bei einem aussichtsreichen Projekt von Beginn an dabei zu sein. Greift man hier zu und der Coin beziehungsweise Token wird ein Erfolg, winken natürlich exorbitant hohe Gewinne. Das war auch der Grund für den Hype um ICOs/ITOs und *Token Sales*. Viele Anleger, die die Mega-Kursrally des Bitcoins und anderer Kryptowährungen verpasst hatten, glaubten, hier eine zweite große Chance zu bekommen, und teilweise war das ja auch richtig.

Aber überall, wo es um (viel) Geld geht, tummeln sich eben auch schwarze Schafe. Daher gab und gibt es auch viele unseriöse ICOs/ITOs oder *Token Sales*. Zum Teil griffen sogar die Behörden, hauptsächlich in den USA, ein, um Anleger vor dubiosen Anbietern zu schützen. Allerdings waren manche Anbieter auch sehr ehrlich. So stand bei einem ICO/ITO sogar in den Risikohinweisen, dass man das investierte Geld gar nicht erst als Investment, sondern als Spende betrachten sollte. Selbst dieser eindeutige Hinweis, der ja letztlich nichts anderes besagt, als dass das Geld voraussichtlich weg ist, hat viele Anleger nicht davon abhalten können, ihr Glück zu versuchen. Da muss man manchmal schlicht und einfach am gesunden Menschenverstand zweifeln, oder?

Allerdings muss man auch klar sagen, dass manche Geschäftsmodelle einfach nicht funktioniert haben und gescheitert sind. Das ist bei Projekten (Unternehmen), die sich über die Krypto-Märkte finanzieren, letztlich nicht viel anders als bei Unternehmen, die sich über die Ausgabe von Aktien finanzieren. *Trial and Error* ist eben ein marktwirtschaftliches Prinzip und von daher muss man leider damit leben, dass manche (gute) Idee am Ende doch nicht aufgeht. Ein solcher Fall ist sicherlich bisher TenX, wenngleich sich das durchaus noch ändern könnte.

Konkret hatte man bei TenX die Idee, Kryptowährungen in der Offline-Welt, über eine entsprechende Kreditkarte, einsatz- beziehungsweise ausgabefähig zu machen, sowie es Crypto.com inzwischen geschafft hat. Um den Einsatz von Kryptowährungen (anstatt Euro, US-Dollar und Co.) zu fördern, bot man seinen Kunden entsprechende Gutschriften *(»Cashbacks«)* an. Leider erwies sich die dazu notwendige Zusammenarbeit mit Kreditkartenanbietern als schwierig, was zu massiven Verzögerungen inklusive eines entsprechenden Vertrauensverlustes vieler Kunden führte. Ferner erwiesen sich auch die angedachten *Cashbacks* als rechtlich heikel.

Dennoch muss man klar feststellen, dass viele – zunächst stark euphorisierte – Anleger von ICOs/ITOs oder auch *Token Sales* letztlich böse enttäuscht wurden. Schon dadurch bedingt ist dieser Hype inzwischen weitestgehend vorbei – und ich kann mir eine explizite Warnung vor ICOs/ITOs und *Token Sales* an dieser Stelle sparen. Wenn Sie doch noch Interesse an ICOs/ITOs oder *Token Sales* haben, dann gilt: Analysieren Sie diese bitte vor einem Investment sehr genau!

Dies funktioniert mithilfe des Internets durchaus sehr gut. Schauen Sie sich an, welche Idee mit einem Projekt verfolgt wird und wie groß Sie die Erfolgsabsichten dafür bewerten. Schauen Sie sich dann noch die handelnden Personen, also das Team hinter dem Coin oder Token, genau an. Nur wenn Ihnen sowohl die handelnden Personen vertrauenswürdig als auch das Geschäftsmodell plausibel erscheinen, sollten Sie investieren. Seien Sie aber im Zweifel lieber zu vorsichtig als zu euphorisch.

Denn wenn Sie Pech haben, verpassen Sie möglicherweise Gewinne. Sie können jedoch, wenn das Projekt wirklich so gut ist, sicherlich später noch zu einem vernünftigen Preis einsteigen und so doch noch Geld machen. Steigen Sie jedoch ein und die Sache geht schief, verlieren Sie Geld – bis hin zu einem möglichen Totalverlust. Zwar schmerzen verpasste Gewinne oftmals mehr als erlittene Verluste. Aber das ist eher ein psychologisches Problem!

VI. ICOs, ITOs und Token Sales

1. Der große »Krypto-Hype« (2017) und seine Folgen

Jetzt habe ich bereits mehrfach den »Krypto-Hype« des Jahres 2017 angesprochen. Lassen Sie uns daher an dieser Stelle mal einen Blick darauf werfen. Was ist seinerzeit passiert, dass der Bitcoin bis auf knapp 20 000 US-Dollar steigen konnte?

Zunächst einmal muss man klar und deutlich sagen, dass der »Hype« des Jahres 2017 letztlich nur die Spitze eines Eisbergs darstellte. Begonnen hat die Kursrally des Bitcoins nämlich quasi schon mit dem Tag seiner Einführung. Dabei kam es immer wieder zu solchen »Hypes« wie im Jahr 2017 und auch immer wieder kurz darauf zu solchen »Crashs« wie im Jahr 2018. Nur haben es seinerzeit die meisten Leute gar nicht mitbekommen, weil eine Kursrally von 0,05 US-Dollar auf 5,00 US-Dollar zwar auch eine Verhundertfachung darstellt, aber natürlich längst nicht so spektakulär wirkt wie eine Kursrally von 50 auf 5000 US-Dollar und deshalb eben auch in der Presse nicht so stark thematisiert wird.

Bedenken Sie an dieser Stelle, dass man zum Start des Bitcoins im Jahr 2009 zeitweise noch sage und schreibe mehr als 1300 Bitcoins für nur einen einzigen US-Dollar kaufen konnte. Wer also seinerzeit »mutig« genug war, auch nur einen einzigen lausigen US-Dollar in Bitcoin zu investieren und dies bis heute durchgehalten hat, war trotz des »Crashs« im Jahr 2018 immer mehrfacher Millionär. Aber nicht nur mit dem Bitcoin wäre eine solch gigantische Performance möglich gewesen, sondern auch mit einigen anderen Kryptowährungen. So stieg beispielsweise Ripple (XRP) im Laufe des Jahres 2017 um sage und schreibe mehr als 36 000 Prozent. Damit wären aus einer Investition von nur einem einzigen US-Dollar zwar am Ende »nur« gut 360 US-Dollar geworden. Aber immerhin hätte auch hier eine Investition von »nur« knapp 2800 US-Dollar genügt, um Millionär zu werden.

Allerdings trieb der »Krypto-Hype« zum Teil seltsame Blüten, insbesondere was die sogenannten *Initial Coin Offerings* (ICOs), *Initial Token Offerings* (ITOs) sowie *Token Sales* betraf. Diese schauen wir uns daher nun mal näher an!

2. Initial Coin Offerings (ICOs)/Initial Token Offerings (ITOs)/Token Sales

Zwar fand der große Krypto-»Hype«, in erster Linie basierend auf dem »Hype« um den Bitcoin, bereits im Jahr 2017 statt. Dagegen war das Jahr 2018 dann eher geprägt vom großen Krypto-»Crash«. Aber am Markt für ICOs, ITOs und *Token Sales* sah das doch etwas anders aus. So kamen noch weit bis ins Jahr 2018 hinein beinahe täglich neue Coins und Token auf den Markt, was sicherlich auch ein Grund für den Krypto-»Crash« war.

Schließlich brauchen Anleger, die auf neue Coins oder Token setzen möchten, auch das entsprechende Geld. Dies haben sie wahrscheinlich, zumindest zum Teil, durch Gewinnmitnahmen bei anderen Coins und Token generiert. So entzog dieses Vorgehen dem Markt Liquidität, was dazu beitrug, die Kurse vieler Coins und Token fallen zu lassen. Darüber hinaus war es auch durchaus so, dass viele Krypto-Projekte kein *Fiat Money* (wie Euro oder US-Dollar), sondern zunächst einmal eben Ether als Startkapital *(Venture Capital)* eingesammelt hatten.

Spätestens als die eingesammelten Ether weniger und weniger wert wurden, wurden die Verantwortlichen dieser Krypto-Projekte zunehmend nervös. Letztlich war und ist es eben leider so, dass am Ende für die meisten Menschen nur Bares auch Wahres ist. Daher wollten die Mitarbeiter der entsprechenden Krypto-Projekte letztlich natürlich in Fiat-Währungen wie Euro oder US-Dollar bezahlt werden. Gleiches galt auch für andere wichtige Dinge wie beispielsweise (neue) Computer oder den Speicherplatz für das Webhosting.

Daher ist es wohl mehr als nur eine Theorie, dass von vielen Verantwortlichen der entsprechenden Krypto-Projekte irgendwann einmal die Reißleine gezogen und die Ether gegen Fiat-Währungen verkauft wurden. Getreu dem Motto: »Retten, was noch zu retten ist«. Dadurch verstärkte, gerade bei Ethereum, am Ende die Baisse sogar noch die Baisse – und dies erklärt dann auch die grausame Performance dieses eigentlich zukunftsträchtigen Coins beziehungsweise Projekts.

Zu guter Letzt hat der »Hype« um Kryptowährungen natürlich auch viele schwarze Schafe angelockt. Dies ist bekanntlich immer so, wenn es um viel Geld geht, und das war ja hier zweifellos der Fall. Wenn jedoch zunehmend nur noch »Shitcoins« auf den Markt kommen, ist das gleich doppelt schlecht. Zum einen, weil gute Coins verkauft werden, um davon diesen Schrott zu kaufen. Zum anderen aber auch, weil anschließend deren Performance unterirdisch ist und damit das Vertrauen der Anleger in den gesamten Markt mehr und mehr verloren geht. Auch deshalb bin ich der Auffassung, dass Anleger mit ICOs, ITOs beziehungsweise *Token Sales* sehr, sehr vorsichtig sein sollten.

Wenn Sie jedoch partout bei einem solchen ICO/ITO oder *Token Sale* mitmachen möchten, achten Sie unbedingt auf folgende Punkte:

1. Überlegen Sie genau, ob Sie dem Projekt einen Durchbruch zutrauen. Oder ist es doch nur eine weitere Kopie einer bereits bestehenden Kryptowährung?

2. Wer genau steht hinter dem Projekt? Kennen Sie den Gründer und ist es Ihnen möglich, das Team hinter dem Coin/Token zu bewerten? Seien Sie besonders skeptisch, wenn dort vielleicht schon mal Ermittlungen gegen wichtige Personen liefen – um was ging es dabei?

Wenn schon Verantwortliche des entsprechenden Projekts sagen oder schreiben, dass man das Geld, das man in das Projekt investiert, eher als Spende denn als Investment begreifen sollte, sollte man sehr vorsichtig sein!

Bedenken Sie: Mit ICOs/ITOs respektive *Token Sales* kann man unter Umständen zwar viel Geld machen. Chancen und Risiken sind jedoch immer zwei Seiten der gleichen Medaille. Konkret bedeutet dies, dass man sich als privater Kleinanleger im Zweifel zurückhalten sollte. Zumindest in diesem Punkt unterscheiden sich IPOs (Neuemissionen) von Aktien nicht sonderlich von ICOs/ITOs respektive *Token Sales*.

3. Bitcoin- und Blockchain-Aktien

Neben diesen ganzen ICOs/ITOs/*Token Sales* gab und gibt es jedoch noch ein weiteres Feld, auf dem sich Spekulanten austobten und austoben. Denn natürlich ist der Krypto-»Hype« auch an den Börsianern nicht spurlos vorübergegangen. Damit meine ich jetzt jedoch nicht die Einführung der Bitcoin-Futures, die es meines Erachtens nicht gebraucht hätte. Sondern vielmehr die sogenannten Bitcoin- beziehungsweise Blockchain-Aktien. Leider gibt es nur einige wenige seriöse Bitcoin- und Blockchain-Aktien und leider ebenfalls jede Menge Schrott.

Zu den wenigen seriösen Bitcoin- und Blockchain-Aktien zählen sicherlich die Papiere der Bitcoin Group, der Monex Group sowie von Overstock.com. Das weltgrößte Unternehmen in diesem Bereich und somit die wohl seriöseste Geldanlage ist jedoch im Dow Jones Industrial Average (DJIA) gelistet und heißt »Big Blue«, IBM (International Business Machines). Zuletzt stand IBM zwar eher durch die – leider tatsächlich etwas zu gemächlich laufende – Restrukturierung, die berechtigterweise zu scharfer Kritik an der zwischenzeitlich abgetretenen Konzernchefin Virginia »Ginni« Rometty führte, im Blickpunkt. Allerdings scheint es auch hier, nach der angekündigten Übernahme des Linux-Spezialisten Red Hat, wieder besser zu laufen. Auch wegen des »Krypto-Crashs« des Jahres 2018 haben viele Anleger das Thema Blockchain im Zusammenhang mit IBM nicht mehr auf der Rechnung, was meines Erachtens jedoch ein Fehler ist.

Denn das Blockchain-Business bei IBM mag in Relation zur Größe des Konzerns noch klein sein, es ist aber sehr wachstumsstark. So arbeitet IBM nach eigener Aussage bereits heute an zahlreichen Blockchain-Projekten, die man gemeinsam mit Kunden entwickelt.

International Business Machines Corp. (NYSE: IBM), Chart, zwei Jahre (in US-Dollar)

Grafik 45: IBM im 1-Jahreschart; Quelle: Guidants

Ein weiteres Unternehmen, das man in Sachen Blockchain und Kryptowährungen auf der Rechnung haben sollte, ist die US-amerikanische Overstock.com. Ursprünglich war Overstock.com mal ein *E-Commerce*-Unternehmen, das Amazon Konkurrenz machen wollte. Dabei kaufte Overstock.com, wie der Name schon sagt – »overstock« heißt auf Deutsch »Überbestände« – die Überbestände von Einzelhändlern auf. Da diese ja ihre Ware unbedingt losschlagen müssen, konnte Overstock.com diese Überbestände sehr günstig einkaufen. Aufgrund des extrem niedrigen Einkaufspreises konnte man sie dann natürlich ebenfalls sehr günstig anbieten und über das Internet verkaufen – und dabei trotzdem noch Gewinne einfahren. Eigentlich ein sehr cleveres Geschäftsmodell, das jedoch sehr stark von den Fähigkeiten des Managements abhängig ist.

Hinzu kommt, dass die Leute natürlich besonders in wirtschaftlich schlechten Zeiten nach solchen Schnäppchen suchen. Läuft es wirtschaftlich hingegen rund, ist das für Unternehmen wie Overstock.com tendenziell eher kontraproduktiv. Bekanntlich erblickte der

Bitcoin nahezu auf dem Höhepunkt der Finanzkrise, am 3. Januar 2009, das Licht der Welt. Zunächst interessierte er daher bei Overstock.com niemanden. Doch dank einer starken Kursrally im Laufe des Jahres 2013, im Zuge derer der Bitcoin damals erstmals auf über 1000 US-Dollar stieg und dabei für ganz kurze Zeit sogar den Wert einer Feinunze Gold übertraf, wurde der Overstock.com-Gründer und damalige CEO Patrick M. Byrne auf die »Mutter aller Kryptowährungen« aufmerksam.

Er beauftragte daraufhin, wohl eher unter Marketinggesichtspunkten, seine Programmierer mit der Implementation des Bitcoins als Zahlungsoption. Diese hatten erst kurz zuvor die Kreditkarten Mastercard und VISA als Zahlungsoption implementiert, was mehr als ein halbes Jahr gedauert hatte. Die Implementation der Zahlungsoption Bitcoin dagegen dauerte gerade einmal rund sechs Wochen. Dies konnte Byrne kaum glauben und war daher spätestens ab diesem Zeitpunkt begeistert von Bitcoin. In der Folge forderte er daher seine Programmierer dazu auf, sich intensiver mit Kryptowährungen beziehungsweise der dem Bitcoin zugrunde liegenden Blockchain-Technologie zu beschäftigen und möglicherweise weitere Anwendungsmöglichkeiten zu finden respektive zu entwickeln.

Letztlich wurde daraus ein eigener Geschäftsbereich bei Overstock.com – und jetzt wird es interessant. Denn unter anderem wurde von diesem Geschäftsbereich eine Möglichkeit entwickelt, wie man einen Börsengang (IPO, *Initial Public Offering*) per Blockchain abwickeln könnte. Da bisher zur Abwicklung eines solchen Börsengangs immer Investmentbanken wie Goldman Sachs oder JPMorgan Chase (und andere) eingeschaltet werden mussten, die sich ihre Dienste jedoch teuer bezahlen ließen (und lassen), war diese Option ein potenzieller *Gamechanger* im Bereich des Investmentbanking. Daher hat sich zwischenzeitlich auch die ein oder andere große US-Investmentbank schon bei Overstock.com eingekauft.

Der Plan von Overstock.com sah dabei ursprünglich einmal vor, zunächst eine Kapitalerhöhung für das eigene Unternehmen via Blockchain abzuwickeln. Damit wollte man zugleich den Nachweis erbringen, dass auch die Umsetzung der Lösung in der Praxis *(Proof-of-Concept)* problemlos funktioniert. In einem weiteren Schritt hätte man dann jedem Unternehmen, das gerne an die Börse gehen würde, einen IPO über diese Lösung angeboten, wobei man nur halb so hohe Gebühren verlangt hätte wie die großen und bekannten Wall-Street-Banken. Leider ist dieser Plan bisher jedoch noch nicht aufgegangen, wohl auch weil die US-Börsenaufsicht Securities and Exchange Commission (SEC) aufgrund von Sicherheitsbedenken ihren Segen zum Einsatz dieser Lösung noch nicht gegeben hat. Aber was nicht ist, kann ja noch werden, erst recht vor dem Hintergrund des Investments zumindest einer bekannten US-Investmentbank.

Was aber schon immer ein Teil der Zukunftsplanung von Gründer Patrick M. Byrne war und bis heute ist, ist eine Abspaltung des ursprünglichen Kerngeschäfts sowie dessen Börsengang oder Verkauf. Weiterhin würde es dann wohl auch eine Namensänderung, vermutlich in »Medici« (denn so heißt der Geschäftsbereich bei Overstock.com aktuell), geben. Somit würde sich – nach dieser Neustrukturierung – die Gesellschaft zukünftig nur noch auf die Blockchain beziehungsweise die *Distributed-Ledger*-Technologie/n und Kryptowährungen konzentrieren. Interessant in diesem Zusammenhang ist sicherlich das Investment der in China (konkret: Hongkong) ansässigen Firma GSR Capital in Overstock.com respektive Medici.

Im Rahmen eines Deals verpflichteten sich die Hongkong-Chinesen zur Übernahme von 3,1 Millionen Overstock.com-Aktien zum Preis von 35,50 US-Dollar. Darüber hinaus aber beteiligte sich GSR Capital auch noch mit 18 Prozent an Medici (tZero) und bewertete dadurch diesen Geschäftsbereich alleine mit 1,5 Milliarden US-Dollar. Zu guter Letzt verpflichtete sich GSR Capital dann auch noch dazu, 30 Millionen US-Dollar in eine von Medici zu entwickelnde

Kryptowährung zu investieren. Lassen wir den letzten Teil des Abkommens mal weg, so hat GSR Capital das Unternehmen auf einen Börsenwert von knapp 1,15 Milliarden US-Dollar taxiert, den Geschäftsbereich Medici alleine jedoch auf 1,5 Milliarden US-Dollar. Somit wäre das bisherige Kerngeschäft *(E-Commerce)* des Unternehmens minus 350 Millionen US-Dollar wert. Würde es also Overstock.com auch nur gelingen, dieses Business zu verschenken, müsste man den Börsenwert schon bei mindestens 1,5 Milliarden US-Dollar sehen. Bekommt die Company vielleicht sogar noch 250 Millionen bis 500 Millionen US-Dollar, sähe es dementsprechend noch besser aus.

Ich würde für dieses *E-Commerce*-Business einen Unternehmenswert von mindestens 300 Millionen US-Dollar ansetzen. Demnach wäre der Konzern bis zu 1,8 Milliarden US-Dollar wert, was ziemlich genau 56,00 US-Dollar je Aktie entsprechen würde. Noch im März krebste die Aktie um 2,50 US-Dollar herum, inzwischen ist sie explodiert. Grundsätzlich halte ich den Titel für sehr interessant, nicht mehr jedoch zu den aktuellen Wucherpreisen. Kommt es hier jedoch mal wieder zu einem Ausverkauf, sieht das anders aus. Denn stellen Sie sich mal vor, was an der Wall Street los wäre, wenn Overstock.com tatsächlich zukünftig irgendwann Börsengänge mithilfe der Blockchain offerieren könnte.

Overstock.com Inc. (NASDAQ: OSTK), Chart, zwei Jahre (in US-Dollar)

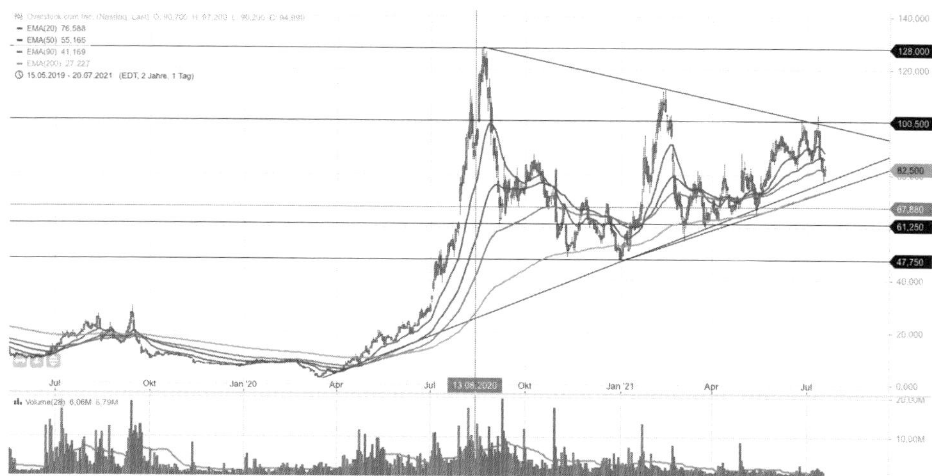

Grafik 46: Overstock.com Inc. im 1-Jahreschart; Quelle: Guidants

Die nächste interessante Blockchain- beziehungsweise Kryptowährungs-Aktie stammt aus dem asiatischen Raum, es handelt sich nämlich um das Papier der Monex Group. Ursprünglich war die Monex Group eigentlich ein schlichtes Finanzdienstleistungsunternehmen mit Hauptsitz in Tokio. Die Gesellschaft war vergleichbar mit Lang & Schwarz vor deren Expansion mit Hilfe von Wikifolio, also ein eher langweiliges Unternehmen. Doch dann kam es zu einem Hack in Japan, bei dem der dort sehr populären Krypto-Börse Coincheck insbesondere sehr viele XEM (das ist die Kryptowährung hinter dem NEM-Projekt!) gestohlen wurden.

Im Zuge dieses Hacks schaltete sich die japanische Regierung ein und ordnete an, dass Coincheck die geschädigten Krypto-Anleger entschädigen müsse. Noch im Geschäftsjahr 2017 hatte Coincheck – aufgrund des Krypto-»Hypes« – einen Gewinn in Höhe von knapp 500 Millionen US-Dollar eingefahren. Dank des Krypto-»Crashs« sowie dieses Hacks drohte Coincheck jedoch plötzlich nicht nur der Rutsch in die Verlustzone, sondern sogar eine Insolvenz. Doch noch ehe es richtig kritisch wurde, trat hier eben der Finanzdienstleister Monex Group auf den Plan und legte ein Übernahmeangebot für Coincheck vor, das erfolgreich war. So wurde aus dem bis dato relativ unspannenden Finanzdienstleister quasi über Nacht der Betreiber einer erfolgreichen Krypto-Börse. Anleger honorierten dies zunächst mit starken Kursgewinnen, die jedoch im Zuge des Krypto-Winters inzwischen schon wieder Geschichte sind.

Kurzfristig mag dieser Krypto-Winter, der meines Erachtens auch noch längst nicht völlig ausgestanden ist, die Krypto-Börse Coincheck und damit auch die Muttergesellschaft Monex Group noch ein wenig belasten. Über kurz oder lang aber – da sind sich quasi alle Experten einig – werden die Kryptowährungen ein großes Comeback erleben. Sobald es dazu kommt, wird auch Coincheck »rocken« und somit die Aktie der Monex Group nach oben treiben. Die Aktie ist sicherlich spekulativer als das Papier von IBM. Aber mit einem wieder boomenden Krypto-Markt im Rücken besteht hier durchaus die Chance auf eine Verdopplung des Aktienkurses und mehr.

Monex Group Inc., Chart, zwei Jahre (in Euro)

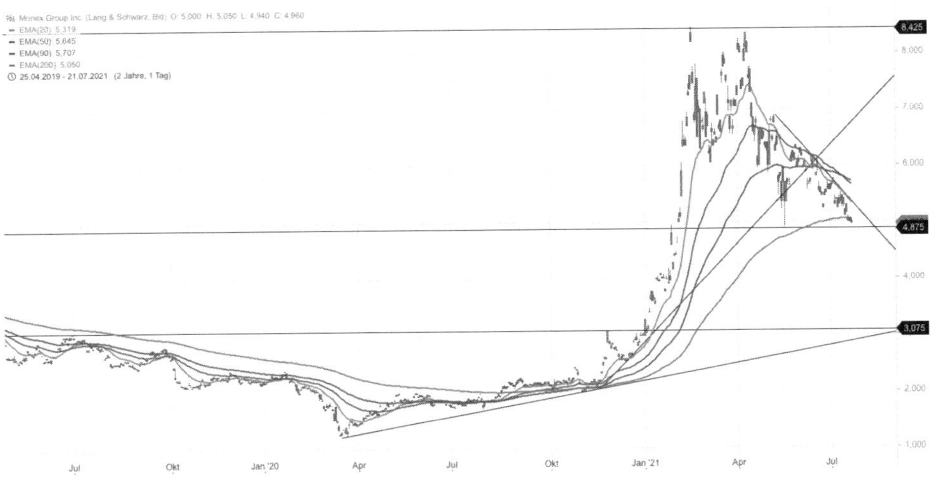

Grafik 47: Monex Group Inc. im 1-Jahreschart; Quelle: Guidants

Womit ich bei der letzten der wenigen seriösen und damit guten Blockchain- beziehungsweise Bitcoin- beziehungsweise Kryptowährungs-Aktien angekommen bin, nämlich der Aktie der Bitcoin Group. Vorab sei erwähnt, dass ich Bitcoin-Group-Gründer Oliver Flaskämper schon lange kenne und ihn sehr schätze. Dennoch bewerte ich jede Aktie völlig unabhängig davon, ob ich die handelnden Personen kenne oder nicht und ob sie mir sympathisch sind oder nicht. Daher möchte ich auch zunächst auf einen Kritikpunkt bei dieser Aktie zu sprechen kommen, den sich jeder Anleger bewusst machen sollte.

Bei der Bitcoin Group SE handelt es sich nämlich grundsätzlich um eine Beteiligungsgesellschaft, die sich im Mehrheitsbesitz von Gründer Oliver Flaskämper befindet. Die wichtigste Beteiligung der Bitcoin Group ist dabei die an der Bitcoin Deutschland AG mit 100 Prozent. Die Bitcoin Deutschland AG ist wiederum der Betreiber der langen Jahre einzigen Krypto-Handelsplattform in Deutschland, nämlich bitcoin.de. Genau dies ist jedoch ein Problem. Zum einen ist somit die Firmenstruktur sehr verschachtelt, was man grundsätzlich immer kritisch betrachten muss, Steinhoff lässt grüßen. Zum anderen aber hat bitcoin.de zuletzt massive Konkurrenz bekommen, beispielsweise durch die neue Krypto-Handelsplattform der Börse Stuttgart, BISON. Zumindest was die auf den ersten Blick komplizierte Struktur des Unternehmens betrifft, kann ich jedoch Entwarnung geben. Denn diese Unternehmensstruktur dient letztlich nur dazu, dem Gründer und Großaktionär Oliver Flaskämper einen günstigen Ausstieg zu verschaffen, sofern er denn möchte.

Denn wenn ein Unternehmer sein Unternehmen direkt verkauft, fallen darauf leider sehr hohe Steuern an. Wenn jedoch ein Unternehmen wie die Bitcoin Group lediglich eine Beteiligung (beispielsweise an der Bitcoin Deutschland AG) verkauft, sind deutlich geringere Steuern fällig. Darum raten heutzutage schon zahlreiche YouTuber, dass man schon bei der Gründung des eigenen Unternehmens immer besser zwei Gesellschaften neu gründet: eine Holding (Beteiligungsgesellschaft) wie die Bitcoin Group und dann innerhalb dieser Holding das eigentliche, operativ tätige Unternehmen. Es mag traurig sein, dass man hier in Deutschland mit solchen Tricks arbeiten muss, aber es ergibt leider definitiv einen Sinn.

Das Problem, das ich zurzeit leider bei der Aktie der Bitcoin Group sehe, ist daher auch weniger diese Struktur, die ich sogar für recht gewieft halte. Das Problem sind eher die zahlreichen neuen Konkurrenten für die Bitcoin Deutschland AG und somit bitcoin.de, wie beispielsweise die Börse Stuttgart mit BISON. Zwar ist das Rennen hier noch nicht entschieden und bekanntlich belebt Konkurrenz das Geschäft. Aber dann muss bitcoin.de vom grafischen Benutzer-Interface her deutlich besser werden und zukünftig deutlich mehr Coins/Token zum Handel freigeben. Allerdings sind dies alles Dinge, die das Management der Bitcoin Group SE um CEO Michael Nowak bereits in Aussicht gestellt hat. Nichtsdestotrotz ist die Aktie der Bitcoin Group SE mindestens ebenso heiß wie das eben vorgestellte Papier der Monex Group.

Bitcoin Group SE, Chart, zwei Jahre (in Euro)

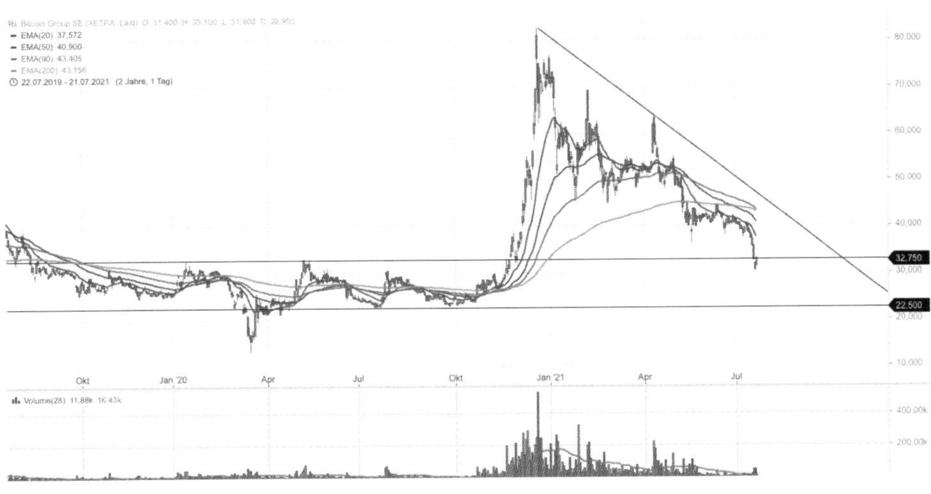

Grafik 48: Bitcoin Group SE im 1-Jahreschart; Quelle: Guidants

Sicherlich gibt es noch die ein oder andere weitere interessante Bitcoin-, Blockchain- oder Kryptowährungs-Aktie. Beispielsweise könnte man auch das Papier der Google-Mutter Alphabet, schon wegen ihrer Beteiligung an Ripple (XRP), ja durchaus auch zu diesen Aktien zählen. Aber auch Aktien vom Börsenbetreiber NASDAQ Inc. oder von Finanzdienstleistern wie PayPal oder Square könnte man zu dieser Kategorie zählen. Zuletzt machten dann auch noch MicroStrategy oder Tesla durch ihre Bitcoin-Investments auf sich aufmerksam. Ich persönlich bevorzuge jedoch *Pure Plays* wie Overstock.com, die Monex Group sowie die Bitcoin Group.

Die Finger sollte man dagegen von vielen selbsternannten Bitcoin-, Blockchain- oder Kryptowährungs-Aktien lassen. So wurden in der Vergangenheit zahlreiche Pennystocks gehypt, zum Teil auch schlicht wegen Namensänderungen. Zu diesen eher schwarzen Schafen gehört ganz sicher das Papier von Long Blockchain Corp, der vormaligen Long Island Iced Tea Corp. Aber ich halte auch wenig bis gar nichts von Aktien wie 360 Blockchain, Global Blockchain Technologies (inzwischen erneut umbenannt in »Global Gaming Technologies«) und wie sie alle heißen mögen. Solche Pennystocks erinnern mich leider eher an die Abzockmethoden, die man im Film *The Wolf of Wall Street* mit Leonardo DiCaprio gezeigt bekam.

Lassen Sie sich daher in dieser Hinsicht auch bitte nicht von, oftmals selbsternannten, »Börsengurus« täuschen und meiden Sie solche Titel strikt. Ich zeige Ihnen anhand eines Charts mal, warum. Ein Chart genügt, weil eben die meisten Charts so oder so ähnlich aussehen.

Global Gaming Technologies Corp. (OTC: BLKCF), Chart, zwei Jahre (in US-Dollar)

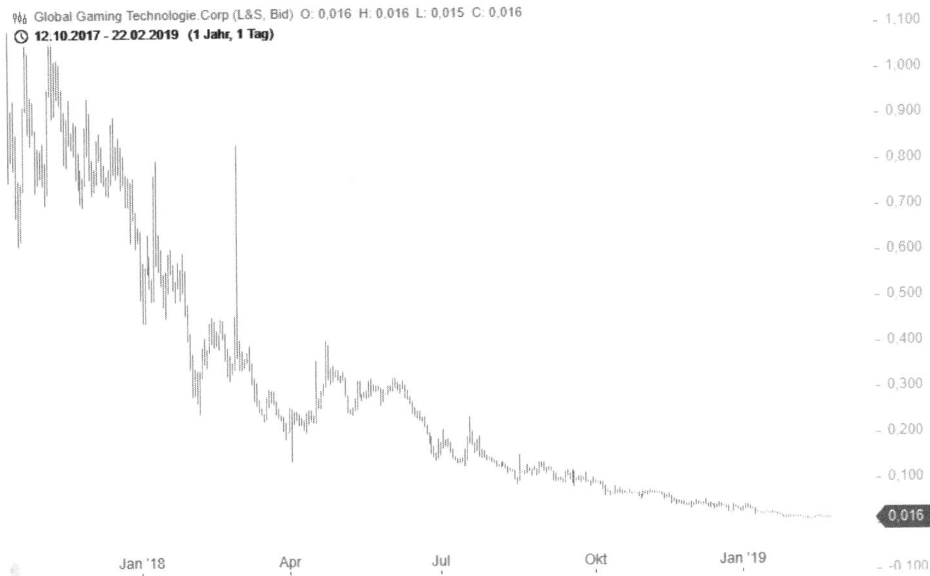

Grafik 49: Global Gaming Technologies Corp. im 1-Jahreschart; Quelle: Guidants

Nein, das ist kein Druckfehler, der Chart ist tatsächlich schon etwas älter. Einen aktuelleren gibt es jedoch leider nicht. Denn zwar wird diese einstmals gehypte Aktie noch vereinzelt im US-Freiverkehr gehandelt. Einen Handel dort bieten jedoch die meisten Online-Broker hierzulande gar nicht an. Was in diesem Fall, schon aus Gründen des Anlegerschutzes, gut ist.

Es ist sinnlos, in diesen Chart Abwärtstrendlinien oder charttechnische Unterstützungen einzuzeichnen. Der Aktienkurs, so viel ist klar, konvergiert hier gegen null. Dies war leider schon lange absehbar und ich habe in zahlreichen Artikeln auch immer wieder vor solchen Aktien gewarnt. Ich hoffe, dass ich so möglichst viele Kleinanleger vor massiven Kursverlusten bewahren konnte!

VII. Chancen und Risiken freier Märkte

Wie bereits dargelegt, sind Kryptowährungen zwar ein Vollgeld, jedoch zugleich trotzdem *Fiat Money*. Denn es gibt in der Regel (Ausnahmen bestätigen dabei die Regel) keinerlei Deckung durch Gold oder irgendwelche anderen Rohstoffe. Was es jedoch gibt, ist die Blockchain als virtuelles Kassenbuch sowie einen Algorithmus, der das Geldsystem steuert. Dieser Algorithmus wird von dem oder den Initiator/en festgelegt und ist anschließend quasi unveränderlich. Wer an Kryptowährungen glaubt, so hat es auch Bitcoin-Group-Gründer Oliver Flaskämper mal formuliert, glaubt an die Mathematik und an Computer. Je mehr Leute das tun, desto höher können dann die Preise dieser virtuellen Währungen steigen, denn letztlich werden sie in einem freien Markt und somit einzig und allein durch Angebot und Nachfrage bestimmt.

Immer wieder monieren Kritiker diese Preisfindung, wobei ich grundsätzlich kein großes Problem darin erkennen kann. Einzig und allein die Tatsache, dass aufgrund der bisher noch fehlenden Regulierung der Marktmanipulation Tür und Tor geöffnet sind, ist daher aus meiner Sicht ein valider Kritikpunkt. Was aber meine ich damit genau? Nun, an den weltweiten Aktienmärkten haben wir in der Vergangenheit schon so manche Schweinerei erlebt. So haben irgendwelche selbsternannten »Börsengurus« in der Vergangenheit gerne mal hochspekulative Aktien zum Kauf empfohlen, die sie zuvor selbst gekauft hatten, um sie in den durch sie selbst erzeugten »Hype« hinein dann mit Gewinn zu veräußern. Genauso soll es aber schon vorgekommen sein, dass solche »Börsengurus« für eben solche Kaufempfehlungen bezahlt wurden, damit andere gezielt abladen konnten.

Aus diesem und keinem anderen Grund plädiere ich daher auch für eine gewisse Regulierung der Krypto-Märkte. Diese muss dabei weit genug gehen, um solche Machenschaften nach Möglichkeit zu verhindern. Sie darf aber andererseits auch nicht zu weit gehen, da man sonst den Markt abwürgt. Hierbei die Balance zu finden, wird ein Spagat werden, den die Aufsichtsbehörden zu meistern haben. Anders als in Deutschland leider üblich glaube ich fest an die Kraft freier Märkte.

1. Was freie Märkte leisten können – und was nicht. Die Nachteile der fehlenden Regulierung

Eine große Schwierigkeit freier Märkte besteht darin, dass man sich um viele Dinge als Anleger schlicht und einfach selbst kümmern muss. Während es zum Kauf von Aktien und anderen Wertpapieren regulierte Handelsplätze wie beispielsweise die Deutsche Börse, die New York Stock Exchange (NYSE) oder auch die NASDAQ gibt, gibt es für den Handel mit Kryptowährungen nur sogenannte Krypto-Börsen. Diese Krypto-Börsen sind jedoch weitestgehend unreguliert, was mehrere Vorteile, aber auch Nachteile mit sich bringt. Ein Nachteil ist sicherlich der fehlende Anlegerschutz: Im Falle einer Insolvenz einer Krypto-Börse sind Ihre dort aufbewahrten Coins/Token und damit auch Ihr Geld weg.

Die bekannteste Pleite einer solchen Krypto-Börse war sicherlich die bereits erwähnte am 28. Februar 2014 beantragte Insolvenz der japanischen Mt.Gox.

Zwar war die Pleite von Mt.Gox, die bis heute die Gerichte in Japan beschäftigt und zum Teil sogar Auswirkungen auf die Kursentwicklung der Kryptowährungen hat, sicherlich die größte und damit schlimmste Pleite einer solchen Krypto-Börse. Es war aber keineswegs die einzige. Vielmehr scheiterten später auch Cryptsy (dadurch habe ich selbst leider 40 Litecoins verloren), BTC-e sowie zuletzt QuadrigaCX.

Doch so schlimm eine solche Pleite auch sein mag, es gibt an den Kryptomärkten leider noch viel schlimmere Dinge. So gibt es beispielsweise bis dato keinerlei gesetzliche Regulierung dieser Märkte, und somit weniger Möglichkeiten zu Handelsunterbrechungen, Handelsbeschränkungen oder gar Meldungen von Insiderhandel, so dass der eben schon besprochenen Marktmanipulation leider Tür und Tor geöffnet ist. So können selbsternannte Krypto-Gurus mit Tipps auf Twitter leider den Handel/Markt stark beeinflussen. Es ist in dieser Hinsicht geradezu ein Hohn, wenn solche Leute als »Influencer« bezeichnet werden. Wobei man allerdings konstatieren muss, dass erste Staaten – allen voran die Volksrepublik China – in den Markt eingegriffen haben. Leider ging aber insbesondere China dabei meines Erachtens einen Schritt zu weit und verbot einfach sämtliche ICOs/ITOs/*Token Sales*.

Auch in den USA schaut sich die dort zuständige Finanzmarktaufsicht Securities and Exchange Commission (SEC) alles sehr genau an und hat bereits den ein oder anderen ICO verhindert. Allerdings ist das relativ sinnfrei, solange es viel liberalere Staaten wie beispielsweise Deutschland gibt. Hier wird zwar sonst alles reguliert, aber im Finanzbereich, konkret im Bereich des Anlegerschutzes, ist das leider weniger der Fall. Nicht umsonst hatten wir hier ja in der Vergangenheit solche Fälle wie Prokon oder German Pellets, die sehr viele gutgläubige Anleger leider sehr viel Geld gekostet haben. Hier müsste man viel mehr tun, wobei willkürliche Shortverbote für DAX-Aktien eher kontraproduktiv sind. Aber das wäre nun ein ganz anderes Thema!

Der sehr vernachlässigte Anlegerschutz in Deutschland hat jedoch in einem Punkt etwas Gutes. Aufgrund der extrem liberalen Haltung Deutschlands ist Berlin inzwischen tatsächlich zur Blockchain-Hauptstadt zumindest Europas geworden. Darüber kann man sich als Deutscher freuen, denn technologisch dürfte ja der Siegeszug der Blockchain noch ganz am Anfang stehen, so dass Berlin von dieser Entwicklung sehr stark profitieren sollte. Zu liberal darf man jedoch nicht bleiben, denn kommt es in Zukunft zu mehr solchen Fällen wie dem OneCoin – den übrigens die Schweizer Finanzaufsicht zuerst als »betrügerisches Schneeballsystem« eingestuft hat –, könnte dadurch das Vertrauen in die Blockchain sowie die Kryptowährungen untergraben werden.

Doch wenngleich freie Märkte natürlich große Risiken bergen, überwiegen in meinen Augen doch die Chancen. Da wäre, was die Kryptowährungen betrifft, beispielsweise die rund um die Uhr gegebene Handelbarkeit beziehungsweise Verfügbarkeit der Kryptowährungen. So können diese an den angesprochenen Krypto-Börsen im Internet 24 Stunden am Tag, sieben Tage die Woche, 52 Wochen im Jahr und somit jederzeit ge- und verkauft werden.

Da es dabei normalerweise zu keinerlei Handelseinschränkungen kommen kann, können die Kursbewegungen in beide Richtungen mitunter sehr extrem ausfallen. Darüber mögen sich kurzfristig orientierte Trader sogar sehr freuen. Allerdings muss man es dann auch schaffen, dabei auf der richtigen Seite zu stehen. Steht man nämlich auf der falschen Seite, macht man nicht aus wenig Geld viel Geld, sondern aus einem großen Vermögen ein kleines Vermögen. Die Dezentralität der Kryptowährungen sowie insbesondere auch der Krypto-Börsen sorgt dabei dafür, dass Handelsverbote, wie es sie in China gibt, prinzipiell einfach ausgehebelt werden können und auch werden.

Machen wir uns daher nichts vor! In einem regulierten Markt wäre höchstwahrscheinlich eine solche Performance, wie sie der Bitcoin hingelegt hat, gar nicht möglich gewesen. Wobei zwischenzeitlich nicht mehr nur die Performance diverser Kryptowährungen beeindruckend ist, sondern auch deren Handelsvolumina. Dies gilt ganz besonders für die großen Kryptowährungen, also den Bitcoin sowie Ether(eum). Allerdings ist der gesamte Krypto-Markt in den letzten Monaten leider sehr stark eingebrochen – so fiel die Marktkapitalisierung aller Kryptowährungen von einstmals über 900 Milliarden US-Dollar auf zwischenzeitlich nur noch circa 195 Milliarden US-Dollar. Allerdings übertrifft das Handelsvolumen des Bitcoins sowie vieler anderer Kryptowährungen das Handelsvolumen unseres DAX deutlich.

Wichtig zu wissen ist sicherlich auch noch, dass sich die Liquidität einzelner Kryptowährungen von Krypto-Börse zu Krypto-Börse zum Teil sehr deutlich unterscheidet. Ferner gibt es Krypto-Börsen, die nicht einheimischen Anlegern den Marktzugang erschweren oder gänzlich verwehren. Auch durch solche Effekte können die Kurse an den diversen Krypto-Börsen teilweise deutlich divergieren. Zumeist handelt es sich dabei jedoch um exotische Krypto-Börsen in politisch instabilen Staaten in Afrika oder auch Asien. Es kann dabei sehr lukrativ sein, wenn Sie als Anleger es irgendwie schaffen, entsprechende Marktzugänge zu ergattern. Dann nämlich könnten zum Teil sogar Arbitragegeschäfte ein interessantes Thema werden.

Für diejenigen, die nicht wissen, was damit gemeint ist: Wenn die Preise für ein und dieselbe Sache, im vorliegenden Fall also eine Kryptowährung wie den Bitcoin, an unterschiedlichen Märkten stärker voneinander abweichen, kann man diese an dem einen Markt kaufen und an dem anderen Markt teurer verkaufen. In effizienten Märkten wie den Aktienbörsen ist das in der Regel nicht möglich, weil solche Marktineffizienzen natürlich sofort von Anlegern ausgenutzt werden, wodurch sich die Preise wieder angleichen.

2. Warum Anleger freie Märkte bevorzugen sollten – die Vorteile freier Märkte

Generell gilt für freie Märkte mein Leitsatz, der da lautet: Längerfristig hat der Markt immer recht. Das ist eine leichte Abwandlung der These, dass der Markt grundsätzlich immer recht hat, wie die Effizienzmarkttheorie glaubt. Aus meiner Sicht liegen die Anhänger der Effizienzmarkttheorie in diesem Punkt jedoch falsch. Kurzfristig nämlich kann es auch und sogar gerade an freien Märkten sehr wohl zu Unter- oder Übertreibungen kommen. Herrscht beispielsweise aus welchen Gründen auch immer – als der Siegeszug des Internets damals begann, hatten wir diesen Fall – ein großer Optimismus, ja fast schon eine Zukunftseuphorie, dann können Aktienkurse von Unternehmen aus solchen Zukunftsbranchen in ungeahnte und nicht mehr zu rechtfertigende Höhen steigen. Genau dies erlebten wir ja zur Zeit der damaligen *»Dotcom Bubble«*.

Auf der anderen Seite kann ein, aus welchen Gründen auch immer, sehr großer Pessimismus auch zum genauen Gegenteil dessen führen. Auch dies haben wir bereits erlebt, es ist sogar noch gar nicht so lange her. Als nämlich 2007/2008 die Spekulationsblase am US-amerikanischen und einigen anderen weltweiten Immobilienmärkten platzten, wurden plötzlich alle Assets verramscht, selbst das ja eigentlich von vielen zum Schutz des Vermögens so sehr gepriesene Gold. Erst als es den Regierungen gelungen war, das Vertrauen der Anleger in die Märkte wieder halbwegs herzustellen, besserte sich die Situation. Es kommt also gerade an den Aktienmärkten immer wieder zu Über- und Untertreibungen, und wer es schafft, diese Ineffizienzen der Märkte auszunutzen – wie Warren Buffett –, kann sehr reich werden.

Sollte dies richtig sein, so muss man konstatieren: Zwar kann es sein, dass der Bitcoin und andere Kryptowährungen kurzfristig mal viel zu teuer waren und diese Marktineffizienz korrigiert werden musste, was ja inzwischen auch passiert ist. Sie werden sich aber mittel- bis langfristig weiter durchsetzen und zumindest die guten Kryptowährungen werden dann auf neue, bisher ungeahnte Höhen steigen können. Nur wenn der Bitcoin und andere wichtige Kryptowährungen wie Ether(eum) 97 Prozent und mehr an Wert verlieren würden, müsste ich meine These diesbezüglich infrage stellen. Bisher ist aber keine der großen und wichtigen Kryptowährungen zurückgefallen, was mich letzten Endes sehr hoffnungsvoll in die Zukunft blicken lässt.

Ich jedenfalls vertraue voll auf die Funktionsfähigkeit des freien Marktes, der eben auch gewisse Selbstheilungskräfte freisetzt. Dabei spricht die Performance des Bitcoins, sowie zahlreicher weiterer Kryptowährungen, absolut für sich. Ich jedenfalls habe eine solche Performance bisher noch selten, um nicht zu schreiben nie, gesehen. Somit spricht schon allein diese Performance dafür, dass sich Anleger intensiv mit dem Thema Kryptowährungen befassen sollten, wobei dieses Buch hoffentlich eine gute Grundlage dafür bietet.

3. Warum die Dezentralität für Kryptowährungen zentral ist

Der freie Markt selbst wirkt letzten Endes nur auf ein Endprodukt wie beispielsweise den Bitcoin oder Ether(eum). Wie aber kommt es eigentlich, dass Anleger einem solchen, in diesem Fall sogar nur virtuellen »Produkt« ein derart starkes Vertrauen entgegenbringen? Zumal dort ja nicht mal eine zentrale Instanz wie ein Staat oder zumindest eine Notenbank dahintersteht? Diese Frage stellen sich übrigens viele Menschen immer und immer wieder. Wie können letztlich ein paar Nullen und Einsen in einer Datenbank namens »Blockchain« bis zu 20 000 US-Dollar wert gewesen sein? Die Menschen müssen doch völlig verrückt sein.

Nun, wie schon erwähnt liegt dies aus meiner Sicht schlicht und einfach daran, dass viele Menschen dem System hinter den entsprechenden Kryptowährungen vertrauen. Dieses System – letztlich nichts anderes als ein Algorithmus, der genau festlegt, was wann wie passieren soll – ist es, das das Vertrauen vieler Menschen genießt. Entscheidend für das Vertrauen ist dabei jedoch die Unveränderlichkeit dieses Algorithmus. Mit anderen Worten: Anleger, die in den Bitcoin investieren, müssen darauf vertrauen können und vertrauen auch darauf, dass es niemals mehr als 21 Millionen Stück geben wird.

Dies war eine, mehr oder weniger willkürliche, Festlegung von Satoshi Nakamoto, aber diese Festlegung hat für immer Bestand. Egal ob das nun Herr Meier oder Frau Müller gefällt oder nicht respektive ob es aus wirtschaftswissenschaftlicher Sicht sinnvoll erscheint oder nicht. Satoshi Nakamoto hat ein Angebot gemacht und jeder Marktteilnehmer kann sich entscheiden, ob er dieses Angebot für gut befindet und es nutzt oder eben nicht. Der Bitcoin sowie die inzwischen zahlreichen anderen Kryptowährungen müssen sich also am Markt behaupten.

Immerhin hat der Bitcoin damit dem Euro einiges voraus. Denn zwar wurden bekanntlich auch bei der Einführung des Euros Regeln beschlossen – zu erinnern wäre hier sicherlich an die berühmte *»No Bailout«*-Klausel –, aber wer hält sich denn heute bitte noch an diese Regeln? So wurde der *»No Bailout«*-Klausel zum Trotz Griechenland »gerettet« und die EZB druckt so viel Geld, wie sie nur möchte, um dadurch insbesondere die Banken der südlichen Euro-Länder und somit letztlich diese Länder selbst liquide zu halten. Oder um es mit den Worten von EZB-Präsident Mario Draghi zu formulieren: »Die EZB tut, *›whatever it takes‹*, um den Euro zu erhalten!«

Wer sich angesichts solcher Dinge wirklich darüber wundert, dass viele Anleger einem absolut berechenbaren Algorithmus mehr Vertrauen entgegenbringen als unseren Politikern und Geldpolitikern, dem kann dann auch ich leider nicht mehr helfen. Der große Vorteil der digitalen Welt ist, dass es nur schwarz oder weiß, nämlich nur null oder eins gibt. Ist eine Bedingung erfüllt, dann führt der Computer etwas aus, und ist sie nicht erfüllt, dann nicht. Da können sich noch so viele »Winkeladvokaten« den Kopf zerbrechen, wie man ein bestimmtes Gesetz uminterpretieren kann. Die Computer sind in diesem Punkt völlig unbestechlich.

Insofern kann man den Bitcoin und andere Kryptowährungen sicherlich in gewisser Weise sogar ein wenig beneiden. Denn wenn man so will, ist ja das Vertrauen in Bitcoin und Co. gleichzeitig immer auch ein Misstrauensvotum gegenüber unserem Geldsystem und den dort handelnden Personen. Doch natürlich gibt es trotz alledem noch immer viele sehr skeptische Menschen, die auch einem Computer nicht mal eben bedingungslos ihr Vertrauen schenken wollen, was grundsätzlich ja auch gut und richtig ist. Denn nur sachliche Kritik führt am Ende immer zu entsprechenden Verbesserungen.

Doch alle diese Kritiker kann man sehr schnell beruhigen. Die Unveränderlichkeit des Algorithmus ergibt sich nämlich daraus, dass der Gründer – im Falle des Bitcoins also Satoshi Nakamoto – dies so festgelegt hat. Und die Unveränderlichkeit dieser Regeln wird von denjenigen überwacht, die die Blockchain überwachen. Dies ist jedoch keine zentrale Instanz, sondern das tun viele verschiedene Miner auf der ganzen Welt. Zugleich haben diese auch ein Interesse daran, dass es hierbei zu keinerlei Problemen kommt. Denn wäre dem so, würde ja der Kurs abstürzen und sich die Miner somit ins eigene Fleisch schneiden. Denn schließlich werden sie ja für das Mining in Bitcoin entlohnt.

Genau das ist übrigens auch der Grund, warum ich Ripple und die zugehörige Kryptowährung XRP sehr kritisch betrachte. Denn bei

Ripple existiert zwar prinzipiell auch eine Blockchain, diese wird hier jedoch letzten Endes zentral von der Firma Ripple betrieben und verwaltet. Insofern unterwirft sich jeder, der in XRP investiert, eben jener Firma Ripple. Oder um es Ihnen noch mehr zu verdeutlichen: Die Firma Ripple ist in ihrem System die Zentralbank, wie es beim Euro die EZB oder beim US-Dollar die Fed ist. Doch genau von den Zentralbanken wollte Satoshi Nakamoto ja weg.

Fans von Ripple und XRP wenden immer wieder gerne ein, dass das keine Rolle spiele. Denn zwar könnte die Firma Ripple theoretisch die Spielregeln verändern und beispielsweise mehr als die festgelegten 100 Milliarden XRP erzeugen. Allerdings würden dann die Anleger das Vertrauen in XRP ganz schnell verlieren und sich die Firma somit selbst schaden. Zum aktuellen Zeitpunkt ist das auch noch absolut korrekt, keine Frage.

Denn Ripple hat ja seinerzeit festgelegt, dass es eben maximal diese 100 Milliarden XRP geben wird und diese dann auch alle gleich selbst erzeugt (»gemint«). Anschließend hat man dann einen Teil dieser Coins auf den Markt gebracht, so dass sich derzeit knapp 41,5 Milliarden XRP im Umlauf befinden *(Circulating Supply)*. Allerdings hat Ripple kürzlich angekündigt, monatlich eine Milliarde XRP zusätzlich auf den Markt zu werfen, so dass in einigen Jahren wohl alle 100 Milliarden XRP zirkulieren werden. Schon alleine daraus lässt sich ableiten, dass XRP gegenwärtig leider kein so gutes Investment sein kann. Denn der Preis wird ja am Markt durch Angebot und Nachfrage bestimmt. Das Angebot aber wird durch die Firma Ripple aktuell und in nächster Zeit beständig ausgeweitet. Wenn da die Nachfrage mal nicht mehr Schritt halten kann, ist klar, was passieren muss: Der Kurs würde einbrechen.

Anders sieht es allerdings dann in einigen Jahren aus, wenn letztlich alle 100 Milliarden XRP tatsächlich zirkulieren. Nur wird bis dahin halt noch viel Wasser die Mosel in meiner Heimatstadt Trier hinunterfließen. Und ob sich die Firma Ripple bis dahin nicht doch noch überlegt, dass es vielleicht aus irgendwelchen Gründen sinnvoll sein könnte, dass es mehr als die bisher geplanten 100 Milliarden XRP gibt, bleibt offen. Insofern können diejenigen, die in XRP investieren, letzten Endes genauso gut auch der EZB respektive der Fed ihr Vertrauen schenken.

Genau aus diesen Gründen sind übrigens Geldpolitiker wie der ehemalige Fed-Chef Ben Bernanke (»Helicopter Ben«) oder auch Politiker (zum Beispiel die chinesische Regierung) Ripple und XRP gegenüber durchaus sehr aufgeschlossen, wohingegen sie die wirklich dezentral organisierten Kryptowährungen wie den Bitcoin nicht so sehr mögen. Dies wiederum bietet jedoch auch gewisse Vorteile. Der größte Vorteil ist sicherlich, dass Ripple beziehungsweise XRP durch seine zentrale Architektur die größte Chance hat, sich am Ende am Markt durchzusetzen. So ist der XRP beispielsweise in China weiter handelbar, wohingegen die Regierung gegen die anderen Kryptowährungen wie den Bitcoin vorgegangen ist. Ist das nicht ein Grund – allen Nachteilen zum Trotz – in XRP zu investieren?

Ich würde sagen nein, denn sollte sich der XRP am Ende etablieren können, wird das nicht unbedingt der Wertentwicklung des Coins helfen. Der Euro oder der US-Dollar sind schließlich auch akzeptiert, aber als Geldanlage eben wenig geeignet. Wenn Sie daher darauf spekulieren möchten, dass sich der XRP am Ende durchsetzen kann, müssten Sie schon Aktien des dahinterstehenden Unternehmens Ripple kaufen. Die sogenannten *Venture-Capital*-Geber wie Andreessen Horowitz oder Google Ventures haben auch genau dies bereits vor einigen Jahren getan. Genau darum aber verfügt Ripple über genügend liquide Mittel, so dass ein *Initial Public Offering* (IPO), zu Deutsch schlicht ein Börsengang, aktuell nicht auf der Agenda steht. Zumal das Unternehmen, selbst wenn es frisches Geld benötigen würde, ja einfach die von ihm selbst zurückgehaltenen XRP auf den Markt werfen könnte.

Jetzt stellen Sie sich wahrscheinlich die Frage, warum ich dies alles so detailliert ausgeführt habe – und dabei auch so kritisch gegenüber Ripple und XRP war. Nun, das liegt einfach daran, dass ich anhand dieses Beispiels am besten erläutern konnte, wie wichtig die Dezentralität für Kryptowährungen ist. Man könnte es vielleicht sarkastisch so formulieren: In der Welt der Kryptowährungen ist die Dezentralität zentral! Denn, und damit schlage ich nun den Bogen zurück zum weinenden Vitalik Buterin, nur ein dezentral organisiertes System schützt uns und damit auch Sie – als Investor in Kryptowährungen – davor, dass zentrale Stellen irgendwelche Entscheidungen treffen können, die vielleicht ja sogar gut gemeint sind. Nur ist gut gemeint eben in der Regel das genaue Gegenteil von gut gemacht.

4. Worauf Sie unbedingt achten sollten, wenn Sie erfolgreich in Kryptowährungen investieren möchten!

Nur wenn Sie das, was ich lang und breit erläutert habe, wirklich verinnerlichen, werden Sie meines Erachtens die Chance haben, mit Kryptowährungen reich zu werden. So leid mir dies für die Fans von Ripple und XRP auch tut, ich halte diesen Ansatz für völlig verfehlt – und würde diesen Coin daher strikt meiden. Das heißt nicht, dass man mit XRP kein Geld machen konnte oder sogar noch kann. Gerade im Jahr 2017 war XRP mit einer Wertsteigerung von mehr als 36 000 Prozent ja sogar eine der besten Anlageideen. Nur basierte diese Wertsteigerung in meinen Augen einfach darauf, dass viele Investoren Ripple und XRP gar nicht richtig verstanden haben.

Wenn es daher im Kryptowährungssektor eine Spekulationsblase gab und eigentlich noch immer gibt, dann war und ist das nicht unbedingt eine Bitcoin-Blase, sondern eine Ripple- beziehungsweise XRP-Blase. Dies erkennt man schon daran, dass Ripple aufgrund der zurückgehaltenen XRPs zeitweise eines der wertvollsten Unternehmen der Welt war. Schließlich hält die Gesellschaft noch mehr als 50 Milliarden XRP, die zu Höchstkursen von mehr als 4 US-Dollar mehr als 200 Milliarden US-Dollar wert waren. Völlig verrückt, oder? Doch nicht nur das Unternehmen selbst schwamm zu diesem Zeitpunkt regelrecht im Geld, sondern auch die hochrangigen Manager beziehungsweise Gründer. Denn diese haben sich einen Teil der von Ripple Labs erzeugten XRP frühzeitig selbst gesichert, was man natürlich ebenfalls als fragwürdig ansehen kann. Da hilft es dann auch nichts, dass die XRP im Ripple-Netzwerk zum Schutz vor Spam und Bezahlung von Transaktionskosten eingesetzt und somit sukzessive vernichtet werden.

Denn zwar würde dadurch das Angebot im Laufe der Zeit sinken, allerdings werden dabei so wenige XRP vernichtet, dass die Spekulation darauf auf Sicht von mehreren Hundert Jahren angelegt werden müsste. Ich möchte an dieser Stelle natürlich keinen konkreten Tipp aussprechen, aber bevor Sie auf die Idee kommen, in Ripple beziehungsweise XRP zu investieren, sollten Sie sich das selbst sehr genau anschauen und überlegen. Wenn aber Ripple beziehungsweise XRP aufgrund der fehlenden Dezentralität, die zumindest ich für absolut zentral erachte, eher kein Investment wert ist, wo sollte man dann investieren? Dabei muss man klar unterscheiden, ob man wirklich investieren oder aber nur kurzfristig zocken, also traden möchte. Langfristige Investoren heißen in der Krypto-Szene übrigens »Hodler«.

Dabei war »Hodl« eigentlich nur ein Tippfehler eines leicht angetrunkenen Programmierers. Denn als seinerzeit der Bitcoin mal wieder »crashte«, wurde in einem Forum gefragt, was man denn nun als Bitcoin-Halter tun solle. Der leicht angetrunkene Programmierer wollte eigentlich *hold* schreiben, also das englische Wort für »halten«. Er vertippte sich jedoch und schrieb »hodl«, was sich im Nachhinein als sehr guter Ratschlag erwies. Denn nach dem damaligen Crash stieg der Bitcoin bekanntlich in ganz neue Dimensionen. Pragmatisch, wie die Leute im Internet allgemein und in der Krypto-Szene speziell nun mal so sind, deklarierte man den Tippfehler »hodl« daher einfach mal in »Hold on (for) dear life«, also übersetzt in etwa: »Halte dein ganzes Leben daran fest« um. Daher heißt langfristig in Kryptowährungen investieren nun schlicht »hodl(en)« und die Langfrist-Investoren nennt man dementsprechend »Hodler«. Wenn Sie also in einschlägigen Internetforen irgendetwas mit »hodl« lesen, wissen Sie jetzt, worum es geht.

Aber das nur mal am Rande, denn wichtig ist, dass Sie selbst sich grundsätzlich entscheiden, ob Sie kurzfristig traden oder langfristig investieren und somit hodlen möchten. Wenn Sie nur traden möchten, empfiehlt es sich sehr, dass Sie die charttechnische Analyse erlernen. Denn diese ist für das kurzfristige Trading, nicht nur bei Kryptowährungen, sondern auch bei anderen Assets wie Aktien, essentiell. Ich habe das ja bereits am Beispiel zahlreicher Kryptowährungen demonstriert. Ferner sollten Sie sich als Trader in Kryptowährungen auf den verschiedenen Social-Media-Kanälen, allen voran natürlich Twitter, YouTube und Telegram tummeln. Insbesondere auf Telegram gibt es mittlerweile Gruppen, in denen quasi angesagt wird, welcher Coin aktuell aussichtsreich erscheint. Allerdings müssen Sie dabei sehr, sehr vorsichtig sein, denn oftmals sind diejenigen, die so etwas ansagen, bereits im Vorfeld in diesen Coin eingestiegen und profitieren daher von der Herde, die ihnen folgt. Stichwort: Marktmanipulation.

An der regulierten Börse wäre so etwas wohl nicht so ohne Weiteres möglich, da dort entsprechende Straftatbestände *(»Frontrunning«)* erfüllt wären. Aber der Markt für Kryptowährungen ist eben noch völlig unreguliert. Somit sind Sie als entsprechender Anleger immer bis zu einem gewissen Punkt ihres eigenen Glückes Schmied. Nicht nur, aber auch aus diesem Grund würde ich zumindest Neueinsteigern vom kurzfristig orientierten Trading abraten. Denn dazu bedarf es eigentlich einer gewissen Erfahrung, wenn man am Ende nicht viel Lehrgeld bezahlen möchte.

Das gilt natürlich insbesondere dann, wenn man auch noch auf fallende Kurse wetten (»shorten«) oder sogar gehebelt agieren möchte. Angesichts der extrem hohen Volatilität, die es bei Kryptowährungen ohnehin schon gibt, würde ich ganz besonders vom Einsatz von Hebelprodukten absehen oder nur ganz kleine Hebel einsetzen. Zumal die Kryptowährungen ja auch durchgehend gehandelt werden, so dass Sie sich als Trader entweder die Nächte um die Ohren schlagen müssen oder aber vor dem Schlafengehen Ihre Positionen glattstellen sollten, um nicht nach dem Aufwachen eine sehr unangenehme Überraschung zu erleben.

Alles in allem bleibt das Trading mit Kryptowährungen daher sehr erfahrenen Tradern vorbehalten, die genau wissen, was *Money Management* bedeutet, und dies auch umsetzen können. Generell ist es aber auch gar nicht nötig, sich solch einen Stress zu machen, denn Statistiken belegen, dass die meisten Trader längerfristig kaum besser abschneiden als die Hodler. Daher plädiere ich an dieser Stelle auch ganz klar für's Hodlen. Aber letztlich ist das natürlich Ihre Entscheidung und ich habe Ihnen ja gezeigt, wie Sie durchaus auch ein erfolgreicher Krypto-Trader werden können.

Beim Investieren, sprich Hodlen, sollte man sich jedoch auch seine Gedanken machen, wo man investiert. Klassiker sind dabei sicherlich die *»Bluechips«* unter den Kryptowährungen wie beispielsweise Bitcoin, Ether(eum), Litecoin Monero, DASH oder NEO. Auch aus diesem Grund hatte ich eingangs genau solche ausgewählten Kryptowährungen ausführlich vorgestellt. Doch es gibt natürlich noch eine Menge weiterer interessanter Kryptowährungen. Diese alle vorzustellen würde leider den Rahmen dieses Buches sprengen. Wichtig ist jedoch, dass Sie verstehen, dass auch an den Krypto-Märkten immer Trends gespielt werden. So waren kürzlich die sogenannten

Privacy Coins sehr gefragt, die Anonymität bieten, wie eben Monero (XMR), DASH, ZCash, Verge (XVG) oder PIVX.

Kurze Zeit später folgten dann Kryptowährungen von Projekten, die in Konkurrenz zu Ripple (XRP) stehen, wie beispielsweise Stellar Lumens (XLM), oder die anderweitig im Bereich der Zahlungsabwicklung aktiv sind, wie Request Network (REQ). Kurzfristig kann es durchaus sehr lukrativ sein, solche Trends zu spielen, langfristig muss man jedoch schauen, was sich die Nutzer wünschen.

Anonymität ist dabei sicherlich ein großer Wunsch, weshalb ich persönlich diesen Privacy Coins auch langfristig eine große Zukunft prophezeie. Allerdings ist es Ihr Geld, das Sie hier investieren, so dass Sie letzten Endes selbst entscheiden müssen, ob Sie das genauso sehen oder eben nicht. Zumal die internationale Staatengemeinschaft sicherlich etwas gegen solch anonyme Kryptowährungen haben wird. Nicht umsonst wurde ja in den letzten Jahren unter dem Deckmantel der Terrorismusbekämpfung das Bankgeheimnis weitestgehend ausgehebelt. Außerdem kann Ihnen heute natürlich noch niemand mit absoluter Gewissheit sagen, welcher dieser Anonymität bietenden Coins am Ende das Rennen machen wird. Das kann DASH sein, das kann Monero sein, das kann ZCash sein, das kann PIVX sein und das kann auch Verge (XVG) sein. Es kann aber auch ein ganz anderer Coin sein, vielleicht ja sogar ein Coin, der aktuell noch gar nicht existiert.

Auch das ist vergleichbar mit dem Internet vor mehr als 20 Jahren. Denn die erste bekannte Suchmaschine hieß seinerzeit AltaVista, gefolgt von Yahoo!. Die heutzutage alles dominierende Suchmaschine Google wurde hingegen erst im Jahr 1997 unter dem Namen »Backrub« gestartet. Insofern bleibt Ihnen auch hier nichts anderes übrig, als sich in die verschiedenen Konzepte einzulesen und dann zu entscheiden, auf welche Coins sie setzen möchten. Alternativ müssen Sie sich eben ein ganzes Paket verschiedener Coins in ihre Wallet/s legen.

Es gibt aktuell nur zwei Coins, die Sie meines Erachtens relativ bedenkenlos in Kursschwäche einsammeln und langfristig hodln können, nämlich Bitcoin und Ether(eum). Denn der Bitcoin verfügt – als die »Mutter aller Kryptowährungen« – über den sogenannten *»First Mover Advantage«* und ist auch schon in der realen Finanzwelt angekommen, wie die gefeierte Einführung von Bitcoin-Futures an den beiden Börsen Chicago Board Options Exchange (CBOE) und Chicago Mercantile Exchange (CME) beweist. Apropos Bitcoin-Futures! Prinzipiell würden diese sich zwar auch für das Trading anbieten, zumal hiermit ja Wetten auf fallende Kurse möglich wären. In der Realität sieht das jedoch ein klein wenig anders aus. Denn einerseits sind hier die Margin-Anforderungen (aufgrund der extrem hohen Volatilität) sehr hoch und andererseits werden diese Produkte bisher gar nicht so rege gehandelt. Auch wenn die Einführung dieser Produkte damals zunächst groß gefeiert wurde, sehe ich diese Entwicklung – zumindest teilweise – durchaus sehr kritisch. Generell richten sich diese Futures, zumindest die an der CME, aber ohnehin eher an institutionelle Anleger.

5. Warum die Bitcoin-Futures die Ideen Satoshi Nakamotos ad absurdum führen!

Nicht wenige glaubten und glauben bis heute, dass die Kursrally des Bitcoins bis auf circa 20 000 US-Dollar zumindest auch der Einführung der Bitcoin-Futures geschuldet war. Dem kann und möchte ich auch gar nicht widersprechen.

Der ein oder andere feierte die Einführung der Bitcoin-Futures sogar richtiggehend ab. Denn damit sei der Bitcoin endlich in der Welt der Hochfinanz angekommen, was den Kurs weiter beflügeln werde. Ich dagegen gehörte seinerzeit schon zu den Mahnern und war mit der Einführung der Bitcoin-Futures aus mehreren Gründen nicht sonderlich glücklich.

Als Bitcoin-Halter freute ich mich zwar auch über die massive Kursrally. Als alter Hase an den Finanzmärkten aber erinnerte ich mich auch an die damalige Einführung von Futures auf Uran. Ja, Sie lesen richtig, Uran – der Rohstoff, den man zum Betrieb von Kernkraftwerken benötigt.

Dazu muss man wissen, dass zwar in Deutschland der Atomausstieg beschlossene Sache ist, dies jedoch weltweit nicht gilt. So baut beispielsweise China in den kommenden Jahren viele neue Kernkraftwerke. Dementsprechend viel Uran wird natürlich auch benötigt. Die Spekulation genau darauf führte vor einigen Jahren zu einer Mega-Kursrally des Uranpreises.

Seinerzeit gab es jedoch noch keinerlei Möglichkeit, via Futures auf die weitere Entwicklung des Uranpreises zu wetten. Dank dieser Megahausse jedoch wurden die großen Börsenbetreiber auf dieses Manko aufmerksam. Ergo wurden damals Uran-Futures eingeführt. Jetzt raten Sie mal, was dann passierte!

Kurzfristig gab die seinerzeit bevorstehende Einführung der Uran-Futures dem Uranpreis noch einmal einen Schub. Als diese dann jedoch eingeführt wurden, war es sehr schnell vorbei mit der Herrlichkeit. Obwohl die Aussichten für Uran gut waren und blieben, wetteten viele große Adressen an den Future-Märkten nämlich auf fallende Kurse.

Und da der Uranpreis zuvor, allen positiven Aussichten zum Trotz, auf absurde Höhen geklettert war, brach er letzten Endes auch ein. Schließlich hatten auch die Uranproduzenten den Boom bemerkt und ihre Förderung deutlich ausgeweitet, so dass kurzfristig ein

Angebotsüberschuss entstanden war. Uranproduzenten wie beispielsweise Cameco leiden noch heute unter den damaligen Exzessen.

Ein ähnliches Spiel haben wir leider auch beim Bitcoin erlebt. Wobei diese Futures die Grundidee von Satoshi Nakamoto in gewisser Weise ohnehin pervertiert haben. Dies begann schon mit ihrer Konstruktion. Denn vorgesehen war von Anfang an, dass bei Fehlspekulationen ein Ausgleich in US-Dollar erfolgen kann.

Korrekterweise hätten sie jedoch so konstruiert werden müssen, dass der Ausgleich ausschließlich in Bitcoin erfolgen dürfte. Dies hätte die Spekulanten natürlich schon deshalb ein wenig ausgebremst, weil die verfügbare Menge an Bitcoins auf 21 Millionen Stück begrenzt ist. Im Zweifel hätte eine Fehlspekulation dann also viel teurer werden können, wenn man sich erst einmal die Bitcoins besorgen, sprich: kaufen, muss.

Aber generell war es ja so, dass Satoshi Nakamoto den Bitcoin als seine Antwort auf die Finanzkrise 2007/2008 erdacht und entwickelt hatte. Er wollte, das ist gesichert, mit seiner Kryptowährung die Macht der Banken brechen. Genau diese Welt der Hochfinanzen aber hat nun – dank der Futures – den Bitcoin quasi als weiteres Spekulationsobjekt für sich entdeckt.

In gewisser Weise kann man daher nachvollziehen, wenn ein Craig Wright, der sich ja als Satoshi Nakamoto ausgibt (auch wenn er es wohl nicht ist!), heute sagt, dass er all seine Bitcoins auf den Markt werfen und den Kurs in Richtung null abstürzen lassen möchte. Dabei zeigt die Geschichte des Bitcoins sehr gut, dass es leider nicht so einfach ist, die Hochfinanz in die Knie zu zwingen.

Inzwischen wird schließlich bereits überlegt, ob man nicht auch noch Ethereum-Futures einführt. Die Welt der Hochfinanz funktioniert also getreu dem Motto: »Halte dir deine Freunde nahe, aber deine Feinde noch näher.« In letzter Konsequenz waren es nämlich auch die Bitcoin-Futures, die zum Kurssturz im Jahr 2018 beitrugen.

Denn nicht nur, dass in Vorfreude die Kurse von Bitcoin und Co. explodierten. Vielmehr war durch die Einführung der Futures plötzlich auch das Shorten, also Wetten auf fallende Kurse, in einem größeren Umfang möglich. Ich gehe davon aus, dass einige große Adressen dies auch – wie seinerzeit schon bei Uran – getan haben.

Insofern bleibe ich auch bei meiner Kritik, dass es zumindest solche Futures, wie sie 2017 eingeführt wurden, nicht gebraucht hätte. Wobei es, wenn man Satoshi Nakamoto wirklich ernst nimmt, generell gar keine solchen Finanzprodukte geben sollte. Aber das ist wieder ein anderes Thema, das an dieser Stelle zu weit führen würde.

6. Mindset: Letztlich basiert alles auf (Ihrem) Glauben!

Eines jedoch sollten Sie sich stets bewusst machen: Hinter den Kryptowährungen steht kein Staat und keine Volkswirtschaft und in der Regel sind sie eben auch durch nichts gedeckt (wobei es mittlerweile auch durch Gold oder Öl gedeckte Kryptowährungen gibt). Genau wie bei unserem aktuellen *Fiat Money*, sei es nun das Britische Pfund, der chinesische Renminbi-Yuan, der Euro, der japanische Yen oder auch der US-Dollar, basiert daher letztlich alles auf Ihrem Glauben. Wenn Sie diesen Glauben an Kryptowährungen und eine – durch die Blockchain induzierte – neue industrielle Revolution nicht haben, wenn Sie von Dezentralität nichts halten, sondern stattdessen an den Staat glauben und gerne Steuern zahlen, dann sind Kryptowährungen absolut nichts für Sie!

Wenn Sie jedoch dezentrale Strukturen für wünschenswert erachten, wenn Sie für eine Abschaffung der Zentralbanken sind und sich von Banken nicht mehr weiter übers Ohr hauen lassen wollen, wenn Sie an die Demokratie und an freie Märkte glauben, dann sind Kryptowährungen etwas für Sie. Wobei die Bezeichnung »Kryptowährungen« inzwischen teilweise ein wenig irreführend erscheint. Denn wenn Sie Kryptowährungen (beziehungsweise konkreter: Token) wie Lisk (LSK) oder früher TenX (PAY) kaufen, ist das eher schon mit dem Kauf einer Aktie vergleichbar. Aber letztlich ist es auch egal, was Sie genau tun, solange Sie selbst daran glauben und deshalb nach eigener, reiflicher Überlegung investieren. Dann können Sie auch beruhigt abwarten, Tee trinken und hodln. Denn nur so haben Sie schließlich die große Chance auf das nächste Amazon.

Allerdings steht dem natürlich immer auch das Risiko eines Totalverlustes gegenüber. Daher an dieser Stelle auch nochmals der Hinweis, dass Sie bitte – egal wie groß Ihr Glaube auch sein mag – immer nur so viel Geld investieren sollten, wie Sie auch bereit sind, zu verlieren. Damit verbietet es sich schon quasi von selbst, Kryptowährungen auf Kredit zu kaufen. Denn wenn Sie dann in eine Schieflage geraten sollten, ist ja nicht nur Ihr Geld weg, sondern Sie haben auch noch Schulden bei der Bank an der Backe. Insofern kann es durchaus auch mal eine sehr gute »Strategie« sein, dass Sie, sobald Sie einen gewissen Buchgewinn erzielt haben, diesen zumindest zum Teil realisieren. Denn fällt der Coin, auf den Sie gesetzt haben, dann doch noch in Richtung null, haben Sie zumindest einen Totalverlust vermieden. Aber auch das ist letztlich eine Entscheidung, die nur Sie selbst treffen können und auch müssen.

VIII. Chancen und Risiken von Kryptowährungen

Wenn wir uns an dieser Stelle mit den Chancen und Risiken von Kryptowährungen befassen möchten, müssen wir uns natürlich in erster Linie mit der »Mutter aller Kryptowährungen«, dem Bitcoin, auseinandersetzen. Tut man dies, so stellt man fest: Als der Bitcoin zu Beginn des Jahres 2009 von Satoshi Nakamoto ins Leben gerufen wurde, bekam man für einen einzigen US-Dollar noch mehr als 1300 Bitcoins. Der Wert eines Bitcoin lag also bei weniger als einem Tausendstel oder 0,001 US-Dollar. Hätten Sie seinerzeit also auch nur 1 US-Dollar in Bitcoin investiert, wären Sie heute mehrfacher Millionär, denn die mehr als 1300 Bitcoins wären heute rund 5 Millionen US-Dollar wert. Leider gehört jedoch auch zur Wahrheit, dass diese unglaubliche Performance nicht über Nacht, sondern im Laufe von zehn Jahren erzielt wurde.

Konkret bedeutet dies, dass es zwischenzeitlich immer wieder mal Phasen gab, in denen der Kurs exorbitant zulegen konnte, genauso wie es mehrere »Crashs« gab. In diesen »Crashphasen«, in der aktuellen stecken wir bekanntlich immer noch, verlor der Bitcoin immer mehr als 50 Prozent und bis zu fast 90 Prozent an Wert. Kein Wunder also, dass wohl nur wenige Leute dem Bitcoin die Treue gehalten haben. Auch waren zwischenzeitlich immer mal wieder gute kurzfristige Trades, sowohl auf der Long- wie auch auf der Short-Seite möglich. Wobei trotzdem wohl die meisten Bitcoin-Millionäre schlicht und einfach Hodler sind.

Doch nicht nur mit dem Bitcoin war eine solch extreme Performance möglich. Ich habe ja schon mehrfach erwähnt, dass selbst Ripple (XRP) im Jahr 2017 eine Performance von sage und schreibe plus 36 000 Prozent gebracht hat. Wir sehen also, dass mit Kryptowährungen, selbst über den eher kurzen Zeitraum von einem Jahr, eine extrem starke Performance möglich ist. Allerdings hat insbesondere das Jahr 2018 auch gezeigt, dass dies auch in die andere Richtung gilt. Langfristig, so schaut es bisher zumindest aus, gewinnt man mit den großen Kryptowährungen immer. Aber kurzfristig bergen Kryptowährungen halt auch extreme Risiken bis hin zu Kursverlusten von 90 Prozent.

Anleger, die so etwas nicht aushalten können oder wollen, sollten daher extrem vorsichtig agieren. Wem es in der Küche zu heiß wird, darf halt nicht Koch werden. Aber dies ist ja ein eher oberflächlicher Blick auf die Chancen und Risiken von Kryptowährungen wie dem Bitcoin für Anleger. Auf den folgenden Seiten wollen wir dies daher ein wenig vertiefen!

1. Chancen und Risiken für Anleger

Eingangs habe ich das Thema »Chancen und Risiken für Anleger« natürlich noch sehr naiv beleuchtet, indem ich mich ausschließlich auf die Kursentwicklung fokussiert habe. Dies habe ich jedoch bewusst getan, da es sicherlich auch das ist, was die meisten von Ihnen interessieren dürfte. Allerdings bieten Bitcoin und Co. Ihnen, liebe Leserinnen und Leser, noch weit mehr. In erster Linie Chancen, wenngleich Chancen und Risiken immer zwei Seiten der gleichen Medaille sind.

Wenn es jedoch nicht nur die Performance ist, welche Chancen gibt es denn noch? Nun, schauen wir uns die Privacy Coins an, so werden Sie eine Chance von einigen, natürlich nicht allen, Kryptowährungen erkennen: Es ist nämlich beispielsweise mit Monero (XMR) oder DASH oder auch anderen Kryptowährungen möglich, vollkommen anonyme Transaktionen durchzuführen.

Wenn Sie das einem Politiker erzählen, wird er Sie wohl gleich unter Generalverdacht stellen. Schließlich brauchen ja nur Verbrecher die Möglichkeit einer anonymen Transaktion. Nun, so mag man ja heute argumentieren. Aber noch bis vor wenigen Jahren gab es quasi weltweit das sogenannte Bankgeheimnis. Waren also die Menschen in den 1980er-Jahren alle Terroristen, weil sie damals noch weitestgehend anonym Geld durch die ganze Welt transferieren konnten und dies auch taten? Ich glaube nicht.

Es kann ja durchaus sein, dass man irgendwelche Artikel kauft, von denen nicht jeder wissen soll, dass man sie gekauft hat. Ich denke hierbei zum Beispiel an einen Einkauf in einem Erotikgeschäft. Womöglich möchten Sie ja nicht, dass andere mithilfe der Auswertung entsprechender Daten ermitteln können, welchem Fetisch Sie frönen. Der Red-Bull-Gründer und Milliardär Dietrich Mateschitz brachte dies in einem Interview auch mal sehr gut auf den Punkt, als er sagte: »Ich glaube nicht, dass staatliche Stellen unbedingt wissen müssen, mit wem ich abends essen gehe/meinen Abend verbringe.«

Die Chance zur Anonymität ist also durchaus interessant, birgt jedoch natürlich auch wieder Risiken. So wurden meinem Bruder beispielsweise seine XMR (Monero) entwendet, da er seine Wallet nicht richtig gesichert hatte. Aufgrund der extrem starken Anonymität bei Monero war und ist es ihm in keiner Weise möglich, auch nur ansatzweise zu ermitteln, wer ihm seine XMR gestohlen hat und wohin diese transferiert wurden. Dies wäre ihm bei nicht anonymen Kryptowährungen wie dem Bitcoin oder Ether(eum) so zwar nicht passiert.

Allerdings ist es generell immer sehr unwahrscheinlich, dass man gestohlene Coins zurückerhält. Denn die Hacker sitzen in der Regel im Ausland und sind somit erstens generell schwierig zu identifizieren beziehungsweise zu ermitteln und zweitens sind Gerichtsverfahren im Ausland teuer. Zumal es Ihnen dann drittens passieren kann, dass ein Gericht Ihnen zwar recht gibt, Sie den Titel gegen den Hacker dann jedoch mangels finanzieller Mittel nicht vollstrecken können.

Doch gehen wir mal weg von solchen speziellen Funktionen wie der Anonymität. Auch abgesehen davon bieten Ihnen die Kryptowährungen noch mehrere Vorteile. Zum einen nämlich können Sie mit deren Hilfe aus dem Fiat-Money-System Euro mit all seinen Schwächen aussteigen. Sollte der Euro implodieren, hätten Sie Ihr Geld gerettet. Dies gilt auch im Falle der Einführung eines negativen Zinsregimes, wie es kürzlich der IWF in einem Blogpost angedacht hat. Bitcoin und Co. wirken hier ähnlich wie Gold, nur dass sie noch viel schwieriger zu verbieten sind. Zumindest dann, wenn Sie sich einigermaßen clever bei der Sicherung Ihrer Wallets anstellen.

Doch zum anderen haben Kryptowährungen weitere deutliche Vorteile gegenüber Gold. So definiert Bitcoin-Group-Gründer Oliver Flaskämper den Bitcoin beispielsweise stets gerne als digitales Gold mit einer Zahlfunktion, was es ganz gut trifft. Allerdings können Sie Ihre Bitcoins (oder andere Kryptowährungen) auch noch viel leichter in die ganze Welt mitnehmen. Versuchen Sie mal, mit einem Goldbarren an Bord eines Flugzeugs nach Südafrika zu reisen, das dürfte sehr schwierig werden. Mit einem USB-Stick oder, noch besser, einem Ledger Nano S sollte das hingegen kein großes Problem sein. Wobei Sie prinzipiell ja sogar Webwallets nutzen können, wovon ich allerdings aus Sicherheitsgründen abrate. Denn so eine Webwallet ist leider schnell gehackt, besonders wenn ihr Passwortschutz nicht so gut sein sollte.

Zu guter Letzt gibt es dann noch einen Punkt, der besonders die Profiinvestoren zu Fans von Bitcoin und Co. macht. Denn bei den Kryptowährungen handelt es sich nicht nur um eine brandneue Anlageklasse, vielmehr korrelieren diese noch kaum mit anderen Anlageklassen wie beispielsweise Aktien oder Gold. Der Kurs des Bitcoins kann also durchaus mal steigen, auch wenn es am Aktienmarkt abwärts geht. Gerade die Profis suchen solche Werkzeuge, um dadurch ihre Portfolios zu optimieren. Auch dies sollte man daher im Auge behalten, wenngleich es für private Kleinanleger natürlich weniger relevant ist.

2. Chancen und Risiken für die Wirtschaft

Nun, unsere Wirtschaft fährt bis dato natürlich gut mit unserem aktuellen Geldsystem. Zwar bemerken einige hochrangige Manager durchaus die Probleme. Diese sind jedoch noch längst nicht groß genug, als dass sie dem Euro massenhaft abschwören würden.

Was nicht ist, kann allerdings ja durchaus noch werden. Wobei man schon klar formulieren muss, dass der deflationäre Charakter des Bitcoins aus Sicht der Wirtschaft eher Nachteile mit sich bringt. Denn wenn Geld im Laufe der Zeit tendenziell mehr wert wird, bekommt man natürlich aller Voraussicht nach japanische Verhältnisse.

Konkret bedeutet dies einen Teufelskreis aus sinkenden Preisen, Entlassungen, sinkenden Löhnen und Gehältern, dadurch bedingt ausbleibender Nachfrage und somit weiter sinkenden Preisen. Die Baisse nährt also die Baisse, so wie im Aufschwung ja auch die Hausse die Hausse nährt.

Zwei Vorteile, die Kryptowährungen jedoch definitiv mit sich bringen, sind einerseits die schnellen und kostengünstigen Transaktionen, die auch dafür sorgen, dass der Einzelhändler sein Geld zügig bekommt. Und andererseits ist die Implementation der Zahlungsmethode relativ einfach und es werden Zahlungsdienstleister wie Adyen, Mastercard, PayPal, Square oder VISA und deren hohe Gebühren ausgeschaltet.

Alles in allem sollte man daher die Vorteile, die die Kryptowährungen auch für die Wirtschaft mit sich bringen (können), keinesfalls unterschätzen. Wenngleich es noch ein langer, harter und steiniger Weg werden dürfte, bis Bitcoin und Co. eine Währung wie den Euro ablösen können. Im krisengeschüttelten Venezuela sieht das übrigens schon anders aus. Dort bezahlen viele Leute bereits mit Kryptowährungen, wobei sie gar nicht in erster Linie auf den staatlichen Petro setzen, sondern vielmehr auf DASH. Was mein Herz als DASH-Hodler ebenfalls höherschlagen lässt.

3. Chancen und Risiken für den Staat

Normalerweise heißt es von »Experten« immer gerne, dass die Staaten sehr skeptisch in Bezug auf Kryptowährungen seien. Kein Staat könne sich schließlich sein Geldmonopol nehmen lassen. Noch würden die Staaten daher interessiert zuschauen. Wenn Bitcoin und Co. jedoch zu stark würden, würden sie einfach verboten. Dies hört sich zunächst auch sehr schlüssig an, zumal China ja bereits ähnlich vorgegangen ist.

Die Volksrepublik China ist damit aber auch das beste Beispiel dafür, dass ein solches Verbot einer – bekanntlich dezentral organisierten – Kryptowährung nicht funktioniert. Denn obwohl die chinesische Regierung den Handel mit Bitcoins und damit ja quasi den Bitcoin verboten hat, wird er dort immer noch sehr rege gehandelt. Erinnern Sie sich, dass ich schon öfter geschrieben habe, dass ein wichtiges Merkmal einer Kryptowährung die Dezentralität ist? Hier sehen Sie nun, warum!

Darüber hinaus müssen wir meines Erachtens unterscheiden, ob ein Staat eine Demokratie (nach westlichem Vorbild) oder eine wie auch immer geartete Diktatur ist. In Diktaturen, China ist leider immer noch eine solche, versuchen die Herrschenden natürlich alles, um jegliche Kontrolle zu behalten. Dies betrifft dann auch das Geld und somit wird ein Geldmonopol eben verteidigt. Anders sieht das jedoch in Demokratien aus. Hier wird man, zumindest zunächst, versuchen, den Wettbewerb der Währungen zu gewinnen.

Dies funktioniert beispielsweise, indem man auf die ja durchaus vorhandenen Schwächen der Kryptowährungen aufmerksam macht. Wenn Marktmanipulation möglich ist, wenn es extrem große Wechselkursschwankungen gibt, dann sind das eben alles Argumente, die man gegen Bitcoin und Co. ins Feld führen kann – und dies wird dann eben auch getan. Am Ende wird daher meines Erachtens, zumindest in unseren Demokratien, kein simples Verbot der Kryptowährungen stehen. Vielmehr wird es eine sinnvolle Regulierung geben, die dem Staat eine gewisse Macht sichert.

Darüber hinaus kann es für einen Staat ja kaum etwas Besseres geben, als wenn jegliche jemals getätigte Transaktionen in einer für alle Zeit bestehenden dezentral organisierten und damit absolut fälschungssicheren Datenbank hinterlegt sind. So ist es beispielsweise schon heute in Gerichtsverfahren dazu gekommen, dass Einträge in der Blockchain von Gerichten als Beweismittel akzeptiert wurden.

Inzwischen gehen daher auch immer mehr Experten davon aus, dass es über kurz oder lang keineswegs zu simplen und unsinnigen Verboten kommen wird. Vielmehr dürften die Staaten dem Treiben an den Krypto-Märkten noch etwas zusehen und dann die Zügel in Sachen Regulierung anziehen. Wenn die Zeit dann reif ist, könnte es durchaus zur Einführung von staatlichen und damit besser besicherten Kryptowährungen kommen. In Großbritannien hat man sich durchaus schon entsprechende Gedanken gemacht, in Schweden ist man mit der E-Krone sogar schon einen Schritt weiter.

Warum aber sollten die Schweden so vorpreschen, wenn es am Ende auf ein Verbot von Kryptowährungen hinauslaufen sollte? Das würde meines Erachtens keinen Sinn ergeben. Zumal Kryptowährungen ja durchaus auch weitere Vorteile für die Staaten bringen können. Das Beispiel einer nahezu vollautomatischen Buchhaltung inklusive Übermittlung der Daten an das Finanzamt wäre so ein Fall.

Worauf wir uns aber auf jeden Fall einstellen sollten, ist, dass in den kommenden Jahren an der Digitalisierung unseres Geldes kein Weg vorbeiführen wird. Denn wenn wir alles in einem zunehmenden Maße digitalisieren, warum dann ausgerechnet unser Geldsystem nicht? Dies birgt natürlich, wie immer, große Chancen und große Risiken. Am Ende überwiegen letztlich zwar die Chancen. Allerdings wird dies alles zu fundamentalen Umbrüchen in unserer Wirtschaft führen. Die Stichworte lauten hier »Automatisierung«, »Big Data«, »Künstliche Intelligenz« und »Robotik«.

In diesem Zusammenhang werden leider auch viele Menschen ihre Jobs verlieren und müssen bereit sein, neue Dinge zu lernen. Wer sich dem verweigert, wird es zukünftig wohl sehr schwer haben. Voraussichtlich wird es daher auch nicht ohne Einführung eines Bedingungslosen Grundeinkommens gehen, wofür jedoch Kryptowährungen und die ihnen zugrunde liegende Blockchain-Technologie ebenfalls bestens geeignet sind. Haben Sie daher keine Berührungsängste und trauen Sie sich an Kryptowährungen heran. Denn wer früh genug beginnt, sich damit zu beschäftigen, hat es später einfacher.

Natürlich wird es auch Menschen geben, die sich nicht mehr mit dieser neuen Technologie anfreunden können. Meine 87-jährige Oma und mein 86-jähriger Opa sind bis heute nicht online, von Bitcoin haben sie daher bestenfalls mal im Fernsehen gehört. Aber auf der anderen Seite wachsen eben die Kinder und Jugendlichen schon damit auf. Letzten Endes spricht dann auch die Biologie dafür, dass sich diese neuen Technologien am Ende auch behaupten und durchsetzen werden.

Wer dies frühzeitig erkannt hat, konnte mit Bitcoin und Co. schon sehr reich werden. Die Zeit des ganz einfachen Geldmachens ist hier daher sicherlich vorbei. Wer heute einen Bitcoin zu knapp 4000 US-Dollar kauft, wird zwar möglicherweise doch noch Millionär. Aber wohl kein mehrfacher Millionär mehr und der Einsatz ist eben auch schon 4000 Mal größer als noch im Jahr 2009.

Allerdings kann und wird es andere Kryptowährungen geben, die vielleicht noch eine ähnliche Performance wie der Bitcoin hinlegen könnten. Vergessen Sie nicht, dass zwar Amazon oder eBay schon zur Zeit der »Dotcom Bubble« gestartet wurden, dass aber beispielsweise Google erst im Jahr 1997 als »Backrub« gegründet wurde und daher auch erst weit nach dem Jahr 2000 und dem damaligen Platzen der »Dotcom Bubble« an die Börse kam. Es gibt daher zu jeder Zeit Chancen und Risiken und Ihre Aufgabe als Investor oder Trader ist es, die Chancen zu ergreifen!

IX. Schöpferische Zerstörung – Disruption

Der Begriff der »Schöpferischen Zerstörung« wird fast immer Joseph Schumpeter zugeschrieben. Dabei taucht er jedoch eigentlich schon im *Kommunistischen Manifest* sowie in *Das Kapital* von Karl Marx auf. Dort wird damit jedoch eine neue ökonomische Ordnung bezeichnet, die die alte verdrängt.

Bei Schumpeter, der diesen Begriff erst bekannt machte, erhielt er jedoch eine grundlegend andere Bedeutung. Schumpeter beschreibt damit nämlich die positiven wirtschaftlichen Eigenschaften der kapitalistischen Produktion – und damit natürlich in erster Linie die Fähigkeit des Kapitalismus zu Innovation und Fortschritt. Im angelsächsischen Raum bezeichnet man dies auch gerne als »disruption«.

Um Ihnen mal das Paradebeispiel für die Schöpferische Zerstörung im Sinne Schumpeters zu geben, schauen wir uns die Entwicklung des Automobils an. Durch ihre Erfindung des Autos zerstörten Gottlieb Daimler und Carl Benz seinerzeit ein bis dahin jahrhundertealtes Geschäft, nämlich das der Pferdekutscher. Bis zum Zeitpunkt ihrer Erfindung nämlich war quasi jeder, der sich über größere Strecken bewegen wollte, auf Pferdekutschen angewiesen. Plötzlich, quasi über Nacht, war das nicht mehr der Fall.

Natürlich waren die ersten Autos noch sehr teuer und unkomfortabel. Aber mit dieser Erfindung war ein Anfang gemacht und ab diesem Zeitpunkt befassten sich zahlreiche Menschen damit, diese Erfindung immer weiter zu verbessern. Heute träumen wir daher schon von autonom fahrenden Autos und damit einer ganz neuen Art der Mobilität. Dies alles aber hat seinen Ursprung in der Erfindung von Gottlieb Daimler und Carl Benz.

Während jedoch dadurch der Beruf des Pferdekutschers weitestgehend verschwand, wurden eine ganze Menge neuer Jobs kreiert. So können sich auch alle Kfz-Mechaniker, alle Lackierer, alle Tankstellenbetreiber und so weiter im Prinzip bei zwei Menschen bedanken, nämlich bei Gottlieb Daimler und Carl Benz. Für die Schöpferische Zerstörung/Disruption nach Schumpeter ist natürlich diese Erfindung des Automobils das klassische Beispiel.

Ich hätte aber auch einige Jahrzehnte weiter gehen und die Erfindung des Computers (PCs) sowie die Erfindung des Internets (World Wide Webs) als Beispiele wählen können. Wobei diese beiden Erfindungen ja sehr eng beieinander liegen. Ob man die Erfindung des Mobiltelefons beziehungsweise des Smartphones als eigenes Beispiel für die Schöpferische Zerstörung wählt, kann man dabei übrigens durchaus diskutieren. Denn letztlich sind die heutigen Smartphones ja Mini-Computer, so dass man darin auch einfach den Megatrend zur Miniaturisierung von Computern sehen könnte. Aber das ist ja auch nicht entscheidend.

Es liegt dabei allerdings in der Natur der Sache, dass einige Menschen mit solchen fundamentalen Umbrüchen nicht klarkommen. Bisher hatte ich stets das Glück, dass das bei mir nicht so war. Aber das kann sich in Zukunft natürlich durchaus ändern, denn mit zunehmendem Alter wird es natürlich auch immer schwieriger, solche Dinge zu akzeptieren. Das beste Beispiel für jemanden, der sich dem Fortschritt seinerzeit verweigerte, ist der deutsche Kaiser Wilhelm II. Denn dieser sagte angeblich über das von Gottlieb Daimler und Carl Benz erfundene Auto: »Das Auto ist doch nur eine Modeerscheinung, ich setze weiter aufs Pferd!« und lag damit – wie wir heute wissen – völlig falsch.

Allerdings befindet er sich damit in durchaus guter Gesellschaft, denn kein Geringerer als Microsoft-Mitgründer Bill Gates sagte mal über Computer: »Mehr als 640 Kilobyte braucht kein Mensch« sowie in den 1990er-Jahren: »Das Internet ist nur ein Hype.« Genauso wie der einstige CEO von IBM, Thomas J. Watson, im Jahr 1943 davon gesprochen haben soll, dass es »einen Weltmarkt von vielleicht fünf Computern« geben würde. Diese Beispiele zeigen allerdings auch, dass es nicht unbedingt entscheidend ist, dass man immer richtig liegt. Viel wesentlicher ist es, möglichst zügig zu erkennen, wenn man falsch lag – und sich damit im Prinzip um 180 Grad zu drehen. Gerade Bill Gates ist das bereits mehrfach sehr gut geglückt, was sicherlich auch ein Grund für den anhaltenden Erfolg von Microsoft ist.

I. Abschaffung der Banken

Ein wichtiges Ziel von Satoshi Nakamoto bei der Erfindung des Bitcoins war es bekanntlich, die Banken zu entmachten. Damit sind wir schon wieder beim oben zitierten Bill Gates. Denn dieser hat neben seinen Fehlprognosen auch einige andere sehr interessante Dinge gesagt. Eines der vielleicht interessantesten Zitate von ihm, das auch aus dem Mund von Satoshi Nakamoto stammen könnte, war: »We need banking, but we don't need banks!« Zu Deutsch: »Wir brauchen Banking (Finanzdienstleistungen), aber wir brauchen keine Banken!«

Ob Bill Gates nun Banken und Banker mag oder nicht, weiß ich nicht. Ich würde aus diesem Zitat auch nicht unbedingt schließen, dass dem nicht so ist. Denn er ist immerhin der Gründer einer Technologiefirma, die ja über kurz oder lang wahrscheinlich durchaus in diesen Markt einsteigen möchte. Insofern muss man diesen Satz gar nicht unbedingt als Angriff auf Banken und Banker sehen, zumindest nicht als einen ideologisch getriebenen Angriff.

Nimmt man Bill Gates aber ernst, egal wie diese Attacke nun gemeint sein mag, dann prophezeit er den Banken über kurz oder lang schwierige Zeiten. Aktuell ist davon noch wenig zu sehen. So schreiben zumindest die großen US-Banken wie Goldman Sachs oder JPMorgan Rekordgewinne in Milliardenhöhe. Allerdings könnte das womöglich auch der Höhepunkt ihrer Geschichte sein und der baldige Abstieg langsam beginnen. Denn nicht nur, dass inzwischen Konkurrenten wie PayPal oder Square herangewachsen sind, sondern es gibt eben auch die Kryptowährungen auf Basis der dezentralen Blockchain-Technologie, die alleine schon das Zeug dazu hat, die Bankenbranche, aber auch viele andere Branchen zu »disrupten«.

So lässt sich ja heute schon mithilfe von Bitcoin und Co. Geld in kurzer Zeit und zu minimalen Kosten in die ganze Welt transferieren. Dies wird in Zukunft noch viel einfacher werden, wenn man nur bedenkt, wie viele Menschen an der Verbesserung des grundsätzlichen Systems arbeiten. Es ist eben vergleichbar mit den ersten Autos, die auch noch sehr unkomfortabel waren. Ich kann mir aber durchaus vorstellen, dass die Welt schon in 10, 20 oder spätestens 30 Jahren ganz anders aussieht. Zumal ja viele jüngere Leute sich jetzt schon frühzeitig mit dieser Technologie befassen. Dabei sind die bisher entwickelten Möglichkeiten – denken Sie nur an Overstock.com und seine potenziell möglichen Börsengänge mithilfe der Blockchain – ja schon grandios. Zwar versuchen die Banken, hier mit der Zeit zu gehen, weshalb sich ja auch die ein oder andere schon bei Overstock.com eingekauft hat. Aber die Frage bleibt, ob sie es wirklich schaffen, sich komplett neu zu erfinden. Denn wenn sie sich dort nur eingekauft haben, um den Durchbruch der entsprechenden Technologien zu verhindern, werden sie diesen womöglich ein wenig verzögern, auf keinen Fall jedoch verhindern können. Denn das Bessere ist immer des Guten Feind.

Zu den Unternehmen, die diese Zukunft definitiv aktiv mitgestalten wollen und daher auch werden, gehören sicherlich Alphabet (Google), IBM sowie Microsoft, um mal drei große zu nennen. Interessant sind jedoch sicherlich auch viele »Schnellboote«, also erst vor Kurzem gegründete, kleine und somit hochdynamische Unternehmen. Zwar werden viele von ihnen auch wieder untergehen, am Ende könnte sich jedoch aus einem dieser Schnellboote der nächste Herausforderer der genannten Großkonzerne entwickeln. Auch dies muss man daher als Anleger genau im Auge behalten, um möglicherweise von einer solchen Entwicklung profitieren zu können.

Die Banken hingegen sind höchstwahrscheinlich schon, ohne es zu bemerken, auf dem absteigenden Ast. Am Ende wird sich daher Bill Gates' Prognose, dass Banking notwendig ist, die Banken dafür jedoch nicht, wohl bewahrheiten. Insofern sollte man seine Investments in Aktien großer Banken, gerade auch in den USA, aktuell wohl auf den Prüfstand stellen. Denn wird das Versprechen von Satoshi Nakamoto, dass jeder seine eigene Bank werden kann (»Be Your Own Bank!«) wirklich Realität, dann sieht es für Goldman Sachs und Co. nicht wirklich gut aus.

2. Abschaffung der Zentralbanken statt Abschaffung des Bargelds

Schon seit einiger Zeit wird von vielen Politikern die Abschaffung des Bargelds propagiert. Dafür werden dann gute Gründe wie beispielsweise die Bakterien, die an Geldscheinen und Münzen haften und Krankheiten verbreiten könnten, angeführt. Schleichend wird die Abschaffung des Bargelds sogar bereits betrieben. So hat beispielsweise die Europäische Zentralbank 2019 den bisher nominal größten

Schein, den 500-Euro-Schein, abgeschafft. Als Grund wird dabei genannt, dass so große Scheine nur bei illegalen Transaktionen verwendet werden. Wenn man beispielsweise für 1 Million Euro Drogen oder Waffen kaufe, werde ein Geldkoffer mit 2000 solcher Scheine ausgetauscht. Wenn zukünftig dann der 100-Euro-Schein der größte Geldschein ist, müsste der Geldkoffer natürlich entsprechend mit 10 000 solcher 100-Euro-Scheine gefüllt werden, was unpraktikabel wäre. Als wenn sich Verbrecher jemals darum geschert hätten ...

Wahrscheinlicher ist daher, dass die Abschaffung der großen Scheine nur deshalb betrieben wird, weil dies den Einstieg in den Ausstieg aus dem Bargeld darstellt und man dabei nur wenig Protest zu erwarten hat. Denn mal Hand aufs Herz, wer von Ihnen hat denn einen oder gar mehrere 500-Euro-Scheine in seinem Portemonnaie? Abgesehen von denen, die gerade auf dem Weg zu einem Autohändler sind und ein Auto per Barzahlung kaufen möchten – oder aber zu den aufgeführten Kriminellen gehören –, hat das wohl so gut wie niemand. Dementsprechend gibt es gegen die Abschaffung des 500-Euro-Scheins auch nur wenig bis gar keinen Widerstand. Nur: Ist der 500-Euro-Schein erst einmal weg, könnte man ja auch den 200-Euro-Schein sowie den 100-Euro-Schein infrage stellen. Ist dann erst einmal auch der 50-Euro-Schein weg, ist es bis zur kompletten Abschaffung von Bargeld nur noch ein Katzensprung.

Dies wäre sowohl für den Staat (Stichwort: »gläserne Bürger«) als auch für die Notenbanken ein Triumph. Denn ist das Bargeld erst einmal weg, kann man endlich auch negative Zinsen einführen. Wobei der Internationale Währungsfonds (IWF) in einem Blogpost bereits beschrieben hat, wie sich dieses Ziel auch unter Beibehaltung von Bargeld prinzipiell erreichen ließe. Schöne neue Welt, oder? Nicht wirklich!

Umso wichtiger ist es daher, dass sich am Ende vielleicht doch noch die Grundidee von Satoshi Nakamoto durchsetzt. Denn sollte es mithilfe der Blockchain tatsächlich möglich sein, das gesamte internationale Bankensystem zu »disrupten« und damit zum einen die Banken, zum anderen aber auch die Zentralbanken überflüssig zu machen, wäre das aus Sicht der normalen Menschen ein echter Segen.

Beachten Sie aber, dass dies ein idealistisches Ziel von Satoshi Nakamoto war und ist, dem sich viele Leute in der Krypto-Szene verschrieben haben. Es geht hier um die Freiheit, darum werden diese Menschen auch »Libertäre« genannt (nicht »Liberale«, denn das sind eher Pseudo-Libertäre, die bei Schwierigkeiten dann doch nach dem Staat rufen!). Es steht zu befürchten, das habe ich ja auch ausführlich dargelegt, dass es den Mächtigen am Ende leider doch gelingen wird, ihre Ideen durchzusetzen. Aber zumindest hat Satoshi Nakamoto sie damit mal herausgefordert.

Langfristig könnte dies daher durchaus zu einem kompletten Umdenken führen. Denn wie ja schon des Öfteren erwähnt, löst die Biologie das Problem der alten Ideale, ganz einfach weil diejenigen, die für diese einstehen, über kurz oder lang das Zeitliche segnen. Die Zukunft aber gehört den Jungen, den Kindern und Jugendlichen, ehe am Ende allerdings auch diese den Gang alles Irdischen gehen müssen. Dabei ist eine Generation heutzutage stets nur noch 15 bis 20 Jahre auseinander. Die Umbrüche können und werden daher zwar trotzdem nicht über Nacht erfolgen, aber doch schneller vonstattengehen, als sich das manch einer heute noch vorzustellen vermag. Erst recht, wenn es eben zur Schöpferischen Zerstörung/Disruption kommt. So galt Lehman Brothers vor knapp 25 Jahren auch noch als unantastbar, inzwischen existiert diese Bank schon gut zehn Jahre nicht mehr.

X. Das bisherige Ergebnis der Finanzkrise

Halten wir als bisheriges Ergebnis der Finanzkrise der Jahre 2007/2008 fest, dass sich leider noch nicht allzu viel geändert hat. Zwar haben viele Politiker sehr viel versprochen, jedoch nur sehr wenig davon gehalten. Letzten Endes haben es die Banken (»Bankster«) geschafft, eine zu strikte Regulierung ihrer Branche zu verhindern. Das war und ist auch nicht so schwer, denn einerseits hängen viele Arbeitsplätze daran und andererseits sind die Staaten und damit die handelnden Politiker ja angewiesen auf das Geld dieser Banken. Wie mächtig diese sind, hat man daher damals sehr gut sehen können. Während noch wenige Jahre zuvor bei den Sozialausgaben (»Hartz 4«) gekürzt werden musste, standen zur Rettung der Banken quasi über Nacht dreistellige Milliardenbeträge zur Verfügung. Anscheinend haben die Politiker zuvor gut an den Ärmsten gespart, um schließlich das Geld für die *»Bailouts«* der Banken zu haben.

Letztlich war ja auch die sagenumwobene »Griechenland-Rettung« nichts anderes als eine Rettung der Banken (insbesondere übrigens französischer und spanischer Großbanken) auf Kosten der Steuerzahler. Wenn Sie das nicht glauben wollen, fahren Sie doch einfach mal nach Griechenland. Ich kenne Leute, die mir das auch erst geglaubt haben, nachdem sie das Elend dort vor Ort gesehen haben. Das Geld nämlich, dass die griechische Regierung seinerzeit bekommen hat, diente nahezu ausschließlich dazu, die Schulden des Staates bei den Großbanken samt Zinsen zu begleichen. So gut wie keinem einzigen Griechen geht es daher nach der »Rettung« des Landes besser, sehr wohl jedoch den Vorständen und Großaktionären von Banco Santander oder BNP Paribas.

Ich gebe zu, dass das, was ich hier schreibe, zum Teil auch ein wenig populistisch ist. Denn letztlich wurde auch so mancher kleine Mann ein wenig gerettet, gerade hier bei uns in Deutschland. Schließlich haben die Deutschen viele Jahre lang sehr gerne sogenannte Kapitallebensversicherungen abgeschlossen. Letztlich bedeuten diese Versicherungen jedoch nichts anderes, als dass Sie den Versicherungskonzernen Geld überlassen, das diese dann möglichst gewinnbringend anlegen sollten. Da die Versicherungen zugleich jedoch die Sicherheit der Einlage sowie einen relativ hohen Zinssatz garantierten, aber natürlich auch selbst Geld daran verdienen mussten, haben sie in entsprechend hochverzinsliche Staatsanleihen investiert. Wenn die Zinsen auf deutsche Staatsanleihen seinerzeit jedoch nur bei circa 3 Prozent lagen, die Versicherungskonzerne aber mindestens 4 Prozent pro Jahr garantiert hatten, mussten sie selbst schon circa 6 Prozent vereinnahmen. Dies ging aber eben nur durch Investments in Staatsanleihen weniger solider Staaten wie eben Griechenland. Um die Bonität machte sich dabei kaum jemand Sorgen. Schließlich wuchs damals doch Europa zusammen und im Zweifel würden schon die reicheren Staaten für die Schulden der ärmeren Staaten einstehen, so das Kalkül.

Aufgrund der Tatsache, dass sich alle auf diese vergleichsweise hoch verzinsten Staatsanleihen stürzten, sank aber deren Verzinsung immer weiter. Klar, Angebot und Nachfrage regelten eben auch hier den Preis. Das Stichwort lautete damals »Euro-Konvergenz« und es gab tatsächlich Anleihe-Experten, die bei n-tv auftraten und explizit die Staatsanleihen von Ländern wie Griechenland empfahlen. Zwar musste man dann, auf dem vorläufigen Höhepunkt der europäischen Staatsschuldenkrise, einen kühlen Kopf bewahren. Am Ende behielten die Hasardeure unter den Experten aber tatsächlich recht. Denn *»No Bailout«*-Klausel hin oder her, tatsächlich standen die reicheren Staaten – allen voran Deutschland – am Ende für die Staatsschulden der ärmeren Länder wie Griechenland ein.

Dadurch bedingt gibt es an den Finanzmärkten bis zum heutigen Tage einen sogenannten *»Moral Hazard«*, eine moralische Versuchung. Denn wenn jemand weiß, dass er im Zweifel gerettet wird, kann er größere Risiken eingehen, als er eingehen würde, wenn er wüsste, dass das nicht passiert. Insofern haben die Politiker nicht nur das Geldsystem durch ihre Eingriffe pervertiert, sondern verhindern geradezu seine Stabilisierung und damit Gesundung. Aber das werden diese, die ja eher auf kurzfristige Wahlerfolge schauen müssen, wohl leider gar nicht verstehen. Und warum sollte ein Banker Ihnen das erläutern, wo er doch davon massiv profitiert?

Ob Banker oder Notenbanker, Geldpolitiker oder Politiker dies jedoch wollen oder nicht, prinzipiell hat Satoshi Nakamoto mit seiner Erfindung des Bitcoins den Einstieg in die Digitalisierung des Geldes geschaffen. Damit einhergehend hat er jedoch womöglich auch den schöpferischen Zerstörungsprozess unseres Banken- und Geldsystems eingeleitet. Lustigerweise setzte er dabei auf Deflation, auch damit wir zukünftig vielleicht weniger verschwenderisch mit den Ressourcen umgehen und somit nachhaltiger wirtschaften und leben. Wenn man dies logisch zu Ende denkt, ist es durchaus folgerichtig, dass es keinerlei Deckung des Bitcoins durch Rohstoffe gibt und es sich somit am Ende ebenfalls um ein *Fiat-Money*-System handelt. Allerdings zugleich um ein Vollgeldsystem und nicht etwa um ein Schuldgeldsystem, wie wir es heute betreiben.

So wie Gottlieb Daimler und Carl Benz jedoch nur das erste Automobil erfunden haben, das natürlich mit den heutigen Standards nicht viel zu tun hatte (außer den grundlegenden Dingen wie einem Motor, einem Lenkrad und vier Rädern), so hat natürlich auch Satoshi Nakamoto zunächst nur ein Grundgerüst entwickelt und vorgestellt. Dieses nun immer weiter zu verbessern ist die Aufgabe, der sich sehr viele Menschen verschrieben haben und die darum auch ziemlich sicher gelingen wird. Selbst wenn die Einführung einer Second-Layer-Lösung wie dem Lightning Network dabei vielleicht der ursprünglichen Idee etwas widersprechen mag.

Sicher ist in meinen Augen, dass sich Kryptowährungen am Ende durchsetzen werden. Ob das eine freie Kryptowährung wie der Bitcoin (oder auch eine andere) sein wird oder vielleicht doch eine staatliche, wird man dann sehen müssen. Beides bietet gewisse Vor- und Nachteile, wobei ich als eher libertär eingestellter Mensch natürlich auf Bitcoin und Co. hoffe. Einer erfolgreichen Kryptowährung zugrunde liegen wird meines Erachtens jedoch in jedem Fall eine dezentrale Datenbank, eben die Blockchain, wenngleich möglicherweise weiterentwickelt (wie der Tangle bei IOTA oder eben das Lightning Network). Insofern kann es am Ende sogar sein, dass ausgerechnet der Bitcoin der Schöpferischen Zerstörung zum Opfer fallen wird.

Er hat allerdings, neben Ether(eum) und anders als Ripple (XRP), eine sehr gute Chance, sich durchzusetzen. Schon deshalb, weil er die erste und bekannteste Kryptowährung war und ist, auf der viele andere aufsetzen. Insofern ist es auch durchaus sehr interessant zu sehen gewesen, dass der Bitcoin im Zuge des Krypto-»Crashs« des Jahres 2018 eine gewisse relative Stärke gegenüber vielen Altcoins zeigen konnte, so dass die Bitcoin-Dominanz in der Krypto-Szene zuletzt wieder deutlich gestiegen ist. Lag diese nach der Einführung zunächst natürlich bei 100 Prozent sowie später bei knapp 100 Prozent, sank sie im Zuge des Krypto-»Hypes« des Jahres 2017 phasenweise auf unter 35 Prozent. Inzwischen ist sie bereits wieder auf deutlich über 50 Prozent gestiegen und diese Position kann der Bitcoin erst einmal verteidigen.

I. Demokratisierung unseres Banken- und Geldsystems

Sollten sich am Ende diese libertären Gedanken durchsetzen, könnte damit endlich die längst notwendige Demokratisierung des Banken- und Geldsystems einhergehen. Dies wird jedoch sicherlich ein langwieriger Prozess. Aber er wurde von Satoshi Nakamoto immerhin mal angestoßen. Neben den Banken und den Bankern werden übrigens auch zahlreiche andere Berufe unter dem Siegeszug der Blockchain leiden, beispielsweise die Notare.

Aber kommen wir zurück zu den Banken und Zentralbanken. Sollte die Demokratisierung funktionieren, würde sich am Ende wieder einmal der Satz von Victor Hugo bestätigen, der da lautet: »Nichts auf der Welt ist so mächtig wie eine Idee, deren Zeit gekommen ist.« In letzter Konsequenz hätte somit die Finanzkrise 2007/2008 langfristig doch noch zu einem guten Ergebnis geführt – wenngleich zu einem Ergebnis, das seinerzeit noch gar nicht absehbar war.

Was heutzutage den ein oder anderen Politiker, der sich wohl an einer »gelenkten Demokratie« nach russischem Vorbild orientiert, erschrecken dürfte, ist für normale Menschen eigentlich eine sehr gute Nachricht. Denn immerhin ist die Blockchain in der Lage, Bereiche zu demokratisieren, bei denen man dies immer für absolut unmöglich erachtet hatte.

So wie Marktwirtschaft und Demokratie untrennbar miteinander verbunden sind, so würden zukünftig auch Blockchain und Demokratie untrennbar miteinander verbunden. Schließlich lassen sich via Blockchain auch demokratische Wahlen online durchführen, was sicherlich zu einer Steigerung der Wahlbeteiligung und somit einer Stärkung der Demokratie führen sollte.

Ja, es wäre – dank der Blockchain – sogar der Wechsel von einer repräsentativen zu einer direkten Demokratie nach Schweizer Vorbild denkbar. Auch das mag vielen Politikern nicht gefallen, die ihr Volk ja für zu dumm halten und daher befürchten, dass es auf Populisten hereinfällt. Aber grundsätzlich ist Populismus ja gar nichts Schlechtes, früher nannte man dies »dem Volk auf's Maul schauen« und es war eine Aufgabe von Politikern.

Dass diese heute oftmals völlig am Volk und dessen Willen vorbeiregieren, halte ich persönlich für viel gefährlicher. Denn aus diesem Grund werden die Populisten, ob nun von links oder rechts, viel eher gestärkt. Letzten Endes ist das somit tatsächlich eine gefährliche Entwicklung, sie hat jedoch wenig damit zu tun, dass das (Wahl) Volk zu dumm wäre.

Oder gibt es so viele dumme Ideen aus der Piratenpartei, die ja derart basisdemokratisch agiert? Ich jedenfalls glaube, dass die normalen Bürger es sehr begrüßen würden, wenn sie zukünftig nicht mehr nur Stimmvieh im Zuge von Wahlen wären, sondern tatsächlich wieder einen größeren Einfluss auf die Politik der Regierung hätten.

2. Optimistisch in die Zukunft ...

So schlimm die Finanzkrise 2007/2008 daher auch gewesen sein mag, letzten Endes hat sie uns wohl – ganz im Sinne der Schöpferischen Zerstörung Schumpeters – doch erheblich weitergebracht. Wobei sich hier vielleicht ein wenig der Kreis von Schumpeter zu Karl Marx schließt. Denn dank der Demokratisierung, die uns die Blockchain in Zukunft ermöglicht, verändert sich ja letztlich auch unser Banken-, Finanz- und Geldsystem sowie in letzter Konsequenz auch unser Wirtschaftssystem. Wenngleich auch wohl nicht ganz im Sinne von Marx, was ich – als gebürtiger Trierer – jedoch durchaus gut finde. Denn mit Kommunismus und Sozialismus kann ich nur wenig anfangen. Warum? Nun, dazu genügt wohl ein Blick auf Venezuela oder Nordkorea. Ich bin daher lieber ein optimistischer Kapitalist, der Menschen durchaus eine positive Gestaltung ihrer Zukunft zutraut.

3. Reich werden durch Trading von Kryptowährungen

Wenn man an solche Zukunftsvisionen glaubt, muss man natürlich gerade jetzt – nach dem Krypto-»Crash« des Jahres 2018 – in Kryptowährungen investieren. Das kann, muss aber gar nicht der Bitcoin sein. Wenngleich ich jedem immer einen kleinen Anteil an der »Mutter aller Kryptowährungen« ans Herz legen würde.

Wer jedoch andere Kryptowährungen bevorzugt, kann auch in sie investieren. Dabei sollte er in erster Linie darauf achten, welche dieser alternativen Kryptowährungen in den letzten Wochen und Monaten in der Rangliste (nach Marktkapitalisierung) gestiegen ist. Denn diese Kryptowährungen zeigen die sogenannte relative Stärke, die wiederum darauf hindeutet, dass die Big Boys auf diese Coins/Token setzen.

Bleibt zum Schluss dieses Buches eigentlich nur noch die immer wieder gerne gestellte Frage offen, an welchen Krypto-Börsen man denn handeln sollte und was die bevorzugten Wallets sind.

Explizit empfehlen kann und möchte ich dabei jedoch keine Krypto-Börse. Denn die Vorlieben der Krypto-Anleger haben hier in der Vergangenheit oftmals gewechselt. War es zunächst Mt.Gox, wurde später auf Poloniex, Coinbase, Bittrex, Kraken sowie zuletzt Binance gesetzt. Wahrscheinlich werden sich die Vorlieben auch in Zukunft ändern. Ich würde allerdings nicht jeden solchen Trend mitmachen und generell immer auf weitestgehend regulierte Krypto-Börsen wie Kraken setzen.

Wenn Sie sich dann erst mal für eine Krypto-Börse entschieden und dort ein Konto eingerichtet haben, müssen Sie in der Regel Bitcoin oder Ether(eum) einzahlen. Daher brauchen Sie entweder Bitcoins oder Ether(eum)s, die ich als deutscher Staatsbürger über bitcoin.de oder Kraken kaufen würde. Nachdem Sie Bitcoins oder Ether(eum) s gekauft haben, senden Sie diese via Blockchain auf Ihr Konto bei der entsprechenden Krypto-Börse.

Wenn die Bitcoins oder Ether(eum)s dann auf dem Konto bei der gewählten Krypto-Börse angekommen sind, können Sie alle dort angebotenen Coins und Token kaufen. Anschließend liegen diese in entsprechenden Wallets bei dieser Krypto-Börse. Da in der Vergangenheit jedoch bekanntlich die ein oder andere Krypto-Börse gehackt wurde (Mt.Gox, Cryptsy, ja selbst Bitfinex, wenngleich diese Börse es – gerade so – überlebt hat), würde ich Ihnen nicht dazu raten, Coins und/oder Token dort für längere Zeit zu lagern. Wer aber kurzfristig traden möchte, kommt natürlich leider nicht umhin, dies zumindest vorübergehend zu tun.

Als Hodler aber sollten Sie sich eine eigene Wallet einrichten, wobei Sie leider für nahezu jeden Coin eine eigene Wallet benötigen. Das kann eine sogenannte Desktop-Wallet (wie zum Beispiel Electrum oder Exodus) sein, die Sie auf Ihrem Computer installieren. Dann müssen Sie jedoch dafür sorgen, dass dieser Computer gegen Angriffe geschützt ist durch regelmäßige Backups, Firewall, Virenscanner und so weiter.

Optimalerweise nehmen Sie vielleicht sogar einen alten Computer, den Sie dann immer nur bei Bedarf ans Internet anschließen. Denn solange Sie nicht online sind, können natürlich auch keine Hacker Sie von außen angreifen. Alternativ gibt es aber auch sogenannte Hardware-Wallets wie zum Beispiel den Ledger Nano S oder den Trezor. Insbesondere wenn Sie größere Summen in Kryptowährungen investieren, sollte Ihnen eine solche Investition nicht zu teuer sein.

Denn was nützt es Ihnen, wenn ein Coin oder Token im Kurs explodiert und sich beispielsweise verzehnfacht, Sie ihn aber durch einen Hackerangriff verlieren? Solche Fälle sind mir durchaus bekannt geworden, daher warne ich Sie an dieser Stelle auch explizit davor!

Kleiner Ausblick: Decentralized Finance (DeFi), Non-Fungible Tokens (NFTs) und Scams

Bevor ich zu meinem Ausblick komme, möchte ich Sie noch vor einer zuletzt immer beliebteren Betrugsmasche warnen. Grundsätzlich wurde vor dieser schon bei *Aktenzeichen XY ... ungelöst* im Jahr 2019 gewarnt, wie Sie auf YouTube in dem Video »Bitclub-Network Betrug in einem Spezial von Aktenzeichen-XY-ungelöst« vom 28.03.2019 nachschauen können.[6]

Bisher, so auch in dem genannten Beitrag von *Aktenzeichen XY ... ungelöst*, war der Aufhänger meistens das Bitcoin- beziehungsweise Krypto-Mining. Inzwischen haben die Betrüger ihre Masche jedoch leicht verändert. So wird inzwischen gerne das Bitcoin-/Krypto-Trading oder sogar die staatliche chinesische Kryptowährung E-Yuan als Aufhänger genommen.

So sollen interessierte Anleger zunächst nur 250 Euro einzahlen. Daraus wird durch Trading oder ein Investment in den E-Yuan dann eine größere Summe. Tatsächlich sieht man diese größere Summe auf einem entsprechenden Internetkonto und freut sich. Allerdings

[6] https://www.youtube.com/watch?v=NhzsbdXRLtg

ist das rein virtuelles Geld, so dass die Freude der Anleger am Ende nur kurz währt.

Denn um dieses Geld abzuheben (oft werden sogar Coinbase-Konten und Ähnliches vorgegaukelt, Sie müssen also höllisch aufpassen!), muss der Anleger zunächst Geld (ins Ausland) überweisen. Dieses Geld dient angeblich zur Begleichung von Steuern und Transaktionskosten. Kurze Frage dazu: Hat Ihre Bank schon jemals Ihre Steuererklärung für Sie gemacht? Wohl kaum, auch Coinbase und Co. können und tun das nicht!

Dennoch: Geblendet von der Aussicht auf hohe Gewinne (Gier!) – aus den 250 Euro sind ja angeblich 100 000 Euro geworden – fallen viele Anleger darauf herein und überweisen tatsächlich hohe Summen auf ausländische Konten, nämlich Konten der Betrüger. Auch wenn es verlockend klingt, aus 250 Euro am Ende 50 000 oder 100 000 Euro zu machen: Fallen Sie NICHT auf solche *Scams* herein! Denn Ihr Geld ist danach nicht weg, es hat aber ein anderer ...

Nach dieser Warnung, die mir sehr wichtig war, kommen wir jetzt aber zum positiven Teil des Ausblicks. Aktuell sind zwei Themen in der Krypto-Szene ganz heiß: *Decentralized Finance* (DeFi) sowie *Non-Fungible Tokens* (NFTs). Generell glaube ich, dass beides langfristige Trends sind, von denen man als Anleger schon stark profitieren konnte und noch stark profitieren kann. DeFi sehe ich dabei jedoch als etwas nachhaltiger an. Doch der Reihe nach.

Non-Fungible Tokens (NFTs) heißen so, weil sie nicht fungibel sind. »Fungibel« bedeutet letztlich »austauschbar«, »nicht fungibel« heißt also »nicht austauschbar«. Grundsätzlich kann man sich das so vorstellen, dass es um spezielle Token geht, die etwas Bestimmtes verbriefen. Das kann eine bestimmte Immobilie, ein Kunstwerk oder auch eine Sammelkarte sein.

So hat FLOW (Dapper Labs) beispielsweise schon Ende 2017 das Spiel *CryptoKitties* auf den Markt gebracht, bei dem es um genau solche NFTs geht. Zuletzt hat FLOW (Dapper Labs), nach einer Kooperation mit der Basketball-Liga NBA, die *NBA Top Shots* auf den Markt gebracht. Die Kryptowährung Chiliz (CHZ) sowie das Videospiel *Sorare* sind dagegen stark im Sportbereich aufgestellt, was nicht zuletzt die Erklärung für den Bullrun von Chiliz (CHZ) war.

Besonders in den Blickpunkt der Öffentlichkeit gerieten die NFTs jedoch zuletzt insbesondere dadurch, dass bei Christie's ein digitales Kunstwerk *(Everydays: the First 5000 Days)* des Künstlers Beeple für mehr als 69 Millionen US-Dollar versteigert werden konnte. Mehr dazu finden Sie auch in diesem Artikel: Petereit, Dieter (2021): »Krypto-Kunst bei Christie's: NFT von Beeple erzielt 69 Millionen Dollar«, *t3n digital pioneers*, 11.03.2021 (https://t3n.de/news/krypto-kunst-christies-nft-beeple-1365427).

Inzwischen werden per NFTs immer mehr Dinge versteigert. So berichtete die *New York Post* kürzlich darüber, dass in den USA jemand seine Flatulenzen per NFT angeboten hat – und sie wohl tatsächlich für 85 US-Dollar verkaufen konnte, siehe: Frishberg, Hannah (2021): »NYC man sells fart for $85, cashing in on NFT craze«, *New York Post*, 18.03.2021 (https://nypost.com/2021/03/18/nyc-man-sells-fart-for-85-cashing-in-on-nft-craze). Nicht ganz umsonst schreiben die US-Medien daher inzwischen schon vom »NFT Craze«, der ausgebrochen sei.

Grundsätzlich denke ich, dass NFTs durchaus Zukunft haben. Aktuell ist es jedoch ein Hype, in dessen Rahmen man jeden Pups loswird. Das wird sich in Zukunft jedoch ändern. Ich sehe die Zukunft für Sorare (ein privat geführtes Unternehmen, so dass es kaum oder keine Investmentmöglichkeiten gibt), Chiliz (CHZ) oder FLOW (Dapper Labs) jedoch durchaus positiv. Insbesondere die Fan-Token von Chiliz helfen den Fußballclubs in Pandemie-Zeiten sehr.

Noch größer sehe ich jedoch das Thema *Decentralized Finance*, DeFi. Denn hier geht es um nichts anderes als den Aufbau eines komplett neuen Finanzsystems. Letztlich werden dank DeFi die »feuchten Träume« einiger Crashpropheten und Geldsystem-Kritiker Realität. Denn bei DeFi geht es darum, mithilfe von Dezentralen Apps (DApps) heutige Bankdienstleistungen zu digitalisieren und letztlich zu automatisieren.

So gibt es sogenannte *Decentralized Exchanges* (DEX), also vollautomatisch funktionierende Börsen/Handelsplätze. Zwei der führenden Projekte in diesem Bereich sind Synthetix (SNX) sowie das von zwei ehemaligen Goldman-Sachs-Managern gegründete Universal Market Access (UMA). Beide haben letztlich zum Ziel, alles über die Blockchain handelbar zu machen.

»Alles« bedeutet hier wirklich alles, also sowohl Aktien als auch Derivate als auch Edelmetalle als aber auch Kunstwerke, Lebensmittel oder was immer Sie sich vorstellen können. Da dies über die Blockchain abgewickelt wird, kann es zudem zu sehr geringen Transaktionskosten und trotzdem rund um die Uhr an 365 Tagen im Jahr durchgeführt werden. Ja, Sie könnten dann auch an Heiligabend Aktien kaufen und/oder verkaufen.

Sollten sich Synthetix oder UMA durchsetzen, werden natürlich die Börsen dieser Welt überflüssig. Selbst die Wall Street stünde dann also vor dem Aus. Womit den Kritikern des (zu) hohen Stromverbrauchs von Bitcoin und Co. auch der Wind aus den Segeln genommen werden kann. Denn das neue, dezentrale Finanzsystem würde gegenüber dem heutigen deutlich weniger Energie verbrauchen und wäre somit umweltschonend(er).

Aber es geht nicht nur um Handelsplätze/Börsen. Vielmehr können per DApps auch Kredite aufgenommen oder Geld angelegt werden. Dann entscheidet ein Computer darüber, ob die Bonität des Kreditnehmers ausreichend ist, und kann bei schlechter Bonität höhere Zinsen verlangen. Und ja, bei Kryptowährungen gibt es sogar wieder Zinsen.

Dass man diese bei NEO, Ontology (ONT) oder VeChain (VET) erhält, wissen Sie ja schon. Aber weitere Stichworte sind *»Yield Farming«* sowie *»Staking«*. Aber ich möchte jetzt zum Abschluss dieses Buches nicht zu sehr ins Detail gehen, vielleicht schreibe ich über diese Themen ja noch ein weiteres Buch. Wenn Sie sich jedoch für DeFi interessieren, sollten Sie sich auch mal die Internetseite *DeFi-Pulse.com* anschauen.

Schlusswort

Ich hoffe, dass Sie nach der Lektüre dieses Buches die libertäre Denkweise von Satoshi Nakamoto und seinen Anhängern verstehen. Gerade diejenigen, die frühzeitig an Bitcoin und Co. geglaubt haben, sind auch dank dieser Denkweise sehr reich geworden. Wer im Leben etwas erreichen will, muss immer etwas dafür tun. Kommunismus und Sozialismus hören sich nur theoretisch gut an, in der Praxis enden sie immer gleich. Und zwar genau so wie aktuell in Venezuela. Denn tatsächlich werden im Sozialismus am Ende alle gleich, nur eben leider gleich arm.

Es kommt daher nicht von ungefähr, dass Satoshi Nakamoto zwar ein *Fiat-Money*-System, aber kein Schuldgeldsystem – sondern ein Vollgeldsystem – erfunden hat. Der Bitcoin hat dabei seine Schwächen, aber noch ist er die erfolgreichste Kryptowährung überhaupt. Es ist jedoch keineswegs in Stein gemeißelt, dass dies bis in alle Ewigkeit so sein muss. Wenn Sie daher ernsthaft in Kryptowährungen einsteigen möchten, sollten Sie immer Bitcoin und Ether(eum) im Blick behalten. Sie müssen aber nicht zwangsläufig diese beiden

Coins auch kaufen. Wobei Sie viele Altcoins nur gegen Bitcoin und/ oder Ether bekommen können ...

Beachten Sie bitte unbedingt, dass es sich bei Kryptowährungen um einen extrem jungen, weitestgehend unregulierten und schon deshalb sehr volatilen Markt handelt. Volatilität ist dabei insbesondere für kurzfristig orientierte Trader essentiell, sie ist aber leider eben auch sehr gefährlich. Überlegen Sie sich daher immer sehr genau, was Sie kaufen, und setzen Sie sich von vornherein ein Kursziel, bei dessen Erreichung Sie zumindest Teilgewinne mitnehmen, sowie einen Stoppkurs zur Verlustbegrenzung.

Noch ein weiteres Buch zum Thema Charttechnik zu lesen schadet natürlich auch nicht. Der FinanzBuch Verlag hat da ja einiges im Angebot. Bedenken Sie, dass die ganz große Goldgräberzeit bei den Kryptowährungen zwar vorbei ist, dass Sie aber trotzdem immer noch die Chance haben, viel Geld zu machen. Denn bisher kennen gerade einmal circa 2 Prozent der Menschen die Kryptowährungen und viele davon wahrscheinlich sogar nur den Bitcoin.

Das große Lehrbuch der Chartanalyse

Stefan Salomon

Wer mit Chartanalyse beginnen möchte, fühlt sich leicht überwältigt von der Fülle an Möglichkeiten und »Insider-Tipps«. Doch was braucht man für den Anfang wirklich? Stefan Salomon gibt eine einfache und klare Antwort: außer einem Computer nur Bleistift und Papier! Anhand zahlreicher anschaulicher Beispiele und praktischer Übungen erklärt er, welche Arten von Charts es gibt, wozu man sie nutzt und welche für den Einstieg besonders wichtig sind. Ganz nebenbei vermittelt der Autor fundamentales Wissen über die technischen und psychologischen Mechanismen, die an der Börse wirken. Das ideale Buch für den Einstieg in die Chartanalyse!

448 Seiten | Hardcover | 34,99 € (D) | 36,00 € (A) | ISBN 978-3-95972-295-7

Das große Buch des Tradens

Orkan Kuyas

Wie handle ich mit Optionsscheinen? Wie wende ich Hebel an? Welche Knock-out-Produkte gibt es und wie funktionieren sie? Wie funktioniert Devisenhandel? Wie finde ich den richtigen Forex- oder CFD-Broker? Was ist Volumen-Trading? Der erfolgreiche Kurzfristtrader Orkan Kuyas enthüllt seine bewährten Strategien zum kurzfristigen Indexhandel mit Aktien, Derivaten, Futures, CFDs und Devisen. Dazu gibt er praktische Tipps zu Arbeitsplatz und Trading-Software, Risikomanagement und den Umgang mit Verlusten.

Eine wahre Fundgrube für jeden, der das ernsthafte Ziel hat, an der Börse Geld zu verdienen.

304 Seiten | Hardcover | 34,99 € (D) | 36,00 € (A) | ISBN 978-3-95972-386-2

Technische Analyse der Finanzmärkte

John J. Murphy

In diesem ambitionierten Werk bringt einer der bekanntesten Technischen Analysten der Welt Ordnung ins weite Feld der Technischen Analyse. Sie bekommen handfestes Wissen vermittelt, wie Sie in Zukunft noch treffsicherer Aktien auswählen können. Ob Candlestick-Charts, interessante Indikatoren oder die faszinierende Intermarket-Analyse. Seite für Seite bietet Ihnen John Murphy seinen beachtlichen Erfahrungsschatz und demonstriert, wie man durch den richtigen Einsatz der Technischen Analyse an den Finanzmärkten viel Geld verdienen kann!

656 Seiten | Hardcover | 49,90 € (D) | 51,30 € (A) | ISBN 978-3-89879-062-8

Tradingpsychologie - So denken und handeln die Profis

Norman Welz

Der größte Feind des Traders ist die Angst. Wer Angst hat, verlier
Und beim Traden heißt das bares Geld. Finanzpsychologe, Mer
taltrainer und Trader Norman Welz erklärt, was Angst im Trading
alltag anrichtet. Vor allem aber demonstriert er, wie sie sich beher
schen lässt. Er begleitet den Leser in seiner Entwicklung als Trade
und zeigt viele praktische Wege auf, wie man Angst und Stres
in den Griff bekommt, ausgeglichen wird und lernt, sich zu kor
zentrieren. So ist Börsenerfolg in Zukunft kein Zufallsprodukt eine
positiven oder negativen Grundstimmung oder der persönliche
Disposition, sondern eine Folge kontrollierten Tradens.

256 Seiten | Hardcover | 34,99 € (D) | 36,00 € (A) | ISBN 978-3-89879-700-9

Das große Buch des DAX-Tradings

Carsten Umland

Kein anderer Index ist bei deutschen Tradern so beliebt wie der DAX. Doch was sind die Vorzüge des deutschen Leitindex und welche Strategien sind am erfolgversprechendsten? Der erfahrene Trader Carsten Umland, Bestsellerautor von Einfach traden lernen, stellt die wichtigsten Finanzinstrumente vor, gibt Tipps zu den besten Handelszeiten sowie der richtigen Trading-Software. Detailliert erläutert er eine Vielzahl von bewährten Handelsstrategien, zeigt besondere Chancen, aber auch Risiken im Vergleich zu den anderen großen Indizes auf und erklärt, wie sich das Risiko beim Traden möglichst gering halten lässt.

320 Seiten | Hardcover | 34,99 € (D) | 36 € (A) | ISBN 978-3-95972-432-6

Das große Buch der Markttechnik

Michael Voigt

»Das große Buch der Markttechnik« beschreitet einen neuen Weg: Es kombiniert die Darbietung von Fachwissen mit der Schilderung des Werdegangs eines jungen Traders in Gestalt eines Romans. Auf diese Weise führt Michael Voigt Schritt für Schritt in die Welt des markttechnisch orientierten Tradings ein. Die humorvolle Schilderung von Alltagssituationen beim Börsenhandel und der feine Wortwitz lassen den Leser die schwierige Materie der Technischen Analyse meistern und machen die umfangreiche Abhandlung zu einem echten Lesegenuss.

Michael Voigt hat einen einmaligen Ratgeber geschrieben: informativ, in die Tiefe gehend, spannend. Der renommierte Börsenhändler gibt einen unterhaltsamen Einblick in die faszinierende Welt der Markttechnik und begleitet seine Leser bei der Suche nach Bewegung in den Märkten.

704 Seiten | Hardcover | 39,90 € (D) | 41,10 € (A) | ISBN 978-3-89879-125-0

Das große Arbeitsbuch der Markttechnik

Michael Voigt

Mit seinem Bestseller Das große Buch der Markttechnik und der Buchreihe DER HÄNDLER hat Michael Voigt einen völlig neuen Weg beschritten, indem er Trading-Fachwissen mit der romanhaften Schilderung des Werdegangs eines jungen Traders verband. Mit dem großen Arbeitsbuch der Markttechnik gibt Michael Voigt Anfängern, Fortgeschrittenen und Profis nun ein weiteres einzigartiges Werk an die Hand.

Das große Arbeitsbuch der Markttechnik schließt genau an der Stelle an, an der viele andere Bücher aufhören – bei Aufgabenstellungen und Praxisbeispielen und häufigen Fehlern, die bei der Anwendung von bereits erlerntem Fachwissen auftreten. In einzigartiger Weise kombiniert das Arbeitsbuch den fachlichen Teil mit den Kernelementen des psychologischen Alltags als Händler und erlaubt dem Leser einen 360-Grad-Blick in der Kunst der Markttechnik.

480 Seiten | Hardcover | 39,90 € (D) | 41,10 € (A) | ISBN 978-3-89879-659-0

Kryptonomics

Markus Miller

Inmitten von Digitalisierung, staatlichen Rettungspaketen, Zentralbankeninterventionen und Rekordverschuldung entwickelt sich eine neue Anlageklasse: die Krypto-Assets. Privatanleger und Banken haben gleichermaßen das Potenzial und die Faszination der neuen Währungen, allen voran Bitcoin, entdeckt, gerade auch weil diese von der Politik der Zentralbanken und den Regierungen unabhängig sind. Krypto-Experte Markus Miller ist überzeugt: Gerade bricht ein neues Zeitalter an: Kryptonomics. Unsere ganze Welt ist im Umbruch: Internet der Dinge, künstliche Intelligenz, Cloud-Anwendungen und Cybersecurity sind nur die wichtigsten Bereiche, aus denen die Kryptotechnologie bald nicht mehr wegzudenken sein wird. Kryptowährungen werden somit, als Beimischung für das Gesamtportfolio, eine der zentralen Säulen für jeden vorausschauenden, zukunftsorientierten Kapitalanleger.

352 Seiten | Hardcover | 20 € (D) | 20,60 € (A) | ISBN 978-3-95972-471-5

Cash aus Coins – Das Krypto-1x1

Katja Eckardt, Matthias Reder

Kryptowährungen wie Bitcoin haben sich längst zu einer festen Größe unter den Anlageoptionen entwickelt und werden sogar als die Zukunft des Geldes betrachtet. Und das Beste daran ist: Die optimale Zeit, mit der Geldanlage in Kryptowährungen zu beginnen, ist JETZT. Bestsellerautorin Katja (Kat€) Eckardt und Krypto-Fachmann Matthias Reder führen den Leser durch die faszinierende Welt von Bitcoin & Co und beantworten alle wichtigen Fragen rund um den Einstieg: Was sind die Top-Coins? Welche Finanzprodukte sollte man sich unbedingt ansehen? Wie geht man beim Investieren in Kryptowährungen konkret vor? Welche Fehler sollte man vermeiden? Wertvolle Anlagetipps und Interviews mit Krypto-Experten runden das Buch ab. Kurz und knapp und leicht verständlich wird so jeder in kürzester Zeit zum Krypto-Experten.

176 Seiten | Softcover | 12 € (D) | 12,40 € (A) | ISBN 978-3-95972-545-3

Haben Sie Interesse an unseren Büchern?

Zum Beispiel als Geschenk für Ihre Kundenbindungsprojekte?

Dann fordern Sie unsere attraktiven Sonderkonditionen an.

Weitere Informationen erhalten Sie bei unserem Vertriebsteam unter **+49 89 651285-252**

oder schreiben Sie uns per E-Mail an:
vertrieb@m-vg.de

www.finanzbuchverlag.de